本书为2019年教育部人文社会科学研究青年基金项目"民法典编纂中成员权入典立法研究"（19YJC820047）的研究成果

成员权
基本理论研究

Research on Basic Theory of
the Membership

任中秀　著

WUHAN UNIVERSITY PRESS
武汉大学出版社

图书在版编目(CIP)数据

成员权基本理论研究/任中秀著.—武汉：武汉大学出版社,2022.12
ISBN 978-7-307-23456-7

Ⅰ.成… Ⅱ.任… Ⅲ.权利—研究—中国 Ⅳ.D921

中国版本图书馆 CIP 数据核字(2022)第 218221 号

责任编辑:陈 帆 责任校对:鄢春梅 版式设计:韩闻锦

出版发行:**武汉大学出版社** （430072 武昌 珞珈山）
（电子邮箱：cbs22@whu.edu.cn 网址：www.wdp.com.cn）
印刷:武汉中科兴业印务有限公司
开本:720×1000 1/16 印张:18.75 字数:209 千字 插页:2
版次:2022 年 12 月第 1 版 2022 年 12 月第 1 次印刷
ISBN 978-7-307-23456-7 定价:68.00 元

目　　录

绪　言

　　成员权，传统民法称之为"社员权"。该权利产生于团体内部关系中，与团体的主体性密切相关，当受团体法调整。随着民商事团体组织的发展，成员权日渐成为与其他民事权利并列的显权，除了团体内部对成员权的确认及保护规范外，成员权也需要借助一般民商事法律制度予以保障。然而，遗憾的是2020年生效的《中华人民共和国民法典》（以下简称《民法典》）总则民事权利一章未将"成员权"明确规定为一项独立的权利。《民法典》实施后，成员权是否可解释为民法典中的一项独立的民事权利？该权利的法律表达是否可用"股权"代替？《公司法》中股权的保护规则是否可类推适用于农民专业合作社成员权？农村集体经济组织成员权保护与公司股权保护有何联系与区别？非营利团体成员权与营利性团体成员权是否存在共同保护规则？如何解释成员权的一般法律属性、内容、行使规则以及侵权保护？以上问题是《民法典》实施后面临的重要理论与实践课题。本书拟对成员权基本理论进行系统深入的研究，以期推进民事权利的理论研究与司法实践。

一、研究综述

1. 国外的研究现状和趋势

在国外，大陆法系的德国学者对成员权的研究较早且最为深入，可追溯到基尔克的《德意志团体法论》（1868）；作出重要贡献的有 R. Heinsheimer 的论文《论合伙关系》（1930）以及 Müller-Erzbach 的著作《成员权是权利思想的试金石》（1948）。Habersack 的专著《论成员权》（1996）是德国关于成员权理论研究的经典文献。德国法院根据《德国民法典》的规定发展了一系列判例（帆船判决 BGHZ 110，323 等），确认了对团体中成员权的保护。学界通过法律解释学方法形成对成员权保护的体系化研究。学者认为，无论是营利性团体还是非营利性团体，存在统一的成员权；成员权是成员对团体的支配权，其核心权能为参与权。对成员权的保护在团体内部规范缺失时，可适用民法典侵权法规范予以保护。

英美法系中，英国学者认为公司章程是股东权利的主要来源，当公司或董事违反章程侵犯股东权益时，股东可提起法定合同违约之诉（Astbury，1951）。美国学者认为，股东基本权利分为四类：经济权利、控制权利、信息权利以及诉讼权利，其中最重要的为经济权利中的股份转让权与控制权利中的表决权；股东基于直接诉讼保护自身权利（Velasco，2006；M. Fairfa，2007）。《美国非营利法人示范法》（1987）、《美国统一非法人非营利社团法》（1996）关于成员权利义务的规定以营利法人中的股权为参照。美国司法实践中关于非营利社团的成员权保护已有借鉴股权保护的判例（Oberly v. Kirby，1991），对于非营利团体成员权的保护趋同于公司股权的保护。

两大法系对成员权探讨的路径不尽相同，就成员权的性质、权能及行使、保护等方面有差别，也有相近之处，以下观点值得借鉴：(1)德国认为成员权是绝对权，英美法系认为成员权是基于信义义务产生的法定契约权利。(2)德国法通过团体法与侵权法保护成员权，将侵犯成员权的行为进行类型化研究；而美国法关于直接诉讼的各种情形多数与德国侵权类型接近。两大法系对成员权的救济效果接近。

2. 国内的研究现状和趋势

在我国，中华民国时期已有关于成员权理论的介绍，代表学者有史尚宽、郑玉波、梅仲协等。当代学者对于成员权性质也有一定的探讨，如王泽鉴、谢怀栻、叶林、章光园等，有地位说、权利义务说、权利说，权利说又分为人格权说、身份权说、综合权利说、独立权利说。多数学者则是注重成员权具体类型的研究，主要集中在股权、农村集体经济组织成员权、建筑物区分所有权成员权，代表作品有《股份有限公司股东权的保护》(刘俊海)、《农村集体经济组织成员权》(陈小君)、《建筑物区分所有权》(陈华彬)。

总体而言，我国学界对成员权保护的研究存在以下特点：(1)重视具体成员权研究，忽视成员权一般理论体系构建。学界现有研究成果集中于集体经济组织成员权、业主成员权等具体成员权保护，对成员权保护理论体系构建的关注不多。(2)重视营利团体中的成员权，忽视非营利团体中的成员权研究。学界比较关注公司中股权的保护的研究，对农民专业合作社成员权的保护也有相关研究，但对非营利团体中成员权的保护研究整体较为薄弱。因此，关于成员权的保护研究需要在两方面进一步加强：（1）深化成员权一般理论的研究，构建成员权保护理论体系；（2）运用法律解释学方法，以《民法典》与团体法中关于成员权保护的相关规定为解释依据，为各类成员权保护提供法律适用基础。

二、研究价值

1. 丰富民事权利类型，涵盖各种成员权

传统潘德克吞式的五编制民法体例忽视了团体组织中的"成员权"，对团体法中的成员权未予以充分规定。但之后通过判例与学说发展，成员权理论在当代已较成熟，成员权是一种有别于传统物权、债权、亲属权等权利的独立权利类型。然而，《民法典》只规定了"股权"却未规定"成员权"。对成员权的保护范围、行使规则及侵权保护，需通过法解释学的方法确立成员权制度的一般规则，最大限度地覆盖各类组织中的成员权。

2. 发展请求权体系，完善权利救济制度

请求权基于基础权利发生。只有确立基础权利类型，才能在权利受侵害时找到请求权依据。传统公认的请求权类型主要是基于传统的民事权利类型，有物权请求权、债权请求权、知识产权请求权、人格权请求权、身份权请求权等。一旦确立了"成员权"这一基础权利，"成员权请求权"即可成立。实践中出现了许多侵犯各类具体成员权的现象，例如侵犯股权、合作社成员权以及集体经济组织成员权，成员可行使基于成员权而产生的请求权。

3. 实现团体成员权，优化我国社会治理

近年来，我国各类组织和团体已获得长足的发展，但各类组织治理发展均存在瓶颈，造成发展困境的原因之一即为忽视成员权，团体章程缺失成员权的规定，或有规定而无行使或无保护。因此，《民法典》实施后发展团体中的成员权制度体系，是成员权实现与保护的法律基础，也是实现和优化社会治理的重要途径。

三、研究方法

本书将采用比较研究方法、语言诠释学方法、法解释学方法、形式逻辑分析方法等进行研究。

1. 功能比较研究的方法

美国学者艾伦·沃森认为，法律的发展主要是靠借鉴。他认为，任何国家法律中的民族因素相对而言都是微不足道的。法律制度总是受制于一些超越民族的因素，这些因素经常会达到一种主导和支配的程度。本书基于这样的理念展开比较法的研究。

本书主要采用功能比较的方法。尽管各国对团体中成员权利理论上的抽象程度并不相同，但各国均有对实质上的成员权的保护制度。各国的理论差异与制度区别与其特有的法律文化、法律体系以及司法传统有关，但均不可能脱离对市民社会团体中成员权利的保护与团体治理的社会基础。

2. 语言诠释学的方法

法律语言学是比较法的一种必要共存物。比起其他文学或语言产物，法律和语言的联系更为紧密。一个观念可以用许多不同的方式表现，但法律概念有着非常精确的语言学轮廓。本书涉及多种语言法律文本、理论的比较，而对于不同语言承载的法律理论和制度的理解，离不开语言诠释学的方法，不能仅从语词表达出发，必须从制度动态发展的角度探讨其本身的意义。

3. 法解释学的方法

法解释学的方法在国内的法学研究与司法实务界中已得到非常广泛的认同与运用。在研读中外文法律文本的过程中，笔者将运用该种方法。

4. 形式逻辑分析的方法

形式逻辑分析的方法，涉及对概念的定义、判断、推理问题。对概念作判断，离不开比较的方法。

四、研究内容

本书首先探讨成员权存在的团体基础，明确成员权保护的团体法基础；其次，遵循传统私权理论，剖析成员权的属性、内容；最后对成员权的法律救济进行系统研究。具体如下：

1. 成员权存在的团体基础

成员权存在的团体基础是确认成员权及其保护的前提。营利组织与非营利组织中成员权属性、行使及保护规则有类似之处。本部分的研究主要采用历史研究的方法、比较研究的方法与法解释学的方法。具体分析从两个层面入手：（1）分析我国团体组织的历史发展，阐释团体发展过程中成员权的萌芽与生成；（2）从宪法层面与民商法律层面，指出我国成员权团体存在的法律基础，为构建我国成员权制度奠定团体法前提。

2. 成员权的属性

《民法典》第 126 条为成员权作为权利的属性解释提供了

法律基础。本部分旨在研究成员权的基本属性。具体分析从以下几方面展开：（1）成员权的基本属性。通过阐释"权利"与"法律关系"的基本理论，为成员权的定性奠定理论前提；通过比较成员权与所有权、债权、限制物权，明晰成员权作为权利的基本属性。（2）成员权的效力属性。针对成员权究竟为绝对权还是相对权的观点，比较了大陆法系和英美法系学者的不同观点，并着重分析我国学者的观点，释明成员权的效力属性。（3）成员权的内容属性。针对成员权究竟为财产权还是非财产权的观点，通过比较两大法系的不同观点及分析我国学者观点，得出成员权的根本内容属性是否具有财产性。

3. 成员权的内容

虽然成员的权利因团体类型不同而有区别，也因同一团体由于不同的成员身份而有差异，但各国团体法所规定的成员的基本权利是一致的。本部分重点解决以下问题：（1）各类团体中成员权的共性权能。尽可能将团体法中共性的成员权能，无论营利性团体还是非营利性团体所共有的成员权能进行系统研究。在界定参与权含义的基础上，将依序论述与参与权相关的表决权、抽象财产权、知情权等权利。（2）各类团体中成员权的特殊权能。各类团体中成员权由于团体基础的差异，成员权权能也有差异，本部分将在比较法研究与实证研究的基础上，系统研究不同团体中成员权的特殊权能。

4. 成员权的变动

不同团体对成员权的取得、丧失与转让会设定不同规则，但就成员权的变动亦存在共同规则。本部分将采用比较研究与法解释学的方法，阐释团体成员权的变动规则。具体从以下几方面展开：（1）成员权的取得，即团体成立时取得及团体成立后取得。不同团体对成员权取得资格设有不同规则。（2）成员权的丧失可基于法定原因或团体约定。不同团体法定原因有共同之处，团体约定原因则有较大差别。（3）成员权的可转让性及可继承性。不同团体的成员权的可转让性及可继承性有差异，需根据团体性质予以区分。

5. 成员权的法律保护

我国公司法对股权救济的规定较为完善，对其他团体中成员权法律救济存在漏洞时可采用类推适用的漏洞补充方法。本部分将从以下几方面论述：（1）以德国法为例探讨大陆法系对成员权侵权法保护的范围。依序论述对成员权本身、对成员占有状态、对成员权的抽象财产权、对成员权的参与权以及对成员信息权侵犯的法律救济。（2）以美国法为例探讨英美法系对成员权的救济与保护。美国学界对股东维护其权利的直接诉讼有较细的分类，本部分将择取典型的表决权之诉、分红之诉、知情权之诉等典型案例予以分析，分析美国与德国关于成员权保护的异同之处。（3）我国成员权法律保护体系。通过对典型营利团体与非营利团体中成员权保护的分类研究，确立我国成员权法律保护体系。

第一章　成员权词源考证

成员权，传统民法称之为"社员权"。"社员"和"社员权"在 20 世纪 50—70 年代中国农村地区广泛使用，是当时合作社组织中成员及其权利的称谓。但在当代中国私法立法中已不再被使用。2006 年颁布的《中华人民共和国农民专业合作社法》（以下简称《农民专业合作社法》）第三章使用了"成员"与"成员权利"概念；2020 年颁布的《民法典》物权编使用农村"集体成员"概念（第 261 条、第 264 条、第 265 条）。当代立法选择"成员"与"成员权利"概念，主要是基于法政策的考量，为避免产生不必要的误解和阻力。本章将以成员权概念的来源词——德语"Mitgliedschaft"的中文翻译为切入点，考察该词在近代随着民法制度的引入传入中国的过程，评析中国理论界对成员权性质的理论纷争，通过进一步分析德国成员权制度的当代发展，论证立法选择"成员权"概念的合理性。

第一节　德语"Mitgliedschaft"的翻译问题

我国传统民法"社员权"一词源自《德国民法典》第 38 条的"Mitgliedschaft"一词，但事实上对该词的翻译存在多种不同译法。

一、关于"Mitgliedschaft"的中文翻译

(一)将"Mitgliedschaft"译为"社员资格"的示例

1. 对《德国民法典》第 38 条中"Mitgliedschaft"的翻译示例

上海社会科学院法学研究所翻译的《德意志联邦共和国民法典》是中华人民共和国成立以来较早的译本，其中将《德国民法典》第 38 条第 1 句译为"社员的资格不得转让或继承"①。杜景林、卢谌的译本将《德国民法典》第 38 条第 1 句译为："社员资格不得转让和继承"②。陈卫佐的译本将《德国民法典》第 38 条第 1 句译为"社员资格是不可转让和不可继承的"③。上述三个译本虽然在动词的表达上略有区别，但将"Mitgliedschaft"一词均译为"社员资格"。

2. 对德文文献中"Mitgliedschaft"的翻译示例

拉伦茨的《德国民法通论》第十章（社团）第三节为"Mitgliedschaft"，王晓晔将其译为"社员资格"④。

(二)将"Mitgliedschaft"译为"成员资格"的示例

1. 对《德国民法典》第 38 条中"Mitgliedschaft"的翻译

---

① 《德意志联邦共和国民法典》，上海社会科学院法学研究所译，法律出版社 1984 年版，第 7 页。

② 《德国民法典》，杜景林、卢谌译，中国政法大学出版社 1999 年版，第 7 页。

③ 《德国民法典》，陈卫佐译注，法律出版社 2010 年版，第 16 页。

④ ［德］卡尔·拉伦茨：《德国民法通论（上册）》，王晓晔、邵建东等译，法律出版社 2003 年版，第 221 页。在该书中，王晓晔负责翻译第五章至第十章，上述译法系其本人观点。

示例

郑冲、贾红梅的译本将第38条第1句译为"成员资格不得转让或继承"①。也就是,将条文中的"Mitgliedschaft"一词译为"成员资格"。

2. 对德文文献中"Mitgliedschaft"的翻译示例

梅迪库斯的《德国民法总论》第六十六章(有权利能力的社团)第二节为"Mitgliedschaft",邵建东将其译为"成员资格"②。

(三)将"Mitgliedschaft"译为"社员权"的示例

胡长清在《中国民法总论》一书中将德语"Mitgliedschaft"译为"社员权",原文表述如下:"社员权(Mitgliedshaft)者,社员对于社团所有权利义务之总称也。"③

(四)将"Mitgliedschaft"译为"成员身份"的示例

怀克与温德比西勒所著的《德国公司法》第二十二章第二个问题涉及股东的法律地位,第一个小问题为"Mitgliedschaft"的取得和丧失④,殷盛将该词译为"成员身份"⑤。

(五)对"Mitgliedschaft"中文译法的小结

从词义来看,对"Mitgliedschaft"一词多译的分歧主要基

① 《德国民法典》,郑冲、贾红梅译,法律出版社1999年版,第5页。

② [德]迪特尔·梅迪库斯:《德国民法总论》,邵建东译,法律出版社2000年版,第833页。

③ 胡长清:《中国民法总论》,中国政法大学出版社1997年版,第132页。

④ Vgl. Götz Hueck/Christine Winderbicherler, Gesellschaftsrecht, 21 Auflage, München:C. H. Beck, 2008, S. 229f.

⑤ [德]格茨·怀克、克里斯蒂娜·温德比西勒:《德国公司法》,殷盛译,法律出版社2010年版,第340页以下。

于两点：其一，对"Mitglied"翻译的分歧，主要译为"社员"与"成员"两种；此外，还有译为"会员"①的情形。其二，基于对词根"schaft"翻译的分歧，分别译为"资格""身份"；而将"Mitgliedschaft"直接译为"社员权"则未拘泥于"schaft"词根的限制，而是根据"Mitgliedschaft"在德国法上的性质。

二、我国学者对"Mitgliedschaft"一词多译的原因

我国学者对"Mitgliedschaft"的不同译法的最早出处已很难考证，但大致可推断出基于以下三方面的原因。

（一）日本对"Mitgliedschaft"的翻译及其对中国的影响

1. 日语对"Mitgliedschaft"和"Mitglied"的翻译表达

在日文的文献资料中，日语将"Mitgliedschaft"翻译为"社員権"②。此外，根据汉译的日文资料，可推断日语对"Mitglied"也有不同的译法，在《日本民法典》第二章法人中使用"社员"③一词；此外，在日语中还有"会员"④、"构成员（建筑物区分所有权）"⑤的表达。

2. 清末法学资料及译著对日语"社員"和"社員権"的引入

---

① ［德］迪卡尔·施瓦布：《民法导论》，郑冲译，法律出版社 2006 年版，第 755 页。

② ［日］新津和典：《19 世紀ドイツにおける社員権論の生成と展開——社員権論の歴史性と現代的意義》，《法と政治》（59 卷 1 号）2008 年 4 月。（［日］新津和典：《19 世纪德国员工权论的生成与展开——员工权论的历史性与现代意义》，《法律和政治》2008 年 4 月。）

③ 《日本民法典》，王书江译，中国法制出版社 2000 年版，第 13 页以下。

④ 魏景赋、魏游编，河源和郎审校：《日中·中日双解法律用语词典》，法律出版社 2002 年版，第 254 页。

⑤ 陈华彬：《建筑物区分所有权》，法律出版社 2007 年版，第 235 页。

　　1903 年，清末留日学子汪荣宝、叶澜所编的《新尔雅》已有"社团法人"和"社员"的提法。① 1904 年，熊元楷主编的《民法总则》(京师法律学堂笔记)是日本在中国的法政速成第四期的讲义，其中已有"社员""社员地位"及"社员权"之概念。② 1907 年，陈海瀛、陈海超所翻译的富井政章的《民法原论》一书在法人设立应规定的事项中有"社员资格得丧之规定"。③

　　3. 中国近代民事立法和学术著作中普遍使用"社员资格"与"社员"

　　《大清民律(草案)》第 106 条规定，"社员之资格，不得让与或继承"；《民国民律(草案)》第 65 条规定，"社员之资格不得让与"；《中华民国民法》第 47 条也提到了"社员资格之取得与丧失"。④ 民国学者史尚宽、郑玉波、梅仲协、胡长清等在其民法著作中均使用了"社员资格""社员权"以及"社员"等词。⑤

　　根据俞江学者的观点，20 世纪初，我国学者由于直接借

---

　　①　汪荣宝、叶澜主编：《新尔雅》，文海出版社 1914 年版(1903 年初版)，第 30 页。

　　②　参见熊元楷主编：《民法总则》(京师法律学堂笔记)，安徽法学社印行 1914 年版(1904 年初版)，第 206 页以下。

　　③　参见富井政章：《民法原论》，陈海瀛、陈海超译，中国政法大学出版社 2003 年版(1907 年初版)，第 146~147 页。

　　④　参见杨立新主编：《中国百年民法典汇编》，中国法制出版社 2011 年版，第 64、226、392 页。

　　⑤　参见史尚宽：《民法总论》，中国政法大学出版社 2000 年版，第 25 页；史尚宽：《债法总论》，中国政法大学出版社 2001 年版，第 160 页；郑玉波：《民法总则》，中国政法大学出版社 2003 年版，第 66 页；梅仲协：《民法要义》，中国政法大学出版社 1998 年版，第 35 页；胡长清：《中国民法总论》，中国政法大学出版社 1997 年版，第 132 页。

鉴日本引入的西学成果，法学翻译的难题得以解决。因为当时日本的民法学概念基本使用汉字表达，这就为中国在学习西方民法学时提供了可直接参照的语言系统。中国学者在引入日本民法学词汇时并非完全被动地继受，也有能动地扬弃，但在现代民法学中还是保留了大量的日本民法学汉字，如民法、权利、法人、动产、不动产等。1911 年以前，中国学者已经基本上完成了吸收、消化和创立自己的法学概念体系的过程。① 而上述民国学者的著述多为 1911 年之后，可见其著作中"社员资格"与"社员权"也是保留日本民法汉字的结果，而不是直接翻译或扬弃的词语。

所以，中国大陆学者关于"Mitgliedschaft"的德文译为"社员资格""社员权"可能也是受到近代民事立法及学者著述的影响。由于多数文献使用"社员资格""社员权"的表达，在下文中笔者使用"社员资格(权)"的表达。

(二) 学者对"Mitgliedschaft"性质的不同理解及其可能对翻译的影响

国内关于社员资格的定性主要有三种观点：地位说、权利义务说、权利说，其中权利说又分为四种观点，即人格权说、身份权说、综合权利说、独立权利说。

1. 地位说。代表人物为李宜琛先生，他认为："是以所谓社员资格者，与其谓为一种权利，无宁解为一种法律上之地位也。"②

2. 权利义务说。代表人物为王泽鉴先生、陈华彬先生，

---

① 参见俞江：《清末民法学的传播与输入》，《法学研究》2000年第 6 期。

② 李宜琛：《民法总则》，中国方正出版社 2004 年版，第 110页。

他们认为社员资格"是成员所享有的权利与承担的义务的集合"①。

3. 权利说。承认社员资格是法律上的权利。但根据对社员资格性质的不同认识，又可分为四种观点，即人格权说、身份权说、综合权利说和独立权利说。人格权说为曹乐、张正学所主张。② 身份权说为胡长清所持，"依余所信，社员资格固系一种独特之权利。但依我民法解释，则应以其属于身分权之范畴。盖社员资格者，与成员资格相终始之权利也，且其内容，以参与社团之事务为其主要成分，谓为身分权之一种，不亦宜乎？"③综合权利说的典型代表是郑玉波先生、梁慧星先生，"社员资格者，乃兼具非财产权与财产权双重性格之权利也"④。梁先生认为，"社员资格是兼具两种性质之权利(注：具财产性与非财产性)"⑤。独立权利说的代表人物是谢怀栻先生、王卫国教授。谢先生在《论民事权利体系》一文中将"社员资格"列为一种独立的权利。王卫国教授从其观点。⑥ 此外，还有学者认为，"若将社员资格解

---

① 陈华彬：《民法总论》，中国法制出版社 2010 年版，第 203 页。

② 参见李宜琛：《民法总则》，中国方正出版社 2004 年版，第 110 页。

③ 胡长清：《中国民法总论》，中国政法大学出版社 1997 年版，第 132 页。

④ 郑玉波：《民法总则》，中国政法大学出版社 2003 年版，第 66 页。

⑤ 梁慧星：《民法总论》，法律出版社 2011 年版，第 72 页。采相同观点的学者还有王利明、刘凯湘等。参见王利明：《民法总则研究》，中国人民大学出版社 2003 年版，第 209 页；刘凯湘主编：《民法总论》，北京大学出版社 2006 年版，第 75 页。

⑥ 王卫国主编：《民法》，中国政法大学出版社 2007 年版，第 37~38 页。

为包括自益权与共益权两种内在结合权能的独立民事权利，则社员权与社员资格并无本质区别，而社员地位与社员资格的区别仅在于名称不同而已"①。

地位说、人格权说、身份权说是少数说。我国学者对于社员资格的定位是综合权利还是独立的权利还没有达成共识，尚存分歧。如果界定为独立的权利，则要对这种权利的独立性(独立的意义和价值)进行较充分的论证，但目前国内理论界的论述甚少。而综合权利说未能论证社员资格与构成它的各个权利之间的关系。人格权说、身份权说又是否从一个方面描述了社员资格的特征？而地位说、权利义务说与权利说又是否存在根本的区别？区别之处何在呢？笔者认为，对社员资格的定性需要对其上位概念——权利、义务以及法律关系的本质进行探讨，进而分析社员资格的特殊性质，才能确定社员资格的法律性质。对于这个问题将在第二章进行探讨。

回到现在所探讨的问题，笔者认为上述对社员资格的性质的不同理解也可能是导致翻译存在分歧的原因，比如出现"成员身份"的译法可能受到身份权说的影响。而"社员权"的译法可能是将"社员资格"视为一种独立的权利或者权利义务的集合。

(三)德国对"Mitgliedschaft"所产生的团体范围的认识局限及其可能对翻译的影响

德国理论和判决对"Mitgliedschaft"所存在的团体范围的认识也经历了一个过程，在 20 世纪前半叶，主流观点否认

---

① 刘俊海：《股份有限公司股东权的保护》，法律出版社 2004 年版，第 47 页。

在合伙中存在成员权，认为只在法人中存在成员权。20世纪70年代以后，Wiedemann、Huber、Hading，特别是Flume认为合伙中存在典型的成员资格，合伙中的成员资格可以被评定为权利。现在主流观点肯定一元的成员资格，认为虽然成员资格存在的基础——合伙与法人有所不同，但是其法律性质是统一的。① 虽然从《德国民法典》的规定来看，成员资格被规定在第一编（人）第二节（法人）中，但是从判例和学说的发展来看，成员资格的存在基础已不仅仅是社团法人，还包括合伙。

中国近代民事立法和学术著作中普遍使用"社员资格"与"社员"可能是由于20世纪初间接或直接继受德国旧有理论，特别是囿于继受了日本法学所使用的"社团"与"社员"概念，未进行汉语翻译的转变。后来我国许多学者也未跳出这些概念窠臼。只有晚近的部分学者可能意识到了德语中"Mitglied"译为"成员"并无不可。

第二节　本书对"Mitgliedschaft"的翻译及相关说明

语言虽然以词为基础，但词的意义确定却并不仅仅从词义本身能被完全解释，必须考虑从动态发展的角度理解，所以诠释学最终是从历史科学发展起来的。本书将尝试运用诠释学的方法翻译德语词"Mitgliedschaft"。

---

① Vgl. Franz Jürgen Säcker /Roland Rixecker, Münchener Kommentar zum Bürgerlichen Gesetzbuch, Bd. 1（§§1-240）, 6. Aufl., München: C. H. Beck, 2012, S. 681f.

一、本书对"Mitgliedschaft"的翻译及理由

本书将德语"Mitgliedschaft"译为"成员权"，主要基于如下理由：

1. 解析词根"Schaft"

其一，通过词义破译。词根"Schaft"如果直译，表达"做"的意思。在法学术语中，也常出现有词根"Schaft"的词语，如 Gemeinschaft(共同关系)，该词将"Schaft"表达为"关系"。参照此译法，"Mitgliedschaft"似可译为"成员关系"。

其二，根据理论破解。根据权利与法律关系之关系，法律关系与主观权利本质上具有同一性。① 而成员地位或成员资格也是法律关系的体现，所以成员地位、成员资格、成员法律关系、成员权利义务本质为一体。德国学界现今的主流观点认为，"Mitgliedschaft"既是法律关系又是权利。本书将"Mitgliedschaft"表述为"成员权"一方面是为了符合德国学者对"Mitgliedschaft"的主流观点，另一方面也是为了凸显在团体组织中这一容易被忽视的"权利"。不过，在行文中，由于语境的不同，可能会将"Mitgliedschaft"表达为"成员资格""成员资格关系""成员资格法律关系""成员权""成员权关系"，但所指相同，均为德语中之"Mitgliedschaft"。

2. 解析词根"Mitglied"

其一，通过词义破译。德语中的"Mitglied"可译为英语的"member"②，运用和指向非常广泛，与汉语中的"成员"

---

① 参见任中秀：《德国团体法中的成员权研究》，法律出版社 2016 年版，第二章第二节。

② 英语"member"一词，译成汉语为"成员""会员"。例如，member corporation 成员公司，member courtry 成员国，member government 会员国政府，member of collegial panel 合议庭成员。参见程逸群主编：《英汉·汉英双向法律辞典》，中国政法大学出版社 1999 年版，第 280 页。

最为接近。当然，根据汉语表达的特点，对于不同团体的成员，可以有不同的表达，如协会会员、学会会员、合作社社员、俱乐部成员、公司股东等属于在翻译中出现的不同译法表达，完全符合汉语习惯。

其二，通过理论破解。仅从上述词义，不能反映德国理论之发展。"社员资格"一词是根据旧的德国民法理论翻译的产物，是"社团(社团法人)"的对称，该词翻译已具有特定的意义，即仅指社团法人中的成员，而不包括合伙中的成员。根据现今德国民法理论的更新，"Mitgliedschaft"在合伙与法人中具有统一的法律性质，无区分的必要，所以采用"成员资格"的翻译在汉语的语境中将具有扩大概念外延的作用，以区别于传统民法中外延局限于社团法人的"社员资格"。

由此，本书将德语词"Mitgliedschaft"译为"成员权"，一方面，根据德国民法理论与判决的发展，"Mitgliedschaft"存在的团体基础范围已然扩大，本书将"Mitglied"译为"成员"；另一方面，根据"Mitgliedschaft"在德国民法中的法律性质，将"Schaft"译为"权利"强调其权利性质。

二、相关说明

在德语的民法语境中，有两个词语与"Mitgliedschaft"相关，在翻译为中文后，极易与"Mitgliedschaft"的中文表达发生混淆，造成理论上不必要的分歧与纷争，在此有必要一并释明。

1. 对"Mitgliedschaftrecht"的翻译

《德国民法典》第 38 条第 2 句中有"Mitgliedschaftrecht"一词，学者对该词主要有两种不同的译法：第一种将其译为

"社员权"①，第二种将其译为"社员资格的权利"②或"由成员资格所产生的权利"③。第二种翻译是较为妥当的，因为这种译法正确地区分了"成员资格（权）"与"由成员资格所产生的权利"，也就是说区分了成员权与成员权的具体权能；而第一种译法则值得商榷，因为这种译法容易使人混淆"成员权"与基于成员权产生的权能（各种具体权利）。所以，在此也需要区分"Mitgliedschaft"和"Mitgliedschaftrecht"分别指"成员资格（权）"和"基于成员资格产生的权利（权能）"，为避免概念理解的混淆，文中在提到成员权时指且仅指"Mitgliedschaft"，"Mitgliedschaftrecht"则指称"基于成员资格产生的权利""成员权利"或"成员权的权能"。

2. 关于"Mitgliedsfähigkeit"的翻译

德语中表达何种民事主体可以成为团体的成员使用"Mitgliedsfähigkeit"一词，即应当译为"成员能力"。在此有必要提及"Mitgliedschaft"直译为中文是"成员资格"。而"资格"一词在汉语中往往表达"参加某种工作或活动所应具备的条件或身份"④，接近德语"Fähigkeit"（能力），所以将德语

---

① 杜景林、卢谌将第38条第2句译为"社员权不得委托他人行使。"参见《德国民法典》，杜景林、卢谌译，中国政法大学出版社1999年版，第7页。

② 陈卫佐将第38条第2句译为："社员资格的权利不得交给他人行使。"参见《德国民法典》，陈卫佐译注，法律出版社2010年版，第16页。

③ 郑红梅、贾冲将第38条第2句译为："由成员资格所产生的权利不得委托他人行使。"参见《德国民法典》，郑冲、贾红梅译，法律出版社1999年版，第5页。

④ 参见 http://www.baike.com/wiki/资格，2014年2月10日最后访问。

"Mitgliedschaft"译为"成员资格"极易被误解为"成员能力"。但由于"成员资格"为约定俗称，本书仍采用这种表达。此外，在民法中，用"能力"表达日常语言中"资格"的情形对于法学学者并不陌生，如民事权利能力指"据以充当民事主体，享受民事权利和承担民事义务的法律地位或法律资格"①。作为专业术语使用，学者还是应当明确区分"能力"与日常语言中的"资格"一词的。②

我国民法理论中"成员权"的概念系源自《德国民法典》第 38 条中"Mitgliedschaft"一词。由于德国成员权理论的当代发展，成员权存在的团体范围已有较大的扩展，有必要放弃 20 世纪初继受德国民法概念时与社团法人对称的"社员权"表达，而采用"成员权"的翻译。

根据权利与法律关系二者关系的理论，德语"Mitglied-schaft"既可表达为"成员权"也可表达为"成员权法律关系"。在德语中，"基于成员权产生的权利"用"Mitgliedschaftrecht"表达，而"成员能力"则用"Mitgliedsfähigkeit"表达。在民法中使用"成员权"概念时，应当注意区分"成员权"与"基于成员权产生的具体权利"的不同，同时注意"成员权"与"成员能力"也是不同的概念。

---

① 参见梁慧星：《民法总论》，法律出版社 2011 年版，第 65 页。
② 参见管洪彦：《农村集体成员权研究》，中国人民大学 2011 年博士学位论文，第三章第 74 页以下。在该文中作者所使用的"成员资格"探讨的是何种主体可以成为集体经济组织成员，其实是指"成员能力"的问题。

第二章　成员权存在的社会基础

成员权(Mitgliedshaft)，是指民法中团体的成员(社员)基于其成员的地位与团体发生一定的法律关系，在这个关系中成员对团体享有的各种权利的总称。成员权的产生与消灭和团体的存续休戚相关，没有团体的存在，没有结社自由，也就无所谓成员权。因此，探讨结社及结社自由是研究成员权的前提。本章将重点探讨市民社会理论变化对结社观的影响，进而分析结社自由与成员权的关系，为成员权问题的研究奠定理论基础。

第一节　市民社会理论下的结社观[①]

一、古典市民社会理论与结社

1. 亚里士多德之理论

学界一般认为，古希腊雅典的亚里士多德是古典市民社

[①]　本部分内容主要参考了邓正来先生与杜筠翊博士的相关研究。参见邓正来：《国家与社会：中国市民社会研究》，北京大学出版社 2008 年版；杜筠翊：《结社自由的法律规制》，复旦大学 2012 年博士学位论文。

会理论的奠基人。亚里士多德认为，所谓"市民社会"一词系指一种"城邦"。亚里士多德在《政治学》一书中说："我们见到每一个城邦(城市)各是某一种类的社会团体，一切社会团体的建立，其目的总是为了完成某些善业——所有人类的每一种作为，在他们自己看来，其本意总是在求取某一善果。既然一切社会团体都以善业为目的，那么我们也可以说社会团体中最高而包含最广的一种，它所求的善业也一定是最高而最广的：这种至高而广涵的社会团体就是所谓'城邦'，即政治社团(城市社团)。"①亚里士多德将城邦视为一种特殊的"社会团体"，而作为城邦基础社会原型的社会团体，在他看来，可以作为二人以上群众所组成的"团体"。"组成这种团体的分子可以是不相等的人们，如主奴，也可以是相等的人们。平等人之间的团体可以物资相同，由买卖而构成经济团体，或由夫妇构成家庭，也可以凭共同目的，作共同活动而构成政治团体，如城邦。家庭无需契约，组成政治团体则应有契约(宪法)。"②

亚里士多德的上述论述具有启示意义。他指出人类社会广泛存在各种社会团体，结社是一个客观存在。同时，他将社会团体视为城邦或政治共同体的原型，且赋予社会团体以城邦伦理属性，即善。但他未特别强调国家与社会的分离，将国家与社会团体统一于善业这一伦理目的之下。因此，在亚里士多德那里，没有将政治国家与市民社会明确分离，指

① ［古希腊］亚里士多德：《政治学》，吴寿彭译，商务印书馆1965年版，第3页。

② ［古希腊］亚里士多德：《政治学》，吴寿彭译，商务印书馆1965年版，第3页注①。

明了结社的存在，却忽视了市民社会领域可能存在的结社自由及其价值。

2. 中世纪之理论

在欧洲中世纪产生了一种新的社会观，即将社会视为一个更大的单位，政权只是其间的一个有机组成部分。这种观点的意义在于，尽管政权或国王被视为处于至高无上的地位，但就自然秩序及宇宙而言，则被视为处于次要或隶属的地位。"这种社会并不等同于政治结构的观念，可以说是一种关键的分离，为近代政治自由主义产生社会先于或外于国家而在的观念提供了渊源。"①

导致中世纪社会观发生重大变化的重要原因在于基督教所秉持的观念：教会属于一个独立社会，不同于世俗社会。当然，最早提出教会与国家、精神领域与世俗领域相区分的先例是犹太教，其教义论证了一种信念。基督教起源于犹太教，受到了后者教义和宗教观的影响。教皇基拉西乌斯一世的"双剑观"成为中世纪政教双方的基本共识，即上帝为不同的目的赐予人类两个权力中心：世俗权威和宗教权威。这两种权威应当在国家内部保持平衡、互相制约的观念，始终是基督教思想的关键性信条。这种"双剑观"推动了社会与国家在近代政治思想中的分化。

二、近现代市民社会理论与结社

1. 洛克与康德之理论

---

① 邓正来：《市民社会与国家——学理上的分野与两种架构》，载邓正来主编：《国家与市民社会：一种社会理论的研究路径》，中央编译出版社1998年版，第80页。

洛克所谓的"市民社会"是与"政治社会"等义的，与之相对的是所谓的"自然状态"。在自然状态中，人们享有生命、自由和财产等自然权利。但是在自然状态中缺少一个权威性的公共机构，人们的自然权利是缺乏保障的。因此，人们通过社会契约成立了一个"市民社会"——政府。政府存在的意义在于作为受托人行使公共权力来保障人们在自然状态下已享有的权利。洛克的学说虽然将市民社会等同于政治社会，没有最终完成市民社会和政治国家的分野，但是他指出了个人的自由和权利是与生俱来的，是先于国家而存在的，国家不是个人自由和权利的目的，而是一种手段。在洛克看来，包括结社自由在内的人的自由和权利是源自自然状态的、不证自明的。洛克的学说实际上肯定了结社自由的自然权利属性。

如果说洛克的市民社会观具有浓厚的宗教色彩，那么"在康德那里，洛克的自由主义市民社会观得到最严谨的哲学论证"。① 康德所谓的市民社会是指有政治组织的社会，亦即国家。在康德所说的市民社会中，个人的自由和权利是首要的。自由和权利受到法律的保障，而法律就是"权利的科学"。康德将权利分为自然的权利和实在法规定的权利，以及天赋的权利和获得的权利。而其所谓的自然的权利和天赋的权利成了一种个体的、先验的、自主的主体性权利，为后来的权利研究提供了一种基本范式。康德的市民社会观的另一项重要贡献在于他区分了私人权利(私法)和公共权利

① 陈弘毅：《市民社会的理念与中国的未来》，《法理学的世界》，中国政法大学出版社2003年版，第234页。

(公法)，并对"公民"进行界定。"文明社会的成员，如果为了制定法律的目的而联合起来，并且因此构成一个国家，就成为这个国家的公民。""根据权利，公民有三种不可分离的法律的属性，它们是(1)宪法规定的自由……(2)公民的平等……(3)政治上的独立(自主)。"这些思想为后来在市民社会理论中区分私人领域和公共领域、区分人的市民和公民双重身份，为结社自由法律化保障，都提供了重要的思想资源。

2. 卢梭之理论

卢梭和洛克都被视为社会契约理论的代表人物。他们思想的共同之处为在进入市民状态前存在自然状态。但是两者的差别要远比其共同点更为醒目。卢梭理论中最核心的观点是人们在缔结社会契约进入社会状态时形成了一个具有自主性的"公意"。卢梭认为，"每个结合者及其自身的一切权利全部都转让给整个的集体"。其所建构的"社会契约"表现为，"我们每个人都以其自身及其全部的力量共同置于公意的最高指导之下，并且我们在共同体中接纳每一个成员作为全体之不可分割的一部分"。"共同体就以这同一个行为获得了它的同一性、它的公共的大我、它的生命和它的意志"，即"由全体个人的结合所形成的公共人格"。[①]"因此，为了很好表达公意，最重要的是国家之内不能有派别的存在，并且每个公民只能是表示自己的意见。"[②]所以，卢梭对人们在

[①] [法]卢梭：《社会契约论》，何兆武译，商务印书馆1980年版，第23、24、25页。

[②] [法]卢梭：《社会契约论》，何兆武译，商务印书馆1980年版，第135、136页。

政治共同体之外的结社和社会团体的存在抱有强烈的戒备之心。他认为，"只要有若干人结合起来自认为是一个整体，他们就只能有一个意志，这个意志关系着共同的生存以及公共的幸福"。

卢梭的观点在宪法意义及公法意义上对于论证市民社会(国家)"公意"的形成具有意义，但对其他社会团体的结社却保留了极强的戒备之意。

3. 孟德斯鸠与托克维尔之理论

孟德斯鸠是政府权力分立与制衡原则的设计者与倡导者。此外，他对市民社会理论的重要贡献还在于强调了"中间团体"在社会和政治上的重要作用。他所指的中间团体，包括欧洲中世纪以来已存在的议会和贵族、教士、市民等阶层，没有他们对王权的制衡，只依靠法律是不足以限制专制权力的。孟德斯鸠所倡导的市民社会是一个权力多元分布的、自由主义式的君主政体。中间团体的存在与君主权力形成了均衡状态，这些团体和机构有其自主性，它们不一定为了政治目的而成立，但是他们促进了权力的多元化和均衡化。而这种对中间团体的需求，为结社的发展提供了充足的社会空间。

托克维尔是孟德斯鸠市民社会理论的继承者，发展了其民主思想。在对美国、英国和法国民主历程的经验考察基础上，他指出民主社会中追求社会平等的动力非常强，而传统道德和宗教的约束逐渐褪色，这样有可能导致政治权力的膨胀以致形成"大多数人的暴政"，个人自由因而受到威胁。因而，一方面，他赞成强有力的政府，但其权力须有内部制衡；另一方面，作为其思想精华，他对结社行为和结社自由情有独钟，提倡多元的、自治的、自我组织的社会团体的重要性，而这也成为当代市民社会理论的核心观点之一。

在结社问题上，托克维尔指出："结社权在性质上几乎与个人自由一样是不能转让的。"①他将结社分为政治结社和市民生活中的结社。政治结社是为了"抵御多数的专制和反对王权的侵犯而进行的"；而市民生活中的结社是"在市民生活中自然形成的而全无政治目的的结社"。② 人们通过结社和社团的活动，会逐渐培养出公民的性格，并与他人一起为共同的目标而合作，也会认识到权利和义务的概念。

4. 黑格尔之理论

在近代政治哲学思想中，黑格尔被认为是第一个将市民社会作为与政治社会相对的概念，并且将市民社会与国家进行了学理上的区分，阐释了近现代意义的市民社会概念。查尔斯·泰勒认为在黑格尔之前的市民社会思想中存在着两种思潮或脉络，即"洛克学派"和"孟德斯鸠学派"。③ 黑格尔的市民社会理论将洛克学派和孟德斯鸠学派结合在了一起。黑格尔将洛克思想脉络中的具有自己内在动力和自主性规律的"经济体"概念纳入自己的市民社会概念，即认为具有自我调整能力的经济交往领域是社会的核心部分，他将之称为"需要的体系"，在他的市民社会概念中占据了第一位。

---

① ［法］托克维尔：《论美国的民主（上）》，董果良译，商务印书馆 1988 年版，第 218 页。

② ［法］托克维尔：《论美国的民主（上）》，董果良译，商务印书馆 1988 年版，第 635 页。

③ ［加］查尔斯·泰勒：《市民社会的模式》，冯青虎译，载邓正来主编：《国家与市民社会：一种社会现论的研究路径》，中央编译出版社 1998 年版，第 17 页。

在黑格尔看来，在市民社会中，个人的人身、财产等权利受到保障，个人的主体性和特殊性得到了承认，个人逐利的行为也具有正当性。但同时他也认为市民社会本身是一个伦理性不足的领域。因为"在市民社会中，每个人都以自身为目的，其他一切在他看来都是虚无。但是，如果他不同别人发生关系，他就不能达到他的全部目的，因此，其他人便成为特殊的人达到目的的手段"。① 与康德一样，黑格尔反对将人作为手段。所以，黑格尔认为"整个市民社会是中介的基地"，市民社会只是特殊利益竞逐的领域，只是"利己的目的"通过"普遍性的形式中介"所建立的制度。这种制度即市民社会，只能被看成"外部的国家"。黑格尔认为，市民社会作为"外部的国家"是由三个环节或要素组成的。"第一，通过个人的劳动以及通过其他一切人的劳动与需要的满足，使需要得到中介，个人得到满足——即需要的体系。第二，包含在上列体系中的自由这一普遍物的现实性——即通过司法对所有权的保护。第三，通过警察和同业公会来预防遗留在上列两体系中的偶然性，并把特殊利益作为共同利益予以关怀。"②在上述论述中，已体现了孟德斯鸠学派"中间团体"观念的影响。黑格尔将同业公会(现代的社会团体)作为市民社会结构要素，将其作为保障和整合私人利益的有效机制，并强调了同业公会之于国家的伦理意义。他指出："在现代国家的条件下，公民参加国家普遍事务的机会是有限度的。

①　[德]黑格尔：《法哲学原理》，范扬、张企泰译，商务印书馆1961年版，第197页。

②　[德]黑格尔：《法哲学原理》，范扬、张企泰译，商务印书馆1961年版，第203页。

但是人作为伦理性的实体，除了他私人目的之外，有必要让其参加普遍活动。这种普遍物不是现代国家所能常提供他的，但可以在同业公会中找到。"①然而，黑格尔也指出了同业公会的局限性，"当然，同业公会必须处在国家这种上级监督之下，否则它就会僵化，固步自封而衰退为可怜的行会制度"②。

在黑格尔的理论中，市民社会始终与政治国家分离，并且各自都具有自主性。市民社会获得了个人、家庭、市场、同业公会、警察等结构要素。而且同业公会（社团）作为个人参与社会普遍活动的组织形式，其自身也具备正当性或真理性，表明了结社的伦理性特质。然而，黑格尔在敏锐地发现市民社会的不自足缺陷后，却将矛盾的克服完全寄托于国家力量的统摄。这种颠倒了的"社会—国家关系"将在马克思理论中再次被颠倒。

5. 马克思之理论

马克思的市民社会理论大致可以从两个方面加以考察。一是其关于市民社会概念的理解和分析；二是其关于市民社会与国家关系的论述。

马克思基本上继承了黑格尔的市民社会概念，尤其是市民社会作为市场经济或黑格尔所谓的"需要的体系"理念。马克思对市民社会的考察建立在历史唯物主义的立场之上。他指出："'市民社会'这一用语是在18世纪产生的，当时财产

① ［德］黑格尔：《法哲学原理》，范扬，张企泰译，商务印书馆1961年版，第251页。
② ［德］黑格尔：《法哲学原理》，范扬、张企泰译，商务印书馆1961年版，第251页。

关系已经摆脱了古代和中世纪的共同体。真正的资产阶级社会只是随同资产阶级发展起来的；但是这一名称始终标志着直接从生产和交往中发展起来的社会组织，这种社会组织在一切时代都构成国家的基础以及任何其他的观念的上层建筑的基础。"①由此可见，马克思强调了市民社会与商品经济条件发展的历史逻辑关联，强调了市民社会是普遍经济交往活动所形成的社会组织形式，强调了市民社会是政治国家及其上层建筑的基础。

马克思把市民社会看作商品经济生产中社会主体的物质交往关系和由这种交往关系所构成的社会生活领域。这可以看成是对洛克学派"经济体"观念和黑格尔思想的继承。此外，马克思的理论还表明，在市民社会中，每个人的需求都必须以他人的需求为前提才能实现；每个人在经济交往中不仅可以实现自己的物质利益，而其也自然地达成社会的整体进步和公共利益的增长。因此，市民社会具有一定的自我管理和自我调节的能力。尽管市民社会中的契约关系必须由法律来保障，但却不是必须通过国家的外力干预才能完成的过程，其内部的法权关系是一个自然的生成过程。故而对于国家而言，"立法权并不创立法律，它只揭示和表述法律"②。

就市民社会与政治国家关系，马克思运用历史唯物主义将被黑格尔颠倒了的市民社会与国家关系重新颠倒过来，指出了市民社会是国家的基础，国家被市民社会所决定。马克

---

① ［德］马克思、恩格斯：《德意志意识形态》，《马克思恩格斯全集(第3卷)》，人民出版社1960年版，第41页。

② ［德］马克思、恩格斯：《黑格尔法哲学批判》，《马克思恩格斯全集(第1卷)》，人民出版社1956年版，第316页。

思说："家庭和市民社会本身把自己变成国家。它们才是原动力。可是在黑格尔看来却刚好相反，它们是由现实的理念产生的。……政治国家没有家庭天然的基础和市民社会的人为基础就不可能存在。它们是国家的必要条件。"①

马克思市民社会理论以商品经济和生产关系的发展为其存在的经济基础，区别于作为上层建筑的政治国家。由于作为经济基础的市民社会存在"私人领域"，为结社和社团的发展创造了特定的条件。

6. 小结

近现代市民社会理论发展的突出的理论特点是将市民社会与国家分离，并视其为两个独立的实体，即以"国家—社会"的二分法为基础来界定市民社会，研究的视角侧重于社会中独立的主体及其主体性。其中，早期的自由主义市民社会观(如洛克的理论)把个人或家庭当作市民社会的主体，后期的自由主义市民社会观(如托克维尔的理论)则更多地把市民社会看作是各种志愿性结社的集合体，包括黑格尔也将同业公会(社团)视为市民社会的结构要素。后期的自由主义市民社会观为结社自由奠定了重要的理论基础。

三、当代市民社会理论与结社

1. 西方马克思主义之理论

20世纪，西方马克思主义理论的代表人物葛兰西继承了马克思的阶级斗争学说，认为国家是资产阶级的统治工具，

---

① ［德］马克思、恩格斯：《黑格尔法哲学批判》，《马克思恩格斯全集(第1卷)》，人民出版社1956年版，第251~252页。

在共产主义社会里注定要消亡。然而，对于市民社会，他的思想与马克思有所不同，其最重要的区别是，葛兰西认为市民社会应当被理解为上层建筑的一部分，市民社会与国家同时构成了上层建筑的两大建筑物。①

葛兰西认为，市民社会由两大部分组成，即伦理和经济因素与政治、文化、宗教、哲学等因素。第一点因素与康德、黑格尔、马克思的市民社会观具有一致性。第二点因素则当其进入私人生活领域，便不再专属于政治国家的上层建筑，而成为市民社会私人生活的组成部分。

通过对西方发达资本主义国家的实证研究，葛兰西认为，市民社会由于受到国家伦理—文化的渗透，本质上归属于国家。因此，他认为在发达资本主义国家，政治社会与市民社会在精神、文化和意识形态层面具有内在统一性。但葛兰西并未把市民社会的全部内容都纳入国家范畴，只是将市民社会的"上层建筑"部分包括进去，市民社会与国家形成两个具有"交集"的领域，相交部分是以伦理和文化为核心内容的意识形态上层建筑，而经济生活领域和政治权力领域被市民社会和国家所各自保有。②

葛兰西认为，市民社会是由各种文化组织和民间社会组织组成的，包括教会、学校、工会、政党、报刊和各种学术团体等。政治社会代表暴力和专政，市民社会则代表舆论，通过社会民间组织起作用。葛兰西赋予结社和社会组织以重

---

① 陈弘毅：《市民社会的理念与中国的未来》，《法理学的世界》，中国政法大学出版社2003年版，第245页。

② 庞正：《法治视阈下的非政府组织功能研究》，吉林大学2006年硕士学位论文，第54页。

要意义，对当代市民社会理论具有重要影响。

2. 社群主义之理论

社群主义（communitarianism）作为政治哲学的一种流派，是在批评新自由主义的过程中发展起来的。社群主义以社群而非个人作为分析和解释的核心范式，因而在根本上是集体主义的，它把社会历史事件和政治经济制度的原始动因最终归结为诸如家庭、社区、阶级、国家、民族、团体等社群。同时，社群主义强调普遍的善和公共利益，认为个人的自由选择能力以及建立在此基础上的各种个人权利都离不开个人所在的社群。只有公共利益的实现才能使个人利益得到最充分的实现，所以，只有公共利益而不是个人利益，才是人类最高的价值。①

社群主义代表人物查尔斯·泰勒（Taylor）将市民社会的界定以及判断市民社会是否存在的标准与社团紧密联系在一起。他认为："（1）就最低限度的含义来说，只有存在不受制于国家权力支配的自由社团，市民社会便存在了。（2）就较为严格的含义来说，只有当整个社会能够通过那些不受国家支配的社团来建构自身并协调其行为时，市民社会才存在。（3）作为对第二种含义的替代或补充，当这些社团能够相当有效地决定或影响国家政策之方向时，我们便可称之为市民社会。"②

---

① 参见俞可平：《社群主义》，中国社会科学出版社 2005 年版，第 3~5 页。
② ［加］查尔斯·泰勒：《市民社会的模式》，冯青虎译，载邓正来主编：《国家与市民社会：一种社会理论的研究路径》，中央编译出版社 1998 年版，第 6~7 页。

总体而言，社群主义对市民社会的观察和理解是建立在对自由主义批判之上的伦理性思考，这种伦理性特质渗透到社会生活的各个领域中。在社群主义理论中，个人的市民社会身份依赖各类社群；个人的利益和社会价值依附在集体的利益与价值之中。因此，结社与社团具有不可替代的社会组织功能。

3. 民主主义之理论

英国学者约翰·基恩（Keane）是当代著名的民主主义学者，他特别强调市民社会与民主的密切关系。他认为民主是一种独特的政治模式，在民主体制中，市民社会和国家机构同样是必须的，市民社会的存在是民主的必要条件。在民主社会中，国家权力是受到市民社会监察的，政治权力是被多元分享的。基恩将多元主义、平等的多样性、对于差异性的宽容作为市民社会的核心特征。他强调，市民社会的存在和发展有赖于若干程序和法制上的保障，例如保障结社自由、媒体的多样性和不受政府控制等。[1]

巴伯（Barber）是美国民主主义理论家，他认为市民社会是介于公域与私域之间、政府（国家）与市场之间的"第三领域"，这是一个人们互相承认和交往的空间，公民在此享受自由和民主的生活。他指出，市民社会的特点在于，它不隶属于国家（公域）和市场（私域），但又具有两者的部分特征。市民社会与公域（国家）共同的特征是公共性，是开放给大众的、公开的、注重公共利益的；但是，市民社会没有政府管

---

[1]　陈弘毅：《市民社会的理念与中国的未来》，中国政法大学出版社 2003 年版，第 253 页。

辖公域中的强制性，人们有参加或不参加某一团体的自由。市民社会与私域(市场)共同的特征是自愿性；但是，与市场主体的营商和逐利不同，市民社会的主体是在追求其他的社会性或公益性目标。巴伯心目中的市民社会构成单位包括家庭、教会、民权组织、环保组织、各种志愿性社会服务团体等。在巴伯的市民社会理论中，社会人际关系要比自由主义的市场式市民社会更为浓厚，而又不至于像社群主义的族裔式市民社会那么高度团结和妨碍个人自由。而且，在其理论中包括结社自由在内的个人自由得到充分尊重，社团的独立性和自主性得以充分展现。

4. 哈贝马斯之理论

哈贝马斯是当代著名思想家。他基于其对现代社会特别是现代资本主义社会的观察和反思，创立了以公共领域为核心的市民社会理论。他把现代社会划分为社会系统和生活世界。社会系统包括政治(官僚)系统和资本主义经济(市场)系统；系统的运作有其自主逻辑和规律。政治系统由权力操控，经济系统由金钱操控。生活世界是指人类日常生活经验的领域，人与人交往、沟通、互动、相互承认和理解的领域，生活世界是人生意义和价值的泉源。

随着市民社会与政治国家的分离，传统市民社会理论中形成了一个属于私人领域的独立空间，与之相对的是国家权力所调控的公共领域。但是，哈贝马斯认为，公共领域不应仅指以国家为核心的政治生活空间，还应包括观点、意见得以交流的网络和人们交往活动中所形成的社会空间。哈贝马斯将公共领域与市民社会联系起来。同时，他又将市民社会与私人领域联系起来，并且用"商谈性配置"联结了公共领域和私人领域。他认为：“今天称为‘市民社会’（Zivilgesellschaft）①的，不再像在马克思和马克思主义那里包括根据私法构成的，通过劳动市场、资本市场和商品市场之导控的经济。相反，构成其建制核心的是一些非政府的、非经济的联系和自愿联合，它们使公共领域的交往结构扎根于生活世界的社会成分之中。”②而组成市民社会的是那些被称为“商谈性配置”的、或多或少自发出现的社团、组织和运动，它们可以对私人生活领域中形成共鸣的问题加以感受、选择、浓缩，并经过放大之后引入公共领域，从而使讨论和解决公共问题的商谈得以在有组织公共领域的框架中加以建制化。因此，“实现建制化的那些联合体”——即社团、组织和运动——亦即商谈性配置，“构成了市民社会的核心，构成了一种普遍的、可以说从私人领域中凸显出来的公民公众集体的组织基础”。③ 哈贝马斯将社团、组织和运动作为市民社会中三种基本的“商谈性配置”。

4. 小结

较之近现代市民社会理论，当代市民社会理论发生了两个重要变化：其一，从传统的“国家—社会”二分法向“国

---

① 哈贝马斯使用“市民社会”（Zivilgesellschaft）一词以区别于那个带有“资产阶级社会”（bürgerliche Gesellschaft）含义的“市民的社会”（Bürgergesellschaft）。

② ［德］哈贝马斯：《在事实与规范之间：关于法律和民主法治国的商谈理论》，童世骏译，生活·读书·新知三联书店 2003 年版，第 444~454 页。

③ ［德］哈贝马斯：《在事实与规范之间：关于法律和民主法治国的商谈理论》，童世骏译，生活·读书·新知三联书店 2003 年版，第 454 页。

家—市场社会(经济社会)—市民社会"三分法转变。这种市民社会观把市民社会从单纯的经济交往领域中剥离出来,将其视为一种非官方的社会公共生活领域。其二,加强了对社团、非政府组织等市民社会结构主体要素的研究,突出了社团的自主性和关系性。伴随着这两项重要的变化趋势,结社和社团在市民社会中的作用和功能日益显现。

纵观历史,市民社会理论从古典到近现代再到当代,经历了三次重要变化。第一次为市民社会(社会状态)与自然社会(自然状态)的分离;第二次为市民社会与政治国家的分离;第三次是市民社会与市场社会(经济领域)的分离。这三次分离不仅使人们关注个体与国家的关系、私的领域与公的领域的区别,而且也开始关注私的领域中除了个人、家庭之外,还有非常重要的私的主体,即团体,团体也因其存在的"场域"不同,有存在于市场社会的团体与表达私人公共意愿的团体。市民社会理论的第三次分离对构建团体制度具有重要意义。

第二节　成员权与当代市民社会理论及结社观

一、成员权的存在团体与当代市民社会

"市民社会"(civil society)来自西学,该概念在当代的经典描述由戴维·米勒(David Miller)提出,他指出,"(1)最初,市民社会是指称社会和国家的一个一般性术语,与'政治社会'(political society)同义;(2)晚近,市民社会则意指

除国家以外的社会和经济安排、规范、制度"。① 市民社会概念在当代中国学术界已被广泛接受。但在对该概念的翻译和传播中出现了多种用法，如"公民社会"②、"民间社会"③等。本书将遵循国内外学术界较通行的用法，使用"市民社会"的概念。

邓正来先生将市民社会界定为"社会成员按照契约性规则，以自愿为前提和以自治为基础进行经济活动、社会活动的私域，以及进行议政参政活动的非官方公域"④。本书将采纳这个意义上的市民社会。

1. 成员权存在的团体构成当代市民社会的一类成员

市民社会是由独立自主的个人、群体、社团和利益集团构成的，其间不包括履行政府职能、具有"国家政治人"身份的公职人员、执政党组织、军人和警察，也不包括自给自足、完全依附于土地的纯粹农民。⑤ 需特别指出的是，当下中国社会，很少存在自给自足、完全依附于土地的纯粹农

① David Miller：《市民社会》，邓正来译，载邓正来主编：《国家与社会：中国市民社会研究》，北京大学出版社 2008 年版，第 272 页。

② 参见俞可平：《中国公民社会：概念、分类与制度环境》，《中国社会科学》2006 年第 1 期，第 109～110 页。

③ 参见郭道晖：《公民权与公民社会》，《法学研究》2006 年第 1 期，第 84～85 页。

④ 邓正来、景跃进：《建构中国的市民社会》，载邓正来主编：《国家与社会：中国市民社会研究》，北京大学出版社 2008 年版，第 7 页。

⑤ 邓正来：《市民社会与国家——学理上的分野与两种架构》，《国家与市民社会：一种社会理论的研究路径》，中央编译出版社 1998 年版，第 80 页。

民，随着农业现代化与城市化进程的加速，一方面，部分农户的农业生产与销售需要成立农民合作社来实现利益最大化；另一方面，农村出现了众多剩余劳动力，农民进入城市，更多地参与社会生活。成员权存在的团体，包括各类营利与非营利的组织构成市民社会中的一类主体。

2. 成员权的存在团体在市民社会具有独立人格

构成中国市民社会的各种团体、组织和个人，都有独立的法律人格。它们的活动和内部管理具有高度的自治性质。一般而言，国家必须尊重市民社会的这种独立自治特征并通过法律加以保护。当然，这并不是说国家完全不予干涉，若市民社会内部发生利益冲突或纠纷而其本身又无能力解决时，就需要国家从外部介入进行干预和调整。成员权存在的团体在市民社会从事活动，也需具有独立的人格。

在德国法学界，直到20世纪中叶，学界普遍认为只有法人才有资格单独作为团体，而合伙仅作为共同共有关系看待。立法者和学界认为，合伙的成员资格是不能转让的。Flume承认民事合伙成员资格具有可转让性，并且论证了民事合伙的能力。① 这样，权利义务的主体分类发生变化，共同共有团体也属于团体。共同共有团体不仅具备权利能力，而且具备组织要素，特别是业务执行机关以及意思形成机关也已经建立，这一点在德国已广泛达成共识。因此，在德国法学界，法人与共同共有团体(合伙)成为两类典型的人合组织，并且这两类组织也成为成员权存在的组织基础。

---

① Vgl. Flume Werner, Die Personengesellschaft, Berlin: Springer, 1977, §1Ⅲ, S. 6.

3. 团体及成员权以契约关系为纽带与市民社会相契合

邓正来先生描述中国市民社会的内在联系既不是传统的血缘关系，也不是垂直指令性的行政关系，而是内生于市场交易活动的契约关系。契约关系要求主体在获得对方权益的同时，也要履行相应的义务。社会成员的活动遵循自愿原则。每个成员不是在被胁迫或强迫下从事活动，而是根据自己的意愿或自我判断参与或加入某个群体或集团的。自愿原则是市民社会的重要特征，高度尊重个人的选择自由。

而民法中成员权存在的团体也要求以契约关系（法律行为）为基础。团体和成员权是私法自治的结果。所有团体都是具有共同目的的联盟，以成员的共同目标的确定为前提。为了团体目标的实现，团体通过团体协议或章程确定团体的程序规则、行为准则、职权划分，明确团体及其成员的权利与义务。市民社会的存在为团体及成员权的存在提供社会基础。

4. 团体活动的领域为市民社会的非官方的公域与私域的合成

市民社会是非官方的公域与私域的合成。私域主要指不受国家行政手段过多干预的经济领域。市场经济领域不仅是市民社会主体活动的主要场所，也是市民社会赖以生存和发展的基础。非官方的公域是指在国家政治安排以外市民社会能对国家立法及决策产生影响的各种活动空间。例如，在电视、广播、报纸、刊物、书籍等传媒中表达意见和观点，在沙龙、讨论会和集会中零散地面对面交换意见等。这些活动形成的社会意见即"公众舆论"，对国家或政府的活动会产生影响。

二、成员权与结社自由

对于结社的概念，学界并无太大分歧，一般是指人们为了一定的宗旨和目的，自愿地结成一定的社团或组织，并采取团体行动的社会活动过程。对于结社自由的概念，学者们存在多种理解。① 本书认为，结社自由是指个体（包括个人与组织）为一定目的持续性地结合成一定组织的自由与权利，同时也包括该组织自主管理内部事务的自由与权利。②

1. 成员权与结社自由的关联性

（1）结社自由是成员权产生的前提

宪法意义上的结社自由确保了团体的自由设立，民法意义上的结社自由使其他主体不得侵犯设立团体的自由权利。只有确立的团体的自由设立，才有所谓成员与团体的法律关系；没有结社自由，成员权便无从谈起。因此，结社自由是成员权产生的前提。

（2）结社自由的主体也是未来团体中享有成员权的主体

结社自由的主体包括自然人和组织。人权理论产生以来，人权的主体经历了"从有限的主体到普遍主体""从生命主体到人格主体""从个体到集体"的发展历程。结社自由的主体范围也经历了同样的变化。在当代各国宪法和民商事法中，已普遍确立自然人、法人和非法人组织的结社

① 具体参见杜筠翊：《结社自由的法律规制》，复旦大学 2012 年博士学位论文，第 46 页。
② 杜筠翊：《结社自由的法律规制》，复旦大学 2012 年博士学位论文，第 46 页。

主体地位。①

在成员权理论研究中，何种主体可以成为团体的成员，即成员能力的问题。各国普遍认为自然人、法人和其他组织都有成员能力。例如，《美国非营利法人示范法》(1987)规定"人"包括"自然人"或者"团体"。② 德国理论界和法院普遍认为自然人、法人和合伙都有成员能力。③ 所以，私法上结社的主体与成员权的主体类型应当是一致的。

(3)结社自由的内容往往导致成员权的产生、变更或消灭

结社自由的内容包括组建和加入社团、退出和不加入社团、社团自主地内部管理和对外活动。具体而言，组建社团是结社自由的首要内容。自由组建社团既是积极地行使结社自由的出发点，也是一个现代民主法治国家应有的社会生活方式之一。加入社团是个人选择加入既存的社团，是实现积极的结社自由的又一方式。成员加入仍是以个体自愿为基础的。退出社团与不加入社团是消极结社自由的实现方式。消极的结社自由意味着任何人不得被强制性地要求加入某个社团或维持某个社团成员身份，否则将构成对自愿的违背和对自由的损害。

---

① 关于法人、非法人组织的结社主体地位的确立，本书不展开讨论。

② 参见金锦萍、葛云松主编：《外国非营利组织法译汇》，北京大学出版社2006年版，第7页。

③ Vgl. Reuter, Dieter, 145 ZHR, 273, 274 bis 277 (1981), zitiert nach Franz Jürgen Säcker /Roland Rixecker, Münchener Kommentar zum Bürgerlichen Gesetzbuch, Bd. 1 (§§1-240), 6. Aufl., München: C. H. Beck, 2012, S. 685, 688.

成员组建或加入团体，获得成员资格，从而导致成员权的产生；成员退出团体，导致成员权的消灭；团体自主地内部管理和对外活动往往是团体内部成员权行使和实现的体现。

2. 成员权与结社自由的差异性

(1) 成员权与结社自由的权利性质不同

结社自由是人权，也是基本权利。人权就是人作为人所应当享有的权利。基本权利是人权的实定化和法律化，是法定权利。结社自由具有双重意义。法定意义的结社自由首先在宪法层面确立；在民法层面上，结社自由表现为其他私法主体不得侵犯他人结社的自由，属于民法人格自由权的范畴。

民法中团体的成员(社员)基于其成员的地位与团体发生一定的法律关系，在这个关系中，社员对社团享有的各种权利的总体，称为社员权。①成员权是私法上的权利，其权利主体是成员，相对人是团体。

(2) 成员权与结社自由的权利内容不同

如前所述，结社自由的内容包括组建和加入社团、退出和不加入社团、社团自主地内部管理和对外活动。

成员权的内容则包括经济性质的权利与非经济性质的权利。财产性质的权利，如利益分配请求权，在未经具体分配时，是一种抽象的总括的权利，不是债权。在已进行具体分配、分配额确定后，可以转化为债权。这种债权可以单独地转让或继承。非经济性的权利包括成员出席社团会议的权

---

① 谢怀栻：《论民事权利体系》，《法学研究》1996 年第 2 期。

利、选举和被选举的权利、发表意见的权利、表决的权利、参加团体活动的权利等。经济性质的权利包括团体设施的利用权、利益享受权等。在不进行经济活动的社团,社员权中经济性质的部分就不占重要地位;在进行经济活动的团体(营利团体)则正好相反。在公益性团体,成员的成员权以非经济性的为主,而且权利不是"利己的",具有公益的性质。

入社与退社将会导致成员权的产生或消灭,但是这两种自由并不属于成员权的内容。成员权产生于成员资格的取得,终于成员资格的消灭。成员权以成员资格(地位)为发生的基础,与这种资格相终始。成员权主要为成员对团体的权利,入社与退社都不属于成员权的内容。但退社可能构成经济团体中成员权的转让(处分)。

第三章 成员权存在的团体基础

团体是研究成员权的前提和起点。团体概念与成员权概念是相互制约的。在本章开始，先澄清两个问题：其一，财团法人不属于本书团体的范围。传统的法人团体人格有两种：社团与财团，二者的共同特征是都具有组织性与法律行为要素；但二者的区别在于，前者的共同体意志产生于共同体内部，后者的共同体意志产生于团体外部。① 二者中只有社团法人可作为成员权基础的团体人格基础。其二，本书认为，团体人格可分为实质意义上的团体人格与形式意义上的团体人格，前者的本质特点是具备人的联合体的要素，如有权利能力的合伙与社团法人，后者如一人公司、财团法人，因是一种利益载体而利用了团体法人人格形式，但不具备人的联合体的实质要素。本书中所指的团体人格是从实质意义上而言的，不包括形式意义上的团体人格。

本章将围绕成员权存在的团体范围进行讨论，依序探讨下列问题：首先，从历史的角度追溯团体的发展概况；其次，以法国、德国、日本、美国、英国等国为典型，考察两

---

① 参见[德]格奥格·耶律内克：《主观公法权利体系》，曾韬、赵天书译，中国政法大学出版社 2012 年版，第 227 页。

大法系关于团体的立法与团体类型；最后，梳理我国团体法
与团体的发展，为我国成员权构建奠定制度前提。

第一节　团体的萌芽与发展

一、罗马法时期团体人格的萌芽

　　西方团体的传统可追溯至罗马。① 罗马虽然没有"团体"
的一般概念，但用非常多的术语来称呼团体。例如，
"collegium"与"corpus"两个术语用得比较频繁。此外，还有
"universitas""societas""sodalitas"等。"universitas"一词具有
团体的含义，可指宗教团体、士兵团体、丧葬团体等，但都
不享有人格。这些术语一般模棱两可，因为它们也用来指一
些既不表示团体，并无人格意义的情况。这些团体的成员叫
作 socii（成员）或 soldales（合伙人）。②

　　共和国末叶，法学进步，如承认国家和地方政府具有独
立的人格，与其成员相分立。在优士丁尼法典中，
"universitas"指市民或自治城联合体，并且明确地指法律人

---

　　① 本部分内容参考了彭梵得：《罗马法教科书》，黄风译，中国
政法大学出版社 1996 年版，第 50～55 页；黄风：《罗马法》（第二版），
中国政法大学出版社 2014 年版，第 60～64 页；周枬：《罗马法原论》
（上册），商务印书馆 1994 年版，第 290～296 页；江平、米健：《罗马
法基础》（修订第三版），中国政法大学出版社 2004 年版，第 119～131
页；陈朝璧：《罗马法原理》，米健等校，法律出版社 2006 年版，第
67～71 页。
　　② 彭梵得：《罗马法教科书》，中国政法大学出版社 1996 年版，
第 51 页。

格，是社团的起源。公元 3 世纪以后，法律上承认神庙也可享有财产权，可以以自己的名义订立契约，取得债权，承担债务，其构成的基础为财产而非人，是财团的萌芽。帝政后期，受基督教的影响，教堂、寺院和慈善团体也可享有人格。至于营利法人，则是在奴隶制经济高度发展以后产生的。尤其是航海经商，需要大量资金，利润大，风险也大，个人根本无力经营而须采取合伙的方式。但是，按照市民法的严格的形式主义，许多人共同经营一项事业，这在代理制度发展以前困难很大。具体原因，第一，进行任何具体的法律行为，例如购买奴隶，都须全体合伙成员到场，虽然可以找奴隶家属代替，但合伙成员中若有一人表示反对，就可导致交易不能进行。第二，合伙的财产为合伙人共有，随时可能因某一合伙人的破产而被债权人扣押拍卖，影响合伙事业的进行。第三，一旦发生诉讼，合伙成员如为原告，因可利用家属和奴隶，问题尚较易解决；如果作为被告，则须全体到场，有一人缺席，诉讼就不能进行。罗马法学家比照公法人创造了民事的权利义务主体，使各种私法人陆续产生。法人具有独立的人格，其财产与各成员的财产各自独立，凡是以法人名义进行的法律行为，由少数代表负责为之，而与法人各个成员的权利义务不相混淆。

共和国末叶，罗马法学家阿尔费努斯·瓦鲁斯就对团体人格和其成员人格的不同作了分析。他指出：船舶的船员经常更换，有时甚至全部船员都换了，但船舶依然存在。军团也是如此，其成员走了一批，又来了一批，但军团照旧存在。乌尔比安也说，在一个团体中，其成员的变更并不影响团体的存在，因为团体的债务并不是其各个成员的债务，团体的权利也不是其各个成员的权利。罗马从客观出发，提出抽象人格的理论，扩大了人格的概念，把权利直接赋予法律所拟制的人（persona ficta），简化了法律关系，适应了经济发展的需要。

这是罗马法的一大创造，尽管罗马的法人制度很不完备，但其内容和理论为近代法人制度的发展奠定了基础。

罗马法时期的团体有社团与财团。社团（universtitatis personarum）包括国家、地方政府、一般社团。国家在从事民事活动时以国库（aerarium）的名义代表之。一般社团有以公共利益为目的和以社员私人利益为目的之分，前者如祭司团、承审团、士兵会，后者如田赋征收团、丧葬互助会、联谊会（sodalitas）以及采矿、盐业、航运等各种营利团体。财团主要有寺院（ecclessia）、慈善团体（piae causae）、待继承的遗产（hereditas jacens）。

二、中世纪团体组织的复兴

中世纪时期①，罗马天主教会机构占据慈善活动的中心地位，几乎所有形式的捐赠首先要接受教会的管理。当时的宗教协会主要是向死者提供祈祷的宗教集会，并向成员提供食宿或葬礼花销的帮助。在 12 世纪和 13 世纪时，英国已经出现了很多慈善组织。协会和信托机构是英国慈善机构最基本的形式。② 12 世纪，随着城市的兴起和市民社会的诞生，

---

① 欧洲自公元 476 年西罗马帝国灭亡至公元 1500 年的一千年被称为中世纪，这个时期历来被认为是欧洲最为黑暗的时期。

② 王名、李勇、黄浩明编著：《英国非营利组织》，社会科学文献出版社 2009 年版，第 24~25 页。

德国中下层市民为捍卫自己的利益创造了一种特殊制度——行会（Zunft）①，一方面为实现自我管理，另一方面协调与其他社会阶层关系。行会的产生，不仅影响生产技术、市场价格、行业规范，而且提供一定形式的公共服务和社会保障。此外，由于行会与市议会争夺权力以维护成员的利益，从而成为一定的政治组织，表达了一种公共精神。德国的结社传统还体现在中世纪的城市联盟上，其中，最著名的是汉萨同盟。这种建立在商业和政治基础上的城市结盟，不仅对新兴生产关系发挥了重要的加速作用，而且孕育了德国社会中普遍存在的团队精神。② 14 世纪，英国的行会与同业工会开始出现，标志着基于相互依存和贸易兴起的有组织的世俗的独立部门开始形成。这些组织成立的目的主要是保护贸易并保证手艺质量。

11 世纪末至 13 世纪，欧洲贸易与商业迅速发展，出现了经济复兴。③ 公司这一组织形式重新萌生起来，城邦政府的军事开支和行政费用均需大量资金的支持，于是商人们便以替政府筹款为条件，取得成立公司的特许权。贸易特别是海上贸易的发展，要求扩大投资规模并减少投资风险。所需资金较大的海上航行不仅风大浪险，而且商船常遭海盗拦截，因此海上贸易有可能造成人财两空的局面。于是，易于

---

① 行会包含"规定""契约"和"会议、集会"的意思，是市民自发结社的一种典型形式。

② 王名、李勇、黄浩明编著：《德国非营利组织》，清华大学出版社 2006 年版，第 24~25 页。

③ 这段时期也是文化、艺术和法律等领域的复兴，史称"十二世纪文艺复兴"。参见《十二世纪文艺复兴》，上海三联书店 2008 年版，第 6 页。

集资又能把风险分散化的公司形式便开始出现。与海上贸易有关的公司形式有康枚达（Commenda）、索塞特（Societas）和"海上协会"。①

第二节　近代以来两大法系团体法的发展

一、大陆法系的团体法及团体类型

（一）法国

1804 年，《法国民法典》在第一编中明确规定了"人"的法律地位，然而，该法典规定的"人"仅指法国人，不包括外国人，也不包括法人或团体。此时，法国仅在习惯法上承认两类团体的地位：一是依照营业自由原则设立的公司，二是王室或政府以特许方式批准设立的教会、法院和行会。直到 1807 年颁布《法国商法典》时，法国才首次在制定法上承认商人和公司的法律地位。对于非营利法人的承认，较之营利法人，法国对此承认较晚，直到 1901 年才通过《法国非营利社团法》。1978 年第 78—9 号法律在《法国民法典》第三卷取得财产的各种方式中规定了第九编（团体②），该编被作为团

---

① 张仁德、段文斌：《公司起源和发展的历史分析与现实结论》，载《南开经济研究》1999 年第 4 期。

② 法语中"société"一词是一个多义词，通常有"社会""社团""公司"之意。法国《公司法典》将民法典的这一编收在法典之编首，称为对"公司"的"一般规定"。因此，"société"一词一般指"公司"。参见《法国民法典》，罗结珍译，中国法制出版社 1999 年版，第 412 页。笔者认为，法语"société"一词也可译为团体，包括民事合伙、商事合伙、有限责任公司与可发行股票的公司。

体法的一般性规定，弥补了之前民法典对团体一般规定的不足，且承认了团体只要经登记均具有法人资格(第1842条)。

在法国，共同经营分为合伙、公司两种模式。两种不同的经营方式既可从事营利活动也可从事非营利活动。合伙在法国分为民事合伙①与商事合伙两大类。② 商事合伙也可称为商事公司，包括无限公司③与两合公司。根据2009年出版的《法国商法典》(第105版)④的规定，法国的商事公司分为无限公司、两合公司、有限责任公司、可发行股票的公司。可发行股票的公司还可分为股份有限公司、股份两合公司和简化的股份有限公司。⑤

《法国非营利社团法》第1条明确规定，社团是一种协议，由二人或二人以上以其知识或者能力为实现非营利目的

① 《法国民法典》1978年补充规定第九编公司第二章专章规定民事公司(民事合伙)。

② 法国除了民事合伙与商事合伙之外，还有一种合伙，为隐名合伙。该隐名合伙不同于德国法的隐名合伙，是指未经登记及公告，没有取得法人资格的普通合伙。隐名合伙如果从事民事活动，适用法国《民法典》关于民事公司的规定。如果从事商事活动，适用法国《商事公司法》关于商事公司的规定。此外，还有一种合伙为默示合伙，是指合伙人之间并没有订立书面或口头的协议，而是从他们的行动中推定出他们有共同出资、共同经营、共同分配利润、共同承担损失的合伙意图。企业之间也可成立合伙，1976年法国制定《企业联合体法》调整这种关系。参见毛亚敏：《公司法比较研究》，中国法制出版社2001年版，第37~38页。

③ 无限公司又被译为合名公司、合股公司。

④ 参见《法国商法典(上、中、下)》，罗结珍译，北京大学出版社2015年版，第12页。

⑤ 关于简化的股份有限公司，又译为简单的股份有限公司。参见毛亚敏：《公司法比较研究》，中国法制出版社2001年版，第46~47页。

而形成长期存续的团体。社团的效力由合同法或债法的基本原则规制。此外，该法还明确了，社团可以自由设立，而无须核准或事先宣告。但是，如果社团要享有法律地位，必须依据第 5 条进行公开化，备案于社团总部所在地的隶属于省的行省或者隶属于专区 (地区) 的县。通过上述规定，可以得出，社团也可采取二人以上的民事合伙的形式。社团未登记的，不享有法律地位；若登记备案，则享有法律地位。法国法中关于团体内部成员与成员之间以及成员与团体之间的法律关系由合同法或债法调整。

法国法成员权存在的团体基础可见图 2.1：

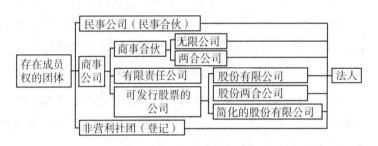

图 2.1　法国法成员权存在的团体基础

(二) 德国

德国在颁布民法典以前，先行实施了商法典。德国商法典规定了商人制度以及公司的组织和运行规则，以特别私法承认了商业团体的地位。1897 年德国《商法典》第二编前四章分别规定了无限公司、两合公司、股份公司和股份两合公司，1892 年《有限责任公司法》规定了有限责任公司，至此确定了德国的五种公司形式。德国在 1965 年 9 月 6 日公布了联邦德国《股份公司法》，将股份公司和股份两合公司从《商法典》中分离出来。德国《商法典》中的无限公司、两合公司是人合公司，为非法人组织，通常将它们归入合伙范畴。有限责任公司、股份有限公司和股份两合公司被认为是资合公司，具有法人资格，是真正的公司法人。

1896年，《德国民法典》构建了较完整的团体制度。团体的两种基本类型——社团法人和合伙，在体系上分属《德国民法典》的不同部分，社团作为法人被规定在人法部分（《德国民法典》第21条至第79条），而合伙则规定在债法合同部分（《德国民法典》第705条至第740条）。民事合伙（有共同共有财产的合伙）的民事主体地位已被判决确立，而无权利能力的社团则被第54条规定适用合伙。但这一规定被司法实践放弃，关于社团的规定被广泛适用于无权利能力社团。总体而言，《德国民法典》关于合伙与社团的一般性规定是团体法的基础，此外，民法的总则部分和债法部分也是团体法依据的一般性规定，团体法的特别规定往往是在此基础上作出补充性或重叠性规定。

此外，一些涉及团体法内容的专门性法律以跨越具体团体法的形式规范了一些复杂问题。如，《改组法》（1994）、《信息公开法》（1969）、《会计法》（后被纳入《商法典》）、《员工共同参与决定法》（1976）、《三分之一参与决定法》（2004）、《欧盟股份有限公司员工共同参与决定法》、《有价证券交易法》（1994）、《有价证券和企业收购法》（2001）。

此外，欧盟条例和指令作为基本性的共同性法律和派生性的共同性法律也是团体法的重要渊源。2007年被采纳的《股东权利指令》适用于上市公司，该指令用于解决跨国表决的障碍，鼓励采用电子方式。①

　　德国学者认为，成员权存在的团体应当具备两个特征，即组织的独立性和基于法律行为而产生；主要包括合伙与社团法人(包括非经济社团法人)类型，其范围排除公法人、私法上的财团、隐名合伙、共同关系。② 成员权存在的基础与经济团体有很大程度的交叉，但并不完全重叠。成员权存在的团体基础，见图2.2：

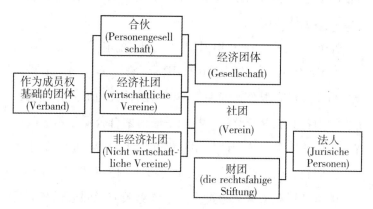

图2.2　德国法成员权存在的团体基础

(三)日本

　　日本的团体人格的构建及类型受德国民商法的影响，但也有一些变化。日本的合伙也有普通合伙与隐名合伙、商事合伙与民事合伙之分。民事合伙若未登记为法人，则适用合

---

　　① 参见[荷]阿德里安·德瑞斯丹等：《欧洲公司法》，费煊译，法律出版社2013年版，第101页。

　　② 任中秀：《德国团体法中的成员权研究》，法律出版社2016年版，第24~25页。

伙合同的规定。日本还有有限责任合伙企业类型，属于无权利能力团体。①《日本商法典》规定了商事合伙。与法国不同的是，日本的隐名合伙作为一种契约规定在《日本商法典》第三编商行为之中。

1896 年公布的《日本民法典》规定了"法人"的民事主体地位②，法人分为公益法人与营利法人。但这一立法造成两者之间大量存在既非营利又非公益的社会团体一直处于无法可依的状态。2001 年，日本通过《中间法人法》，确立了中间法人的主体地位。

2005 年之前，1890 年《日本商法典》规定了无限公司（又译为"合名公司"）、两合公司（又译为"合资公司"）、股份两合公司及股份有限公司四种类型。这四种公司形式在现实经济生活中各有长处与弊端。特别是股份两合公司虽然吸收了有限责任股东，但公司的信用基础在于无限责任股东的个人信用，而且经营上也依靠无限责任股东的经营能力，因而，对有限责任股东来说风险过大。不能克服与无限公司相同的筹集资本困难的弊病，在现实生活中几乎没有人采用这种公司形式，基于此，日本在 1950 年修改商法时，删去了股份两合公司形式。受德国有限公司立法的影响，日本在 1938 年 4 月 5 日颁布了《日本有限责任公司法》，确立了有限责任公司（又译为"合同公司"）形式。2005 年，日本对公司进行了重大的立法调整，制定了作为独立法典的《公司法》。至此

---

① 三本为三郎：《日本公司法精解》，朱大明等译，法律出版社 2015 年版，第 12 页。

② 1890 年颁布的日本旧民法典以《法国民法典》为蓝本，未规定法人的主体地位。

所确立的日本公司类型为无限公司、两合公司、有限责任公司、股份公司。前三种公司类型又称为持分公司，均为有一定的人身信赖基础。持分公司的成员可为有限责任或无限责任，见图2.3。

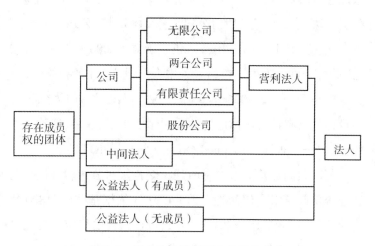

图 2.3　日本法成员权存在的团体基础

二、英美法系的团体法及团体类型

公司是英美法系团体的重要形式。而"公司"一词在英文中有两种表达——company 与 corporation。英国常用 company 一词，而 corporation 则为美国常用。二者在现代语义上已无太大差别。在澳大利亚的公司法中，两个词同时使用。英美两国采用不同词，有其历史渊源。英语 company 一词源于合伙，股东更多的是一种成员，该词有陪伴、一群人之意。而美国 corporation，实质上是相对于没有公司化的组织。黄辉认为，company 外延比 corporation 大，除了公司之外，还包括相关的商业组织形式。①

（一）英国

英美法系的团体法制度可以溯源至英国。1844 年通过的《合作股份公司法》中出现了"公司"一词，但此时的公司并未确立有限责任，实质上是合伙形式的扩大化。1855 年《有限责任法》、1856 年《股份公司法》和 1862 年《公司法》颁布，英国现代意义上的《公司法》才正式确立。2006 年英国《公司法》进行了重大改革，在第 6 条中专门设立"社区利益公司"这一新类型公司。2006 年，《慈善法》提出了专门为慈善组织设计的具有正式法律地位的公司制组织形式——慈善公司组织（Charitable Incorporated Organization，CIO）。

英国共同经营的形式有两种，即合伙与公司。合伙分为普通合伙与有限合伙两种，前者的法律依据是英国《1890 年合伙法》，后者适用《1907 年有限合伙法》②的规定。普通合伙广泛地适用于会计师、律师、证券经纪人、专利代理、检验人、拍卖商、估价员、房地产中间商、地产商、财产管理人等领域，每个合伙人承担无限责任。至于有限合伙，必须至少有一个普通合伙人，其余则为有限合伙人。合伙企业不具备法人资格。2001 年的《有限责任合伙法》规定，有限责任合伙原则适用公司和有限公司的规定，③ 而不适用关于合

---

① 参见黄辉：《现代公司法比较研究——国际经验及对中国的启示》，清华大学出版社 2011 年版，第 2~3 页。

② 英国的有限合伙与有限责任合同不同。前者是指一部分人为普通合伙人，一部分人为有限责任合伙人；后者是指所有的合伙人均为有限责任合伙人。

③ 日本的有限责任合伙企业为无权利能力社团，而英国的有限责任合伙适用公司的规定。

伙的法律。该法确立了有限责任合伙独立的法律人格地位。①

根据英国现代《公司法》②的规定，公司分为有限公司与无限公司，有限公司根据公司是否以股东认缴的股份为限承担公司债务为准，分为股份有限公司和保证有限公司。保证有限公司是指公司不设股份，仅以成员提供保证为限对外承担债务的公司。公司的成员不叫股东，而是称之为成员。成员无需缴纳股份，而仅在公司清算时按其承诺承担责任。在公司没有清算时，成员无需承担责任。保证有限公司一般从事非营利活动，如学校、俱乐部等慈善或半慈善组织，成员的加入与退出较自由，见图 2.4。③

（二）美国

美国的法律主要受英国法的影响，但其团体制度的构造和发展也受到其他国家法律的影响。美国统一州法全国委员会于 1914 年制定了《统一合伙法》，供各州采纳。该法第 6 条对合伙所下的定义是"两人或数人作为共同所有者为谋利而进行营业的一种联合"。《统一合伙法》已为除了佐治亚和路易斯安那州以外的绝大多数州所采纳。这些州的合伙法已趋于一致，认为合伙不具有法人资格。但路易斯安那州由于

---

① 林少伟：《英国现代公司法》，中国法制出版社 2015 年版，第 70 页。

② 历史上英国还存在过依习惯法由皇家特权成立的特许公司和依国会的特别法成立的公司，前者在 17 至 19 世纪较多，如 1600 年东印度公司、1694 年英格兰银行；后者是从事公益的私营法定公司，二战后依国会法成为公法人，由政府接管。

③ 参见林少伟：《英国现代公司法》，中国法制出版社 2015 年版，第 80~81 页。

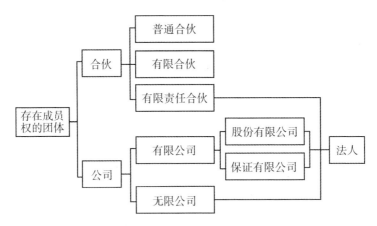

图 2.4　英国法成员权存在的团体基础

历史原因，仍遵循大陆法的原则，认为合伙具有法人资格。① 美国有限合伙的产生早于英国（英国在 1907 年才承认有限合伙），美国有限合伙立法最早出现在纽约（1822）、康内狄克州（1822）和宾夕法尼亚州（1836）。1916 年，美国统一州法全国委员会制定《统一有限合伙法》，之后该法被 1976 年和 1985 年《统一有限合伙法》取代。

在美国，对法人（即公司，包括营利与非营利）的规制有其特殊性。其一，美国无全国统一的联邦法人法，各州制定州法来规范。1848 年，纽约州通过《一般法人法》（1895 年通过《会员制法人法》）；特拉华州《一般法人法》制定于 1899 年并于 1967 年修改。该法使用"事务行为"（conduct of affairs）而不是"交易行为"或"业务管理"，这样该法可以同

① 潘华仿：《美国统一合伙法》，《比较法研究》1989 年第 2 期。

时适用于非营利法人。① 其二，对营利法人与非营利法人采用不同的法律进行规范。美国的成文公司法主要有特拉华州公司法、《商业公司法范本》和《公司治理原则》、2002 年通过的《萨班斯-奥克斯利法》（即《公共会计改革与投资者保护法》）。② 1950 年美国统一法律委员会起草了《营利法人示范法》，主要规范营利性法人。非营利法人在 19 世纪初由各州进行规范，纽约州在 1969 年制定《非营利法人法》，1970 年 9 月 1 日正式实施。加利福尼亚州《非营利法人法》制定于 1978 年，于 1980 年 1 月 1 日生效，属于其团体法典中独立的一部分。该法在美国产生了巨大影响。1987 年《非营利法人示范法》参考了该法的大部分内容。为加快非营利法人法的统一，美国律师协会法人法委员会于 1952 年开始起草《非营利法人示范法》，于 1954 年正式公布，并于 1957 年、1964 年和 1987 年进行了三次修改。

此外，美国的团体法还涉及非法人团体法。美国统一州法全国委员会于 1996 年通过了《美国统一非法人非营利社团法》，建议各州采纳。③ 该法中的"非营利社团"指达成合意的两人或两人以上组成的，不以营利为目标的非法人组织，但信托除外。"人"指自然人、法人、商业信托、不动产、信托、合伙、协会、合资事业、政府、政府部门、政府代理处

---

① 王名、李勇、黄浩明编著：《美国非营利组织》，社会科学文献出版社 2012 年版，第 28 页。

② 参见苗壮：《美国公司法：制度与判例》，法律出版社 2007 年版，第 6~7 页。

③ 参见金锦萍、葛云松主编：《外国非营利组织法译汇》，北京大学出版社 2006 年版，第 71~99 页。

或者政府机构或任何其他法律或商业实体。

美国的合伙分为普通合伙与有限合伙两大类。美国的合伙具有如下优点：如投资者与经营者合二为一，合伙人可以直接控制和执行合伙的业务。合伙事务的经营管理没有法定程序的要求，具有较大的灵活性，合伙不需要缴纳企业所得税。合伙利润直接计入合伙人的个人收入，由合伙人缴纳个人所得税，因为有上述优越性，在美国，合伙企业的数量虽然不及独资企业，但在企业中却占据了重要的地位。

美国的商事公司通常被区分为开放式公司与封闭式公司，但这主要是学理上的分类，大多数州公司法没有区分封闭公司与开放公司，只有少数几个州对封闭公司作了特殊规定，如加利福尼亚州公司法、特拉华州公司法。

有限责任公司在美国只有二十几年的历史。1977 年，怀俄明州在借鉴欧洲有限公司法的基础上，第一个颁布了有限责任公司法。在 20 世纪 80 年代末到 90 年代初，美国各州相继制定了有限责任公司法。1994 年美国制定了《统一有限责任公司法》，1996 年对该法进行了重要修改。美国的有限责任公司与大陆法系国家的有限责任公司名称相同，英文名称都是 Limited Liability Company，其实内容上有较大的区别。[1] 美国的有限公司是一种新型的企业组织形式，主要是为鼓励企业发展，给予公司经营上更多的自主和灵活，并提供税收上的优惠而产生的，是介于商事公司与合伙之间的一种形式，见图 2.5。

---

[1] 毛亚敏：《公司法比较研究》，中国法制出版社 2001 年版，第 57 页。

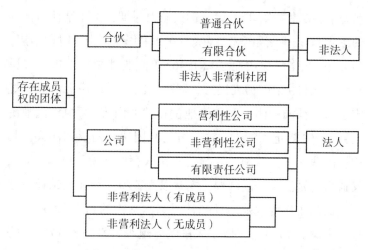

图 2.5　美国法成员权存在的团体基础

第三节　我国团体法发展及团体类型

中国民间结社活动和传统虽历史久远，但真正将结社作为一种宪政意义上的个人自由和权利并以法律形式加以规范还是始于晚清。本节以中华人民共和国成立前后为历史分期，分别考察两个阶段中国团体法发展及团体类型。

一、中华人民共和国成立之前团体法及团体类型

清末最早的结社立法为 1908 年 2 月颁布的《结社集会律》，该法对结社的定义、分类、登记及管制等作出了规定。1908 年 8 月颁布的《钦定宪法大纲》在中国宪法史上首次规定结社自由。

清王朝覆灭后，民国政府于 1912 年颁布《中华民国临时约法》规定人民结社自由。北洋政府时期，结社立法基本承

袭晚清《结社集会律》。南京国民政府时期，关于结社与社团的法律制度体系逐渐完备。除了在《中华民国训政时期约法》(1931)和《中华民国宪法》(1946)等宪法性规范中规定人民有结社之自由，① 另在民法、刑法、民事诉讼法等法律中规定了与结社或社团民事主体地位相关的内容。《中华民国民法》(1930)规定了法人，法人分为社团法人与财团法人，其中社团法人分为营利法人与公益法人(第45条、第46条)。又通过特别法和行政法规、规章以规范特定行业的结社与社团，而其中作为规范结社和社团基本法律的当属《人民团体组织方案》(1929)、《修正人民团体组织方案》(1930)和《修正民众团体组织方案》(1932)。

中国共产党领导的革命根据地政权的结社立法颁布了有关结社自由与社团管理的法律和政策。1934年的《中华苏维埃共和国宪法大纲》、1937年的《中国共产党抗日救国十大纲领》、1941年的《陕甘宁边区施政纲领》、1946年在政协会议上提出的《和平建国纲领》等都规定了人民享有结社自由。而陕甘宁边区政府于1942年颁布《陕甘宁边区民众团体组织纲要》《陕甘宁边区民众团体登记办法》与1949年《陕甘宁边区人民团体登记办法》，这一系列法律规范则共同组成了当时结社和社团管理的主要法律制度。②

---

① 《中华民国训政时期约法》(1931)第14条规定："人民有结社集会之自由，非依法律不得停止或限制之。"1946年《中华民国宪法》第14条规定"人民有集会及结社之自由"，但未规定不得限制。

② 相关法律条文参考并引用自《陕甘宁革命根据地史料选编(第一辑)》，甘肃人民出版社1981年版，第165~166页；《陕甘宁革命根据地史料选编(第三辑)》，甘肃人民出版社1983年版，第491~493页。转引自吴玉章主编：《社会团体的法律问题》，社会科学文献出版社2004年版，第449~451页。

关于商事主体的立法始于颁布于 1904 年 1 月 21 日的《钦定商律》。名为商律，实则仅包括作为商法总则的《商人通例》(第 9 条) 和《公司律》(第 131 条) 两部分内容。《公司律》规定的公司类型有合资公司、合资有限公司、股份公司和股份有限公司。经学者考证，《公司律》的内容中约有五分之三的条文仿自日本明治三十二年(1899) 的商法，五分之二仿自英国公司法。① 《公司律》是中国移植英美法与大陆法的混合体。北京国民政府时期农工商部于 1914 年颁布《公司条例》与《商人条例》。《公司条例》中规定了四种公司类型：无限公司、两合公司、股份两合公司、股份有限公司。南京国民政府时期采用民商合一的立法体例。但仍将公司法作为特别法单独颁布(1929)，该法规定的公司种类与《公司条例》一致。

南京国民政府时期形成的团体类型如图 2.6 所示。

二、中华人民共和国成立之后团体法及团体类型

1949 年中华人民共和国人民民主政权建立后，我国结社与社团立法进入了一个新的历史阶段，相关法律制度体系也逐步建立。1949 年《中国人民政治协商会议共同纲领》第 5 条、1954 年宪法第 87 条、1975 年宪法第 28 条、1978 年宪法第 45 条以及 1982 年宪法第 35 条，均规定了我国公民享有结社自由。1950 年 10 月 19 日政务院颁布《社会团体登记

① 赖源河：《台湾公司法之沿革与课题》，载江平、赖源河主编：《两岸公司法研讨》，中国政法大学出版社 2003 年版，第 28 页。转引自王志华：《中国商法百年》，《比较法研究》2005 年第 2 期。

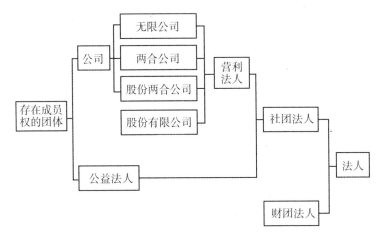

图 2.6　中华民国法中成员权存在的团体基础

暂行办法》(以下简称《暂行办法》),这是中华人民共和国成立后第一部全面规范社会团体的基本法规。团体分类未依据法律组织形式,而是根据所属社会活动领域分为 6 类:人民群众团体、社会公益团体、文艺工作团体、学术研究团体、宗教团体和其他合于人民政府法律组成的团体。

　　改革开放之后,1989 年《社团条例》是第一部重要的社团管理行政法规。首先,该条例首次对接民事法律制度,明确了社会团体法律组织形式,承认了法人型与非法人型社团。其次,该条例首次规范了社会团体的非营利性特征。最后,该条例首次并全面确立了以双重管理为核心的、管控为主导的社团管理体制。但该条例将资合性质的基金会也纳入其中,分类并不合理。1998 年 3 月,民政部原"社会团体和民办非企业单位管理司"正式更名为"民间组织管理局",并沿用至今。同年 10 月 25 日,国务院颁布了修订后的《社会团体登记管理条例》(以下简称《社团条例》)以及新制定的

《民办非企业单位登记管理暂行条例》(以下简称《民非条例》)。《民非条例》规定采取法人、合伙和个体三种法律组织形式。其中，法人型与合伙型的"民非"属于团体的范围。

就民商事主体的立法，中华人民共和国成立后以改革开放为时间节点也经历了较大的变化。1949 年 2 月，中共中央发布《关于废除国民党的六法全书》的指示，南京国民政府建立的法律体系在我国大陆被完全废止。新制度的目标是实现生产资料的公有制和计划经济。因此，新时期商事法规的宗旨和任务便是配合国家政策将私有的商品经济逐渐转变为公有的计划经济，消灭商品经济，最后消灭商法本身。① 1949 年至 1978 年，除存在过渡时期的公私合营企业外，到 1958 年之后，真正意义的具有独立经济利益的商事主体基本消失。

改革开放以后，随着我国商品经济以及市场经济的逐步发展，各种民商事主体逐渐出现，规范各种民商事主体的法律也应运而生。20 世纪 50 年代后期作为资本主义自发势力被彻底"铲除"的合伙，在 20 世纪 80 年代初再度兴起和发展。1986 年的《民法通则》确立了合伙与法人的合法地位。在 1992 年正式确立社会主义市场经济的改革目标之后，新的企业制度得以进一步确立。1993 年颁布的《公司法》为有限责任公司和股份公司的确立提供了法律依据，同时也体现了股东平等原则和保护股东合法权益的原则。② 1997 年颁布

---

① 王志华：《中国商法百年》，《比较法研究》2005 年第 2 期。

② 赵旭东：《商法学》，高等教育出版社 2007 年版，第 160~161 页。

的《合伙企业法》在一定程度上促进了合伙企业的发展，而2006年的修订则进一步完善了合伙企业制度，规定了普通合伙、有限合伙以及特殊的普通合伙，为合伙人提供了更多的合伙形式选择。中华人民共和国成立之后，虽有过合作化运动，但与合作社本质相去甚远，改革开放之后我国最早的现代农业合作社于1994年出现在山西①，之后各地的农村合作社组织逐渐发展。2006年，国家通过了《农民专业合作社法》，从法律上确立了农民专业合作社的法律地位，促进了农村合作社的迅速发展，在该法的第三章专章规定了成员及其权利。此外，在我国20世纪50年代的社会主义改造完成后，"商会"成为历史名词，但在改革开放以后，各种类型的商会组织重新出现，商会的会员与商会形成一定的法律关系，其依据的是1998年国务院颁布的《社会团体登记管理条例》。

2017年3月15日通过的《中华人民共和国民法总则》（以下简称"民法总则"）对构建我国的团体人格具有里程碑意义。该法规定了法人与非法人组织，确认了其民事主体地位。法人分为营利法人、非营利法人、特别法人。营利法人包括有限责任公司、股份有限公司和其他企业法人。非营利法人包括事业单位、社会团体、基金会、社会服务机构等。非法人组织包括个人独资企业、合伙企业、不具有法人资格的专业服务机构。

---

① 1994年，在山西省领导和中央有关部门的支持下，分别在定襄、歧县、万荣、临汾四个县，参照日本农协开展合作社试验。参见蒋颖：《中国农村合作社法律制度发展研究》，中国农业科学技术出版社2009年版，第54页。

与成员权相关的团体组织主要如图 2.7 所示：

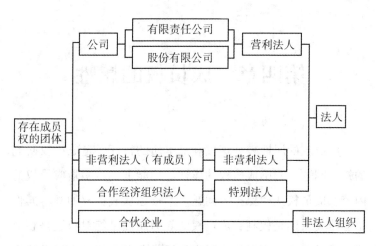

图 2.7 中国法成员权存在团体基础

第四章　成员权的属性

成员权的属性表征该权利最本质的特征，是成员权研究的核心问题。明确成员权的属性，才能进一步明晰成员权的内容、成员权法律保护等问题。本章拟从成员权的基本属性是法律关系还是权利，成员权的效力属性是绝对权还是相对权，成员权的内容属性是财产权还是非财产权三个层面依序论述成员权的属性。

第一节　成员权的基本属性：法律关系还是权利

一、关于权利与法律关系的学说

(一)大陆法系的学说

19 世纪初期，欧洲大陆法学界盛行概念法学。在法律的解释与适用中强调一套严谨的概念体系与抽象规则。学界对权利与法律关系的研究较为深入。在 19 世纪以及 20 世纪相当长的时间里，大陆法系国家以权利为私法的核心概念。安德烈亚斯·冯·图尔(Andreas von Thur)于 1910 年写道："权利是私法的核心概念，同时也是对法律生活多样性的最后抽象。"①"近现代以来，越来越多的学者对权利的核心地位提出了批评。"②德国学者拉伦茨认为，除权利主体外，法律关系是私法的另一个基本概念。③ 他认为，"法律关系除了权利以外，还包括法律义务（特别是与权利相对的义务）——此外，还包括取得期待（Erwebsaussichten，如所有权人对其所有物的孳息）以及其他束缚（andere Grundenheiten，如作为形成权的对立物）、负担性义务（Obliegenheiten，不能要求主体履行此种义务，但不履行会给主体带来不利后果，如根据《德国民法典》第 254 条减少损害的义务）和主管权（Zuständigkeiten，如受领债务给付的受领主管权）"，"《德国民法典》只规定了权利和义务，对法律关系则疏忽了。《德国民法典》第 241 条、第 305 条、第 362 条、第 364 条、第 366 条和第 397 条规定的都是具体的给付关系，即从一方来讲是权利，从另一方来讲是义务。不过在涉及终止租赁关系、委任关系、合伙关系时，则不仅仅是终止某个请求权，而是指整个法律关系"，相反，"《德国民事诉讼法》第 256 条④，如果

---

① Thur Andreas v. , Der Allgemeine Teil desDeutschen Bügerlichen Rechts, Bd. I: Allgemeine Lehren und Personenrecht, Berlin, 1910, S. 53.

② 默腾斯（Mertens）：《慕尼黑德国民法典评注》，第 823 条，边码 484。转引自迪特尔·梅迪库斯：《德国民法总论》，邵建东译，法律出版社 2000 年版，第 64 页。

③ 参见拉伦茨：《德国民法通论（上）》，王晓晔等译，法律出版社 2003 年版，第 255~256 页。

④ 《德国民事诉讼法》第 256 条（确认之诉）规定：（1）确定法律关系成立或不成立的诉讼，承认证书的诉讼，或确定证书真伪的诉讼，只在法律关系的成立与否，证书的真伪由法院裁判并即时确定、对于原告有法律上的利益时，原告才可以提起。（2）在诉讼进行中，原告和被告就法律关系的存在或不存在有争执，而该诉讼的裁判的全部或一部是以此法律关系为据时，原告可以在作为判决基础的言词辩论终结前，提起原诉讼申请的扩张、被告可以提起反诉，申请以裁判确定该项权利关系。

原告对某种法律关系由法院即时确定有利害关系，他可以向法院提出确认这种法律关系成立或不成立的诉讼。这里的法律关系具有更为广泛的意义，以至于它意味着所有私法上的关系。在这层意义上的'法律关系'既是所有权，也是每一种其他的物权，还可以是债权债务关系，即把各个请求权包含在内的债权债务总体，还可以是形成权，亲属法律关系和公司、社团中的成员关系，以及由此而生的各种权能，为或不为某种行为的义务等。由于法律关系的各种要素和法律关系本身具有相同的结构，所以，原则上可以把它们也看成法律关系。但是毫无疑问，应把法律关系看成一个包含各种联系的综合的整体，以便在术语上将它和具体的权利、义务区别开来"。①

从拉伦茨的论述中，可以概括他对"法律关系"的认识有如下几点意义：第一，有利于人们认识人与人之间在法律上更广泛的关系内容和类型。法律关系的概念给权利人的义务留下了空间，此外，法律关系中除了权利和义务之外，还包括更广泛的内容，如其他的义务类型或法律上的拘束。第二，有利于对权利主体地位的保护。拉伦茨指出了民事诉讼法上"法律关系"比民法典中大部分情况所规定的"法律关系"意义更广，对诉讼实践也有意义，而这无疑对民法侵权法也会有影响。第三，这种广义的"法律关系"区别于"具体的权利义务"。

（二）英美法系的学说

英美法系分析法学传统对权利结构与法律关系有较为深

---

① 参见拉伦茨：《德国民法通论（上）》，王晓晔等译，法律出版社 2003 年版，第 263 页。

入的研究。其中，霍兰德和萨尔蒙森的分析最为系统和清晰。霍兰德认为，一个权利必然具有以下要素：一是权利被授予的人或者权利的拥有者，二是权利行使的对象，三是行为或自制，四是权利所约束的人。他们的观点后来被美国分析法学家霍菲尔德进一步发展为八个概念，即"权利—无权利""义务—自由""权力—无权力""责任—豁免"，他的学生科宾后来发展了他的观点，解释为"权利—义务关系""无权利—无义务关系""权力—责任关系""无权力—豁免关系"。①

分析法学关于权利的分析本质上为法律关系的分析。尽管英美法系的理论与大陆法系的理论有所区别，但是"权利—义务"的法律关系与大陆法系的狭义的权利义务（法律关系）是一致的，而其不包含义务的"狭义权利"与大陆法系的"狭义权利"也是一致的。

二、大陆法系成员资格法律属性分析

尽管英美法系存在分析法学的传统，但似乎未能看到分析法学关于权利及法律关系的分析影响到英美学者对股权（典型的成员权）的分析与定义。② 但有关立法中还是在一定程度上反映了英美法系将成员资格评定为法律关系的态度。例如，《美国非营利法人示范法》第一章第四节（定义）第1.40 条第 XXII 项规定："'成员资格'指依法人章程、章程

---

① 参见王涌：《私权的分析与建构》，中国政法大学 1999 年博士学位论文，第56 页；徐爱国：《分析法学》，法律出版社 2005 年版，第62 页。

② 笔者目前未能找到相关论述。

细则和本法规定，成员享有的权利和承担的义务。"而擅长抽象分析的德国学者根据上述法律关系与权利之间关系对传统的典型民事权利进行分析，得出成员权作为法律关系的属性。

(一)几种典型权利及其法律关系分析

1. 所有权及其法律关系

传统观点认为，所有权是一种典型的权利，它包括多种权能。但是，按照晚近德国学界的主流观点，即法律关系可以包含一个单一的权利以及与之相应的义务，也可以包含有许多以某种特定的方式相互组合在一起的权利、义务和其他法律上的联系①，所有权也可能和义务相结合，所有权被视为"事实上是一个很复杂的和包罗万象的法律关系"②。也就是说，对所有权的评定不仅包括所有权的多种权能，而且包括各种不同的约束和所有权人的义务，所有权应当被评定为"综合性法律关系"。

根据《德国民法典》第903条的规定，所有权既有对物的积极权能，即全面支配物，也有"消极"作用，即排除一切他人对此物的任何干涉。这两个方面不可割裂，必须结合起来。所有权尽管包含了"人对物"的关系，但仍然是"人与人"之间的法律关系。所有权在通常情况下与其他人之间是一种"潜在的法律关系"(latente Rechtsverhältnisse)，但若受到他人侵害，则转变为针对特定人的"具体的法律关系"

---

① Vgl. Habersack Mathias, Die Mitgliedschaft-subjecktives und „sontiges" Recht, Tübingen: Mohr Siebeck, 1996, S. 68, Fußn. 35.

② Vgl. Habersack Mathias, Die Mitgliedschaft-subjecktives und „sontiges" Recht, Tübingen: Mohr Siebeck, 1996, S. 68, Fußn. 35.

(konkretisierte Rechtsverhältnisse)。此时，所有权人可以对这个特定的人提起确认所有权之诉(《德国民事诉讼法》第256条)。

总之，所有权作为权利，包括了各项权能及所有权人所负有的约束和义务，同时，所有权在受到侵犯时会从潜在的法律关系变为具体的法律关系。就所有权人而言，所有权被视为权利与所有权法律关系并不矛盾。

2. 债权及其法律关系

买卖合同法律关系是典型的债权债务关系。出卖人或买受人的地位，是单个权利和义务产生的基础。而买卖法律关系作为综合的法律关系，包括了出卖人的权利义务、买受人的权利义务以及其他法律上的联系。出卖人的权利和买受人的权利认定与普通的债务关系并不矛盾。

3. 限制物权及其法律关系

限制物权人与他人存在两种类型，一种类型表现为限制物权人与所有权人之间具体的法律关系，另一种类型表现为限制物权人与任何其他人之间的类似于所有权的潜在法律关系。限制物权人对所有权人的请求权或义务来源于第一种法律关系。① 法律将限制物权人的这两种法律关系予以明确区分，限制物权产生的基础法律关系(第一种法律关系)性质为债权债务法律关系，第二种法律关系才是限制物权产生的物权性质的法律关系。

---

① 具体可以从《德国民法典》第1020条、第1021条、第1041条以及第1214条、第1215条、第1223条的规定中体现出来，这些条文为关于地役权人、用益权人、质权人的义务。

限制物权法律关系的特殊性在于，该种物权法律关系产生于特定的债权关系，但不影响其物权法律关系，同时立法也将限制物权认定为一种权利(物权)。

4. 亲属权及其法律关系

亲属法上的权利，如亲权、配偶权，不仅有相对的而且有绝对的性质。亲属权作为身份权，既有内部的权利义务关系，即在家庭成员之间存在的法律关系，也存在外部的权利义务，即与任何第三人之间存在潜在的法律关系。但这并不影响各种亲属权被认定为权利。

(二)成员资格的法律属性

德国有关公司法的文献资料倾向于将成员资格作为权利评定。成员资格作为权利或法律关系，其具体认定可通过与相关权利的比较来推定。

1. 成员资格与所有权

所有权在未受到侵犯时，仅仅是所有权人与其他一切人的潜在的法律关系，只有当受到侵犯时，才会转变为所有权人与特定人的具体的法律关系。而在成员资格法律关系中，在成员与团体之间，以及成员彼此之间，还存在债权性质的法律关系，而所有权不存在这种法律关系。

2. 成员资格与债权

成员资格法律关系的结构与债权法律关系之间具有一定的相似性。成员资格的产生基于合伙协议或公司章程，成员对团体以及成员之间的法律关系是基于法律行为而产生的。而债权法律关系中典型的合同关系也是基于法律行为产生。

3. 成员资格与限制物权

成员资格法律关系与限制物权法律关系有较强的相似

度，二者存在的基础都是基于一定的合同关系，二者在未受到侵犯时，均存在权利人与第三人之间的外部法律关系转化为具体的法律关系。

4. 成员资格与亲属权

成员资格法律关系类似于亲属权法律关系，既存在成员之间相对的法律关系，也存在成员对外的法律关系。

德国学者普遍认为，成员资格与其他权利结构虽然具有相似性，但仍不同于其他权利，是一种独特的权利。成员资格基于合同或章程产生，在此基础上形成成员与团体以及成员与成员之间的法律关系，同时，成员资格也表现为成员的权利与义务(广义的权利)，因此，成员资格是一种法律关系也不失为一种权利。

三、我国学者的观点

我国民法学界关于成员权(社员资格)的定性主要有三种观点：地位说、权利义务说、权利说。其中，权利说又分为四种观点，即人格权说、身份权说、综合权利说、独立权利说。

(1)地位说。代表人物为李宜琛先生，他认为，"是以所谓社员资格者，与其谓为一种权利，无宁解为一种法律上之地位也"①。

(2)权利义务说。代表人物为王泽鉴先生、陈华彬先生，他们认为社员资格是"成员所享有的权利与承担的义务的集合"②。

---

① 李宜琛：《民法总则》，中国方正出版社 2004 年版，第 110 页。
② 陈华彬：《民法总论》，中国法制出版社 2010 年版，第 203 页。

（3）权利说。承认社员资格是法律上的权利。但根据对社员资格性质的不同认识，又可分为四种观点，即人格权说、身份权说、综合权利说和独立权利说。人格权说为曹乐、张正学所主张。① 身份权说为胡长清所持，"依余所信，社员资格固系一种独特之权利。但依我民法解释，则应以其属于身分权之范畴。盖社员资格者，与成员资格相终始之权利也，且其内容，以参与社团之事务为其主要成分，谓为身分权之一种，不亦宜乎？"②综合权利说的典型代表是郑玉波先生、梁慧星先生，"社员资格者，乃兼具非财产权与财产权双重性格之权利也"③。梁先生认为，"社员资格是兼具两种性质之权利（注：具财产性与非财产性）"④。独立权利说的代表人物是谢怀栻先生、王卫国教授。谢怀栻先生在《论民事权利体系》一文中将"社员资格"列为一种独立的权利。王卫国教授从其观点。⑤ 此外，还有学者认为，"若将社员资格解为包括自益权与共益权两种内在结合权能的独立民事权利，则社员权与社员资格并无本质区别，而社员地位与社

---

① 参见李宜琛：《民法总则》，中国方正出版社 2004 年版，第110 页。

② 胡长清：《中国民法总论》，中国政法大学出版社 1997 年版，第 132 页。

③ 郑玉波：《民法总则》，中国政法大学出版社 2003 年版，第66 页。

④ 梁慧星：《民法总论》，法律出版社 2011 年版，第 72 页。采用相同观点的学者还有王利明、刘凯湘等。参见王利明：《民法总则研究》，中国人民大学出版社 2003 年版，第 209 页；刘凯湘主编：《民法总论》，北京大学出版社 2006 年版，第 75 页。

⑤ 王卫国主编：《民法》，中国政法大学出版社 2007 年版，第37~38 页。

员资格的区别仅在于名称不同而已"①。

地位说、人格权说、身份权说是少数说。我国学者对社员资格的定位是综合权利还是一种独立的权利还没有达成共识，尚有分歧。如果界定为独立的权利，则要对这种权利的独立性(独立的意义和价值)进行较充分的论证，目前国内理论界的论述甚少。而综合权利说未能论证社员资格与构成它的各个权利之间的关系。人格权说、身份权说又是否从一个方面描述了社员资格的特征？地位说、权利义务说与权利说又是否存在根本的区别？区别之处何在呢？

笔者认为，上述各种观点从不同角度反映了成员权的法律本质，但产生分歧的根源不是基于成员权本身，而是基于对权利以及法律关系的基础理论的认识有待更新。对社员资格的定性需要对其上位概念——权利、义务以及法律关系的本质进行探讨，进而分析社员资格的特殊性质，才能确定社员资格的法律性质。本书将权利分为狭义的权利和广义的权利，将法律关系分为狭义的法律关系与广义的法律关系。狭义的权利用于指称"未包含权利主体义务的权利"，接近罗马法上的权利；广义的权利用于指称"包含权利主体义务的权利"，接近日耳曼法上的权利；狭义的法律关系，即拉伦茨所指的"具体的权利义务"，广义的法律关系即拉伦茨所指的"法律关系"，即"综合性的法律关系"。

根据本书对权利与法律关系的认识，权利中包含义务是必要的，与权利的评定并不矛盾，所以成员权性质的"权利

---

① 刘俊海：《股份有限公司股东权的保护》，法律出版社2004年版，第47页。

义务说"具有合理性；法律关系本身体现的也是权利人的地位，"地位说"具有合理性；从成员权的内容来看，其包含一系列的权能，所以体现为"综合权利"，"综合权利说"具有合理性；成员权的核心权能是参与权，也体现了成员的身份性。由于成员权对外表现为一种独立的支配权，所以成员权又是一种集合了权利束的独立权利。所以，如果更新关于权利和法律关系的理论，可以化解关于成员权性质的各种理论分歧。

第二节　成员权的效力属性：
　　　绝对权还是相对权

一、大陆法系的观点

大陆法系的法国民法并未对各类团体中成员权（股权）①进行一般规定，强调通过契约解决团体与成员的关系。《法国民法典》于 1978 年补充规定第九编（公司），在第一章"一般规定"中并无成员资格的一般规定。《法国民法典》第 1832条规定："公司由二人或数人依据一项契约约定，将其财产或技艺用于共同事业，以期分享利润或获取由此可以得到的经济利益而设立。"《法国非营利社团法》（1901）第 1 条明确

---

① 笔者认为，在法国法中，成员权可理解为股权，因为在《法国民法典》中规定的"公司"也可译为团体。参股人也可译为成员。在我国关于法国民法的翻译中，使用的是"公司"与"参股人"的翻译。参见《法国民法典》，罗结珍译，中国法制出版社 1999 年版，第 412 页以下。

规定："社团是一种协议，由二人或二人以上以其知识或者能力为实现——非营利目的而形成长期存续的团体。社团的效力由合同法或债法的基本原则规制。"法国法的规定体现了法国传统的契约理念，团体的效力包括成员与团体的法律关系适用合同法或债法的原则及规则处理。德国学界关于成员权为绝对权还是相对权的探讨主要基于团体内部成员权是否存在侵权法保护的问题。

(一)关于绝对权与相对权的学说

大陆法系的传统教科书中都将权利分为绝对权和相对权。① 一般认为绝对权是对一切人产生效力的权利，相对权则只能对特定的人产生效力。"这种权利区分意义主要在于对权利的保护。如果绝对权人在行使自己的权利时受到了来自他人的妨碍或侵犯，他一般地可以通过诉讼要求排除这种妨碍或侵犯，在持续受到侵犯的情况下他可以要求他人停止侵害。""在侵犯绝对权的情况下，如果一方有过错，权利人可以根据第 823 条第 1 款②请求损害赔偿。第 823 条所规定的'其他权利'，通行的观点认为，是指所有的绝对权利，而

---

① 参见[德]迪特尔·梅迪库斯：《德国民法总论》，邵建东译，法律出版社 2000 年版，第 58~60 页；[德]卡尔·拉伦茨：《德国民法通论(上册)》，王晓晔、邵建东等译，法律出版社 2003 年版，第 300 页以下。

② 《德国民法典》第 823 条(损害赔偿义务)规定，(1)故意或有过失地不法侵害他人的生命、身体、健康、自由、所有权或其他权利的人，有义务向该他人赔偿因此发生的损害。(2)违反以保护他人为目的的法律的人，担负同样的义务。依法律的内容，无过错也可能违反法律的，仅在有过错的情形下，才发生赔偿义务。

且原则上只指这些权利。"①

所以，绝对权与相对权区分的意义主要在于对权利的保护，《德国民法典》第 823 条第 1 款意义上的"其他权利"原则上只指绝对权。那么，成员权是否为任何一种现有的绝对权，还是属于一种独立的绝对权呢？下文进一步阐明。

(二) 成员权与相关权利

1. 成员权与所有权

成员权与所有权支配的客体不同。所有权支配的客体为物，而成员权支配的客体则不是物。② 成员权与所有权的内容也不同。所有权的内容表现为所有权人对物的占有、使用、收益、处分等一系列权利；而成员权的内容表现为成员对团体的一系列权利，如参与管理权、请求分配利润的权利、信息权等。所以，成员权不是所有权。

2. 成员权与人格权

人格权是基于自然人的属性而产生的权利；成员权是基于契约或章程而产生的权利。人格权主要是自然人的权利，法人只有部分人格权且主要具有财产性质；而成员权的主体可以是自然人、法人和合伙。③ 因此，成员权不是人格权。

3. 成员权与亲属权

成员权与亲属权有一定相似之处。亲属权被称为义务性

---

① ［德］卡尔·拉伦茨：《德国民法通论 (上册)》，王晓晔、邵建东等译，法律出版社 2003 年版，第 301 页。

② 成员权支配的客体，下文再作探讨。

③ Franz Jürgen Säcker /Roland Rixecker, Münchener Kommentar zum Bürgerlichen Gesetzbuch, Bd. 1 (§ § 1-240) , 6. Aufl. , München: C. H. Beck, 2012, S. 686, 688.

权利（Pflichtrechte），而成员权也包括权利与义务。这两种权利还是存在以下两点重要区别：其一，权利行使的目的不同。亲属权作为一种义务性权利必须遵循利他的目的，主要以实现他人利益为权利行使的目的。而成员权虽然也负有对团体的义务并受其目的约束，但原则上成员可依据自己的自由意愿、为了追求自己的利益来行使成员权利。① 其二，二者建立的基础不同。亲属权建立在家庭生活关系的基础之上，对它的侵权法保护在于使这种法律关系免受第三人的侵害；而成员权的存在基础是团体合同或章程。因此，成员权不同于亲属权。

4. 成员权与债权

成员权与债权有一定的类似性。其一，两种权利的存续都有一定的时间性。其二，产生基础均为法律行为。债权的产生基础为一种双方法律行为，成员权的产生基础为合伙协议或章程，是多方法律行为。但二者又明显不同，首先，终止原因不同。债权是通过债务人实现的确定的给付而终止，而成员权则是基于团体的终止或成员权丧失而终止。其次，权利内容不同。债权表现为一种请求权，以债务人的给付为内容。成员权的权限主要体现为对组织和团体发展的直接影响，这一点无法在传统的权利体系中找到类似物。由成员权所产生的参与管理权，促成团体形成自己的意志并产生执行机关，从事法律事务的交往；但是参加成员大会参与表决，

① Vgl. MünchKomm，§ 705Rdn. 184，186ff，zitiert nach Habersack Mathias，Die Mitgliedschaft-subjecktives und „sontiges" Recht，Tübingen：Mohr Siebeck，1996，S. 140f.

参与公司事务的执行，这些都不属于他人对参与管理人的给付。

综上所述，成员权的产生不是基于自然人的人格利益，不是人格权；由于其产生的基础是基于合同或章程，因此不同于基于共同生活关系的亲属权；成员权也不同于债权，其内容不属于传统的债权给付。那么，成员权是一种什么性质的权利呢？

（三）成员权是支配权且为绝对权

支配权概念是德国概念法学的产物。① 支配权的"标志在于，其授予权利人以某个自由领域，在此领域内权利人得以排斥一切他人，并且无需他人协作而单独做出决定。这种支配权能正是表现在：权利人有权单方面行使其法律效力，而无需他人的积极协助"②。所以，可以得出判断支配权的标准为可支配的自由领域，无需他人协作。此外，对于财产权，一般要求具有可转让性。支配权是比绝对权外延要窄的概念，支配权一定是绝对权，而绝对权不一定是支配权。

作为支配权的物权和知识产权，它们所支配的客体是一个有体的或无体的第一层次的客体。与上述支配权类比，成员权利（Mitgliedschaftsrecht）"所涉及的团体是一个虽然独

---

① 参见金可可：《论支配权概念——以德国民法学为背景》，《中国法学》2006 年第 2 期，第 71~74 页。

② Karl Larenz, Manfred Wolf, Allgemeiner Teil des bürgerlichen Rechts, achte, neubearbeitete und erweiterte Auflage, C. H. Beck'sche Verlagsbuchhandlung, München 1997, S. 284; neunte, nerubearbeitete und erweiterte Auflage, München 2004, S. 284. 转引自金可可：《论支配权概念——以德国民法学为中心》，中国私法网，2011 年 9 月 16 日最后访问。

立，但是由于其成员的影响和行为而产生和存续的权利和义务的主体"，一方面，"因为成员权弥补了成员在参加社团后所蒙受的主权(Souveränität)损失以及大多数时候还有财产的损失，这使他们为谋求和塑造共同目标成为可能，因此，成员的参与是基础，这也是成员的自我人格"。① 另一方面，"团体的存在有赖于这个团体目标，并因此起到了作为一个汇集所有成员的蓄水池的作用，成员权也就同时是(当然按照份额的多少地)参与到其他成员在为团体服务时所创造的活动和财富价值中"。② 团体本身虽然独立，但却没有行为能力，需依赖成员的行动而"将外界与自己的领域相交融"③。因此，团体成为成员权权利的基础，这是其他权利所没有的特殊性。

　　虽然团体不受成员的自由支配和处置，但是成员的多方面约束是共同追求利益和成员权的内在表达和必要的反映。成员权通过一种特有的方式表达并且捆绑住了所有成员以及团体的人格，鉴于成员权的这个特殊性质，Wiedermann 认为成员权的内容是团体中的成员地位。④ 与之相符的是，Lutter 将成员权看作团体中的权利，⑤ Karsten Schmidt 将它

---

① Habersack Mathias, Die Mitgliedschaft-subjecktives und „sontiges" Recht, Tübingen: Mohr Siebeck, 1996, S. 142.

② Herrmans Marc, Unverzichtbare Mitverwaltungsrechte des Personengesellschafters, Köln: Schmidt Otto, 1993, S. 86ff.

③ Habersack Mathias, Die Mitgliedschaft-subjecktives und „sontiges" Recht, Tübingen: Mohr Siebeck, 1996, S. 143.

④ Wiedermann. Herbert, Die Übertragung und Vererbung von Mitgliedschaftsrechten bei Handelgesellschaften, 1965, S. 39.

⑤ Lutter Marcus, *Theorie der Mitgliedschaft*, 180 AcP, 84, 102 (1980).

看作参与权(Teilhaberecht),① 并因此在权利的内容方面关注直接参与团体的管理和组织的权限。

总结德国学者的观点,成员权为支配权的理由如下:其一,成员通过放弃个人的自由和财产权而取得对团体的参与管理的权利,失去原有自由空间的基础却取得了新的自由领域。这个自由领域即是对"团体的支配"。其二,成员的参与管理权无需其他成员的意思协作。"事实上,参与管理权和形成权很相近。它们之间的区别在于,参与管理权不是一种纯粹利己的权利,而属于一种组织性的权利,参与管理权不是通过权利人单独形成某种法律关系,而是一种通过权利人的共同影响使形成一个共同的意志成为可能。"②其三,成员权具有可转让性和可继承性。对于成员权的转让和继承,虽然《德国民法典》第38条的规定有所限制,但该条并非强制性条款,在公司法领域中其转让性已成主流观点。所以,从成员权自身的性质来看,可以归入支配权。至此,可以得出结论,成员权是一种不同于人格权、亲属权、营业权的特殊的支配权。

根据支配权与绝对权的关系理论,既然成员权为支配权,成员权当属绝对权无疑。

二、英美法系的观点

(一)关于绝对权与相对权的学说

受19世纪分析法学思想的影响,英美法系也存在"对世

---

① Schmidt Karsten, Die Vereinsmitgliedschaft als Grundlage von Schadensersatzansprüchen, JZ, 157, 158f. (1991).

② 参见[德]卡尔·拉伦茨:《德国民法通论(上册)》,王晓晔、邵建东等译,法律出版社2003年版,第288~289页。

权"与"对人权"的区分。按照奥斯丁的解释，对物权又称为对世权，指对一般人的权利，对人权指对于特定人的权利。但是霍菲尔德认为，对物权不是对于物的一种权利，也不是一种对世界或者对所有人的权利，因为每种法律关系都会涉及某种双边关系。他认为，对世权的含义只是一个财产所有人与社会上每一个其他人之间的关系，比如，土地所有人 A 的对世权"不过是 A 分别对 B、C、D 或者其他许多人的大量基本上类似的权利……所以，一般地说，对人权只有少数几个'伙伴'，而对物权却总有许多'伙伴'"。①

凯尔森关于绝对权利与相对权利的论述也具有启示意义。"正因为个人的权利只有在与另一个人的义务发生关系时才有可能，所以，所有的权利都是相对权利。然而，所有的义务，却只是就个人在对另一个人负有一定方式行为的义务而论，才是相对的，这另一个人可能是但并不必然是相应权利(狭义的、技术意义的权利)的主体。""可是当人们区分绝对义务和权利以及相对主务和权利时，'绝对'与'相对'这些术语却是在另一种意义上了解的。相对义务是指个人具有与一个被指定的人有关的那种义务，而绝对义务则是指个人具有与不定数目的人或其他所有人有关的那种义务。……典型的相对权利就是债权人对债务人的权利：债权人只能从债务人那里要求归还借款的权利。财产是一个典型的绝对权利：所有权人有要求每一个人不干扰其拥有财产的权利。绝

① W. N. Hohfield, essages (1st. ed.), New Heaven Con. 1923, p. 72. 转引自徐爱国：《分析法学》，法律出版社 2005 年版，第 64 页。

对义务与绝对权利相适应；相对义务与相对权利相适应。"①

(二)对成员权性质的观点

英国普通法认为，公司章程是股东权利的主要来源。在英国学界，公司章程的性质一般被认为是法定合同，而非单纯的自治章程。2006 年英国《公司法》第 33 条规定公司宪章的条款(包含公司章程)对公司和其他成员具有相同的约束力，如同它们作为公司和每个成员达成的遵守那些条款的契约。② 英国之所以赋予公司章程合同性质源于 1844 年公司法。在当时，发起人设立公司须签署财产契据(deed of settlement)，该文件具有真正意义上的合同性质。1856 年公司法取消财产契据，代之以公司大纲和公司章程，为了与之前的财产契据衔接，法律赋予章程具有合同意义的性质，其效力自动及于当时或后来的股东。这也是公司章程在英国被视为法定合同的原因。公司章程这一自动效力，优势在于省时省力，利于股东的进出。即新股东的加入意味着接受公司章程的约束，公司其他原股东不需再为此与新股东协商，重新制定公司章程。虽然公司章程在英国具有法定合同的性质，但不同于一般合同，其效力接近大陆法系的多方法律行为(但不完全相同，主要是效力自动及于新入股东)。

若公司或董事违反公司章程的规定，限制或剥夺股东权利，受侵害的股东有权据此提起诉讼。该权利的行使，股东只能以股东身份而非外部人的身份起诉。这项原则是由希克

---

① [奥]凯尔森：《法与国家的一般理论》，中国大百科全书出版社 1996 年版，第 96 页。

② Companies Act 2006, s33(1).

曼(Hickman)一案确定，因此也被称为希克曼原则。① 阿斯特伯里(Astbury)法官认为，公司章程不仅在股东之间，也在股东与公司之间创设权利义务关系。股东只能以股东身份而不能以律师、发起人或董事的身份起诉。

因此，在英国，股东成为公司成员后，通过公司章程与公司形成法定合同关系。若公司或董事违反章程规定侵犯股东权益，股东可提起法定合同违约之诉。

美国学者更多关注的是股权的具体权利，而不注重对该权利的抽象定性。按照美国模范公司法规定，公司对其财产享有完全的占有、使用、收益和处分等权利。美国公司人格理论认为，公司的财产归公司所有。所谓的股东拥有公司只是一种非严格的说法。股东享有股权，其主要内容有三：(1)收益，即股东对公司净收入的分红权；(2)资产净值权，即公司终止时，在满足所有债权人的请求后对剩余财产的分配权；(3)控制权，即按股份享有表决权。②

由于英美法系学者对股权性质的认识是基于与公司财产权的分离而产生的，所以在对股东权益进行保护时也着眼于股东直接诉讼与股东代表诉讼的区分。股东直接诉讼是对股东个人权益的维护，而股东代表诉讼则是对公司权益的维护。

三、我国学者的观点

我国学界对于成员权究竟为绝对权还是相对权，有一定

① Hickman v Kent or Remney Marsh Sheep-Breeders' Association [1915] 1 Ch 881, 900.

② 江平、孔祥俊：《论股权》，《中国法学》1994年第1期。

分歧。有的学者认为社员权是相对权。① 也有学者认为社员权是具有相对性的绝对权，对外是绝对权，对内是相对权。②

相对权说认为，"盖债权只能使特定人之间之财产关系，发生变动，而社员权亦仅因隶属于社团组织而始发生也"③。成员权基于团体组织而发生，产生于成员与团体之间，所以为相对权。而相对性的绝对权说认为成员权对内为相对权，理由也基于此。

绝对权说认为，社员权本身就包含对同一社团其他社员、不特定第三人的权利义务关系；社员身份或资格，一般是要进行登记的，经过登记，这种社员关系就具有了公示性。④

本书认为，成员权是一种以法律行为为基础的权利，但不是相对权；它是一种支配权且绝对权，具体阐释如下：

第一，成员权是一种以法律行为为基础的权利。传统的民法权利体系中不乏以法律行为为产生与存续基础的权利。例如，配偶权建立在结婚行为的基础之上；限制物权(用益物权、担保物权)均是基于所有权人与限制物权人的约定。成员权是一种以法律行为(通常为章程)为基础的权利。成员

---

① 参见梅仲协：《民法要义》，中国政法大学出版社 1998 年版，第 35 页。

② 参见章光圆：《论社员权的概念、性质与立法》，《宁德师专学报(哲学社会科学版)》2005 年第 4 期，第 9 页。

③ 梅仲协：《民法要义》，中国政法大学出版社 1998 年版，第 35 页。

④ 参见章光圆：《论社员权的概念、性质与立法》，《宁德师专学报(哲学社会科学版)》2005 年第 4 期，第 9~10 页。

权产生于团体自治，团体自治通过团体章程实现。产生成员权的法律行为，无论是合伙合同还是社团章程，性质均为决议行为，属多方法律行为，其特点是一旦生效，对不参与决议的人也具有约束力。①

法律行为是成员权产生与存续的基础，这也是成员权与所有权及知识产权的区别所在。后两种权利不一定基于法律行为产生，且不以法律行为为存续基础。所有权可基于法律行为或非法律行为(如事实行为、公法行为、法律规定)等产生，即使基于法律行为产生，权利取得后法律行为已终止。知识产权以著作权为例，著作权可基于事实行为(如作品的完成)而取得，非基于法律行为。著作财产权可基于法律行为取得，但不以法律行为为存续基础。成员权基于团体章程或合伙合同产生之后也会随着团体或合伙的终止而终止。

成员权与债权通常都基于法律行为而产生并存续，具有一定的相似性，即都有一定的存续期间。但是，债权通常是实现一次性的确定的给付义务，而成员权则是成员之间以及成员与团体之间长期的协作关系。此外，债权是典型的相对权，而成员权法律关体系也存在于成员与团体之间、成员与成员之间基于合同或章程而产生的债权债务关系。因此，在团体内部，存在相对性的法律关系，而这种相对性的法律关系正是成员权产生的基础。类似于抵押权、质权以抵押合同与质押合同的存在为前提一样。

第二，成员权是一种支配权。传统民法认为，支配权的

---

① 参见[德]卡尔·拉伦茨：《德国民法通论(下册)》，王晓晔、邵建东等译，法律出版社2003年版，第436页。

"标志在于，其授予权利人以某个自由领域，在此领域内权利人得以排斥一切他人，并且无需他人协作而单独做出决定。这种支配权能正是表现在：权利人有权单方面行使其法律效力，而无需他人的积极协助"①。所以，可以得出判断支配权的标准为：可支配的自由领域，无需他人协作。此外，对于财产权，一般要求具有可转让性。那么，成员权是否符合作为支配权的标准呢？首先，成员权所支配的自由领域具有特殊性。不同于所有权与知识产权所支配的客体是有体或无体的客体，成员权支配的客体是一种特殊的标的，即"团体"。成员通过放弃个人的自由和财产权而取得对团体的参与管理的权利，在失去原有自由空间的基础上却获得了新的自由领域，即成员对团体的参与权。当然，成员权的这种支配权也具有一定的特点，由于团体内享有成员权的成员为多数人，所以成员权实际上是一个"支配权"的群。② 其二，成员的参与权无需其他成员的意思协作。"事实上，参与管理权和形成权很相近。它们之间的区别在于，参与管理权不是一种纯粹利己的权利，而属于一种组织性的权利，参与管理权不是通过权利人单独形成某种法律关系，而是一种通过

---

① Karl Larenz, Manfred Wolf, Allgemeiner Teil des bürgerlichen Rechts, achte, neubearbeitete und erweiterte Auflage, C. H. Beck'sche Verlagsbuchhandlung, München 1997, S. 284; neunte, nerubearbeitete und erweiterte Auflage, München 2004, S. 284. 转引自金可可：《论支配权概念——以德国民法学为中心》，中国私法网，2011 年 9 月 16 日最后访问。

② Vgl. Habersack Mathias, Die Mitgliedschaft-subjecktives und „sontiges" Recht, Tübingen：Mohr Siebeck, 1996, S. 144.

权利人的共同影响使形成一个共同的意志成为可能。"①其三，成员权具有可转让性和可继承性。对于成员权的转让和继承，虽然在社团法人中多有限制，但在公司法领域中股权具有转让性已无争议。

第三，成员权可采用绝对权的保护方式。传统民事权利依据效力的不同，将权利分为绝对权与相对权。绝对权是对一切的人产生效力，相对权仅对特定的人产生效力。这种权利区分的意义主要在于对权利的保护。绝对权受到侵害，可以行使侵权请求权，受侵权法的保护。而相对权受到侵害，通常是行使债权请求权，约定之债的实现通过违约责任。如果法律对成员权的保护采取了绝对权的保护方式，则可以认为成员权具有绝对权的性质。《德国民法典》第 823 条第 1 款关于"其他权利"的一般侵权责任的规定可适用于成员权；《中华人民共和国侵权责任法》（以下简称《侵权责任法》）及有关司法解释也确认了对股权的侵权保护。

综上所述，成员权可以被认定为一种支配权，从侵权保护的角度，适用绝对权保护的方式，可成为侵权请求权的基础。

第三节 成员权的内容属性：财产权
还是非财产权

一、大陆法系的观点

法国多米尼尔·施密特（Dominique Schmidt）在对股权

---

① 参见［德］卡尔·拉伦茨：《德国民法通论（上册）》，王晓晔、邵建东等译，法律出版社 2003 年版，第 288~289 页。

(成员权)的探讨中认为，有些股东权是股东为了自身的利益而直接行使的，并使股东一人独立、直接受益，而包含表决权、就股东大会决议提起诉讼的权利等内容的社会权(droits sociaux)则使公司和全体股东直接受益。由于社会权的行使界定了股东大会中资本多数决的权力，确保了公司的正常经营，施密特又认为社会权具有"政治性"。① 法国巴黎上诉法院于 1954 年的一个判例中曾指出，股东作为股份的所有者，不仅拥有与公司资本、利润和公积金相关联的财产权利，而且拥有"支配权"，诸如股东大会出席权和表决权，此类权利与股份的所有权永不分离。该法院认为，倘无此类权利，股东便不复成为名副其实的公司成员和其所持股份的所有者。意大利学者拉泽尼(Granziani)采用了与法国学者施密特大致相同的分类方法。②

德国学者对成员权的性质有独到的见解。学者 Habersack 认为，在成员权中占主导地位的是形成性要素，该要素是从单个成员权利行使中抽象的总的权能的体现，它是以成员单独的份额为基础参与独立自由的团体意志形成的权能(参与权)，在这个意义上，成员权具有人身权的特征。除了人身权方面，对于合伙和有权利能力的经济性社团的成员权还涉及成员的财产权。财产要素首先表现为财产出资义务以及收益，在成员权中现实地体现为剩余财产分配以及年

---

① Schmidt, Les Droits de La Minrité dans la Société Anonyme, Sirey, 1970, p. 36 et Seq. 转引自刘俊海：《股份有限公司股东权的保护》(修订版)，法律出版社 2004 年版，第 49 页。

② Graziania, Diritto delle Société5ᵗʰ ed, pp. 245-246. 转引自刘俊海：《股份有限公司股东权的保护》，法律出版社 2004 年版，第 49 页。

度利润分配的基本权利。这些财产的基本权利同与其相适应的以参与权为基础的基本权利一样，作为不可独立的组成部分，融入成员权，与成员权紧密联系、不可分割。成员权的财产权和人身权方面并不是相互分离的，而是在本质上作为一个统一的法律地位彼此交融。①

法国理论界认识到成员权中非财产性的权利，将其称为"社会权"或是"支配权"，且认为这种权利与财产权密不可分。但似乎是将非财产权作为所有权的不可分离的一部分而统一为一个整体，而不是将财产权作为非财产权的一部分统一于非财产权之下。而德国学者则是将成员权视为一个统一的权利，将财产性质的权利统一于非财产权利之下。

二、英美法系的观点

英国公司法未对股权性质作一般的抽象界定。对股权性质是财产权的认识始于股权与公司财产的分离，在判例中予以确认。英国公司法上的股权与公司所有权的分化始于 19 世纪三四十年代，于 20 世纪初最终完成。在股权独立化之前，英国判例主张股份是股东对公司股本所享有的份额，即股东对公司资产拥有的一份。这实质上是承认股东对公司财产的按份所有权。1838 年以后，英国法院即坚持无论在法律上还是在衡平上，股份均不得赋予股东对公司资产的任何权利。自此，英国法逐渐认为公司财产无法为公司和股东所共有。为摆正股东和公司的地位，英国在法律技术上以法律利

---

① Habersack Mathias, Die Mitgliedschaft-subjecktives und „sontiges" Recht, Tübingen: Mohr Siebeck, 1996, S82.

益和衡平利益处理两者的利益关系，即赋予股东衡平权，赋予公司法律上的所有权。公司所有权与股权虽然分化，但是在英国判例法上并未将股权视为一种独立的民事权利，而是将股权的表决权视为财产权，如杰赛尔（Jesell）大法官在Pender诉Lushington一案中即持此见解。① 详言之，英国公司法在确认公司所有权的同时，认为股东是股份的所有人，股份属于一种无体财产，即能够以一定数量的金钱进行度量的股东在公司中的权益，是股东在公司中享有的各种权利的集合，这些权利由法律、章程、组织细则及股份发行条件界定。这种体现于股份中的权利即股权，其股权性质亦在于此。英国法的股权理论被其他一些普通法系国家（如印度等）所采纳。②

美国股权理论虽然受英国影响，但对基本权利还是形成独特认识。美国学界普遍认为，表决权和股份转让权等权利为股东的基本权利。③ 美国学者维拉斯科（Velasco）认为，股东基本权利可以分为四类：经济权利、控制权利、信息权利以及诉讼权利。④ （1）经济权利。股东投资成立公司主要是为了经济收益，通过收取公司分配的利润或高价出售公司股份获得。相应地，股东的经济权利应包括享有已宣告股息的权利和出售股份的权利。（2）控制权利。作为公司的所有者，

---

① （1877）6 Ch. D. 70；46 LJ Ch 317. 转引自刘俊海：《股份有限公司股东权的保护》，法律出版社2004年版，第49页。

② 江平、孔祥俊：《论股权》，《中国法学》1994年第1期。

③ 美国法律研究院通过并颁布《公司治理原则：分析与建议（下卷）》，楼建波等译，法律出版社2006年版，第547页。

④ Julian Velasco, The Fundamental Rights of the Shareholder, University of California, Davis, Vol. 40：407, 2006, pp. 407-467.

应该赋予股东控制公司的权利以确保其投资利益。由于在一家现代上市公司中有太多股东，因此不可能所有股东都直接控制公司。相反，他们有权选举董事会来监督和管理公司的业务运作。这些董事对股东负有忠诚义务。通过选举董事，股东应该对企业有最终控制权。此外，他们有权对公司的重大事项进行投票。这些重大事项在不同的国家有所区别，但有些是一致的，比如批准公司兼并，修改公司章程。（3）信息权利。股东需要了解公司的运营和公司治理，以便他们能够评估公司的业绩，并重新考虑他们的投资决策：是否长时间持有股份或者出售。因此，股东需要及时了解关于公司重大事项和重要事件的真实信息。上市公司的股东可以很容易获得这些信息，因为证券法要求上市公司强制披露信息。股东还可以从董事和公司高管处获取其他信息，只要其目的正当。（4）诉讼权利。诉讼是股东保护自身财务利益的最后手段。股东可以发起两种诉讼：直接诉讼和派生诉讼。直接诉讼指的是股东可以自己名义直接起诉公司。例如，他们可以因没有支付股息而起诉公司，或向法院提出请求，要求解散公司，或在某些情况下向其他股东提出集体诉讼。派生诉讼意味着股东可以起诉表现不佳或违反忠诚义务的董事和高管。由于股东以公司名义进行，这种诉讼被称为派生诉讼。（5）权利的优先顺序。股东享有上述四类权利。然而，它们并非同等重要。经济权利和控制权利比较重要。关于经济权利，由于董事来决定利润分配，股东并未对获取利润的权利抱有太大期望。相比之下，出售股份的权利更重要，因为一方面这是股东从投资中获得经济利益的手段；另一方面，若股东对管理层不满，这也是它们退出公司的手段。至于控制权利，例如选举董事的权利，其之所以重要是因为股东可剔除他们不满意的人，以使董事负责，相比而言，表决权对董事会的影响有限。

所以，美国学界认为股权既有财产权的性质，也有非财产权的性质。其中，出售股份的权利是重要的财产权利，选举董事是重要的非财产权利。

三、我国学者的观点

关于成员权的内容，学界存在一种主流的观点，认为成员权兼具非财产性（人身性）与财产性双重性质。① 据此，认为成员权包括非经济性权利与经济性权利，② 也有学者称为共益权与自益权。③

有学者列举成员权的权能有表决权、召集总会权、请求法院撤销总会之权、利益分配权、剩余财产分配权、社团设备利用权。④ 此外，还包含为董事、监察人或其他代表权人之被选举人，享受社团优待或请求为章程赋予社员的特定服

---

① 参见郑玉波：《民法总则》，中国政法大学出版社 2003 年版，第 66 页；梁慧星：《民法总论》，法律出版社 2011 年版，第 72 页；参见王利明：《民法总则研究》，中国人民大学出版社 2003 年版，第 209 页；刘凯湘主编：《民法总论》，北京大学出版社 2006 年版，第 75 页。

② 参见谢怀栻：《论民事权利体系》，《法学研究》1996 年第 2 期，第 76 页。

③ 参见黄立：《民法总则》，中国政法大学出版社 2002 年版，第 154~155 页。谢怀栻则认为共益权与自益权的这种提法不妥，不符合实际。笔者赞同这种观点。

④ 参见王泽鉴：《民法总则》，中国政法大学出版社 2001 年版，第 187~188 页。

务(如法律顾问咨询)、社团杂志的受赠权等。①

还有学者重点列举了营利社团法人中的社员权,即股东权,"股东权中非经济性质的权利有会议参加权、决议权、选举权与被选举权、股东会决议撤销诉权、股东会决议无效诉权、董事会决议无效或撤销的诉权、股东会召集请求权等。经济性质的权利有股息分配请求权、剩余财产分配请求权、新股认购权、股份收购请求权等。这些权利又因公司种类而有不同。例如股份有限公司股东还有股票交付请求权、股份转让权等"②。"股东权中既有财产权利,也有非财产权利。由于两者均为股东权中的权能,后者往往是实现前者的手段,前者往往是后者的存在目的,因此,这两种权利相辅相成,融为一体。"③

就上述学界对成员权各种权能的认识来看,大致存在以下几方面的认识不足:

其一,注重经济性团体中的成员权而轻视非经济性团体中的成员权,忽视了参与权才是成员权核心的权能,财产权能并非成员权的必然权能。成员权作为一种支配权,具有统一的内容。无论经济性的团体还是非经济性的团体中的成员权,均具有最核心的权能,即参与权。参与权与成员个人的人身无关,所以不能因此认为成员权为传统意义上的人身权

---

① 参见黄立:《民法总则》,中国政法大学出版社 2002 年版,第 154~155 页。

② 参见谢怀栻:《论民事权利体系》,《法学研究》1996 年第 2 期,第 76 页。

③ 刘俊海:《股份有限公司股东权的保护》,法律出版社 2004 年版,第 49 页。

或身份权。① 笔者认为，参与权是一种不同于人身权、财产权的独立的权利内容。参与权(die Rechte auf Mitwirkung)，又称为"组织关系权"(Organschaftsrechte)，行使这种权利不是主要为自己获得好处，而是同时为了社团的利益。也就是说，成员行使这些权利，如参加成员大会或担任社团职务，也是在尽自己的义务。本质上讲，这种权利不是权利人可以请求一定给付的债权，而是另一类型的权利。② 无论在经济性社团还是非经济社团中，成员均享有参与权这一核心权能，该权能是成员通过放弃个人财产与自由，而享有参与团体组织意志形成的一种权利。通常具体表现为参与成员大会的权利、表决权、发言权、依法决议权③等。由此可见，财产权并不是成员权必要的权能。

其二，成员的财产权利应分为抽象(基本)的财产权与具体(独立)的财产权，而我国学界对此未予以区分。基于成员与团体的法律关系，成员的财产权利可区分为基本财产权与独立财产权。④ 基本财产权与成员权不可分离，主要表现为成员参与分配盈利的权利、参与分配剩余财产的权利以及参

---

① 若采广义的身份权，或许可将基于团体而产生的这种权利，称为身份权，但为避免与传统民法意义上的身份权混淆，笔者并不倾向于用这种表达。

② 参见[德]卡尔·拉伦茨：《德国民法通论(上册)》，王晓晔、邵建东等译，法律出版社2003年版，第222页。该书将"Organschaftsrechte"译为"机关形成权"，值得商榷。

③ 德国理论界也有人将依法决议权视为一种受保护权，区别于参与权。违反依法决议权，股东可享有撤销权。

④ 参见任中秀：《德国团体法中的成员权研究》，法律出版社2016年版，第200页。

与决定成员享受社团其他服务利益的权利(例如，参与决定成员使用社团设施、参加社团活动及其他服务)。参与分配盈利的权利是经济性社团中成员的权利，非经济社团的成员一般不享有此项权能。独立财产权是指由成员权分离出来的、独立的、可转让的财产权利，性质为债权。例如，合伙企业中合伙人的利润分配请求权以及剩余财产分配请求权、公司中股东的利润分配请求权，均为独立的权利。

其三，学界较忽视对信息权的关注。成员享有的团体的信息权①，也可以主张侵权法保护。信息权也是参与权实现的辅助性权能，信息权的实现与否会影响到参与权这一重要权能的实现。目前我国公司法学界对于信息权的研究已有较突出的成果，② 但是作为成员权的一项权能内容，还未被充分关注。

综上所述，成员权的内容，即具体权能，不是传统的人身权，也不是传统的财产权，而主要表现为参与权，这是一种不同于人身权与财产权的特殊权利。参与财产分配的权利是参与权体现的一种权利，但不是传统意义上的财产权；信息权是参与权实现的重要辅助性权利。

---

① 我国学界与实务界一般称之为知情权，如股东知情权。

② 参见李建伟：《论英国股东知情权制度》，《社会科学》2009年第2期，第83~90页；李建伟：《股东知情权诉讼研究》，《中国法学》2013年第2期，第83~103页。

第五章　成员权的内容

成员的权利与义务是成员与团体关系的主要内容。成员的权利是指成员基于成员资格享有的对团体的权利。成员的权利散见于各国民法、商法、公司法及非营利团体法的有关条款中，除法定权利外，团体法还允许章程加以补充。虽然成员的权利因为团体类型不同而有区别，也因同一团体由于不同的成员身份而有差异，但各国团体法所规定的团体的一些基本权利是一致的。基于前文的分析，本书认为成员权本质上为支配权，成员对团体的权利为支配权，团体为成员所支配的"标的"。在团体内部与外部，成员权对任何人均产生法律效力。成员权作为支配权，其效力主要表现为参与权。此外，成员对成员权有处分及占有的权利。关于成员的义务，主要为成员的出资义务与忠实义务，也属于成员权的内容，但由于其不表现为成员权的权能，不是成员权的主要效力，本章将不予论述。

因此，本章的论述将从以下几方面展开：其一，本章将对各国法律中团体的一般成员权进行阐述，也就是说，尽可能将各国团体法中共性的成员权，无论营利性团体还是非营利性团体所共有的成员权进行系统的阐述。本章将按参与权相关权利、成员权转让的权利依序论述。其二，区分基于合

同产生的成员与团体的权利和具有绝对权性质的成员权。由
于在比较法上，各国团体法中对成员与团体的关系产生的权
利并未明确区分基于合同法保护的权利与基于侵权法保护的
权利，本章将予以阐述。此外，因为各国公司法对股东权利
规定得较为详尽完备，所以在论述中主要以股东权利规定为
例证。

第一节　参 与 权

一、参与权的含义

参与权是成员权作为权利的具有独特特征的权能，它通
常通过成员参与成员大会及执行成员的表决权来实现。但是
当意思形成机关被转移时，如依据法律或法规由执行机关执
行时，这将会导致团体内部的意思形成转移到处于执行统治
地位的董事那里，会剥夺成员在团体事务中参与权的中心组
成部分，也会同时剥夺他们私法自治的一部分。所以，执行
机关的管理在一定程度上会阻碍成员参与权的实现。此外，
在纯大众股份公司中，大部分成员对团体内部的意思形成几
乎没有影响，成员权只是基于与他们相联系的财产权或使用
权而获得。而且，对于一个团体，根据《德国民法典》第33
条第1款第2句，也可以通过排除和股份购买的措施将一个
非营利的团体以成员大会决定的方式改变为与一个经济目标
相联系的团体。① 但总体而言，成员权的实现与参与权息息

---

① Vgl. BGHZ 85, 84, 88ff.

相关。在某种程度上讲，参与权的实现程度即表现为成员权的实现程度。

成员在团体中的这种参与权体现为对团体成员大会的参与管理权（或参与股东大会）、表决权、提案权、股息、红利分配权与剩余财产分配权、信息权（查询权）等权利。上述意义上的参与权为广义的参与权。狭义的参与权仅指参与管理权。

二、参与管理权

一般来说，无限公司与两合公司的无限责任股东、有限责任公司的股东以及非营利社团法人的成员享有参与公司经营管理权或团体事务管理权，股东或成员通常亲自参加公司或社团的业务经营，直接行使公司的业务执行权或社团的事务执行权。而股份公司，由于实行公司所有权与经营权相分离，股东一般不参与公司具体事务的经营。股东参与公司经营管理权，集中体现在对公司重大事项的决策上，如公司资本的增减，公司发行债券，公司的年度预算，公司的合并、解散、清算，这些重大的事项通常由股东表决决定。此外，在成员人数众多的会员制非营利社团法人中，成员也只享有对团体重大事务的决定权。

三、表决权

成员表决权，即成员决议权、投票权，指成员基于成员地位而享有的、就成员大会决议事项作出一定意思表示（含赞成、反对或弃权），从而形成公司意思的权利。成员大会是为成员提供参与团体事务的一个机会与场所。成员大会由全体成员组成，因此，每个成员，不论股份多少，不论身份、地位都有权参加成员大会，并行使表决权。

1. 表决方式

成员大议的表决方式有两种：一种是举手，另一种是投票。德国规定表决形式由公司章程规定。香港地区《公司条例》规定，公司会议通常以举手方式进行表决，但会议主席，5 名以上有表决权的公司成员，占该股东会投票权 1/10 以上的公司成员，以及已缴足的股款占公司已交足的股款额 1/10 以上的公司成员要求以投票方式表决时，可以采用投票方式。但股东代表出席会议的只能采用投票方式，除非公司章程细则另有规定。法国及我国公司法对表决方式未作规定，理解上，表决方式应由章程规定。

有些国家为保障成员的表决权，设立书面投票制度。书面投票制是指未出席股东大会的股东以书面形式行使表决权。具体做法是公司召开股东大会时，在寄通知的同时，附带寄一份投票纸，股东若不参加股东会，可直接在投票纸上表明自己对有关事项的意见，并在股东大会召开之前将投票纸送达公司。美国《示范公司法修正本》及美国大多数州的公司法允许以全体股东的书面同意代替股东大会的决议。德国《有限责任公司法》第 48 条第 2 款规定："如果全体股东书面声明同意所要作出的决定或同意书面投票，即不必召集股东大会。"日本在 1981 年修改《有限责任公司法》时也确立了书面投票制度，该法第 42 条规定："（一）应作出全会决议时，经全体股东同意，可以以书面方式形成决议。（二）全体股东以书面表示同意决议目的事项时，视为已形成书面决议。（三）书面决议与全会决议有同一效力。（四）有关全会的规定，准用于书面决议。"根据德国、日本公司立法的规定，书面投票制度仅适用于有限公司。

2. 表决权代理制

成员可以亲自出席成员大会行使表决权，也可以委托他人代为出席并且代为行使表决权。如果股东为未成年人、受监护人及破产人，则必须由其法定代理人或破产管理人代为出席。关于股东表决权的委托代理行使机制，各国和地区"公司法"都有详细规定。表决权代理制是指成员因故不能或不愿参加成员大会时，有权委托他人代为参加并代为行使表决权。

股份公司股东表决权代理制度为各国或地区"公司法"所肯定。例如，我国台湾地区"公司法"第 177 条规定："股东得于每次股东会，出具公司印发之委托书，载明授权范围。委托代理人出席股东会"，并且"一股东以出具一委托书，并以委托 1 人为限，应以股东会开会 5 日前送达公司，委托书有重复者，以最先送达者为准，但声明撤销前委托者，不在此限"。为防止委托书征集人取得大量的投票权从而操纵股东会，我国台湾地区"公司法"还规定："除信托事业外，1人同时受 2 人以上股东委托时，其代理之表决权不得超过已发行股份总额表决权之 3%，超过时，其超过之表决权，不予计算。"《中华人民共和国公司法》（以下简称《公司法》）第107 条也确立了股东表决权代理制。

有限公司股东表决权可否代理行使，各国的规定有差异。有些国家允许有限公司股东表决权代理行使，如德国（《有限责任公司法》第 47 条（表决）第 3 款）；有些国家对有限公司股东不能参加股东会时是否可委托代理人代为参加及表决未作规定，如中国、日本。由于有限公司为封闭性公司，公司经营状况不宜对外公开，因此不宜委托代理人参加股东会，但应当允许委托其他股东代为参加表决，以保障股东表决权的行使。①

非营利性社团法人中成员权可否委托代理，各国的规定也不尽相同。大致有几种立法例：其一，原则上禁止，但章程另有规定的除外。例如，《德国民法典》第38条及第40条规定，社员资格的权利原则上不得被交给他人行使，但章程有规定的除外。《埃塞俄比亚民法典》第420条规定，在不违反社团规约或章程相反规定的前提下，社员不得通过第三人行使其社员权。其二，原则上允许，但章程禁止的除外。例如，美国允许成员通过章程约定，除章程禁止或限制外，可选任代理人投票或实施其他行为（《美国非营利法人示范法》第7.24条（代理人）第I款）。《日本民法典》第36条规定，未出席全会的社员，可以委派代理人出席，但章程另有规定的除外。《韩国民法典》第73条的规定与《日本民法典》相似。日本《商工会议所法》（1981）第17条规定，会员依章程规定，以书面方式或者通过代理人行使表决权或者选举权。其三，允许代理，但只有社团的其他成员可以作为代理人。《爱沙尼亚非营利社团法》第21条规定，非营利社团社员的授权代理人可以出席社员大会并且投票，只有非营利社团的其他社员才可以作为代理人。

关于投票代理人的资格，各国有不同规定，法国规定代

---

① 陆介雄：《公司法原理与实务》，工商出版社1999年版，第224页。

理人限于股东的配偶或另一股东。① 德国允许信贷机构（银行）、股东联合会、信贷机构的业务领导人和职员以及其他愿意担任代理人的人，充当股东代理人行使表决权。在德国，股份公司大多数股份为银行所持有，而且散户的股票一般寄存于银行，因此，银行是重要的投票代理人。② 在英美国家，投票代理人可以是任何自然人或机构。普通法上，有权出席会议并表决的公司股东有权委任另一人（无论是否为公司股东）为其代表，代表其出席会议并表决。③ 由于持有少量股票的股东常常会放弃投票权，不愿意主动委托他人代为投票，某些期望控制公司管理权的股东便乘机收购这些股东的委托书，这在英美国家，基于契约自由原则是允许的。我国台湾地区现行"商业团体法"（2009）仅限于将表决权委托于其他会员代理。

3. 表决权信托制及股东投票协议

美国首创了表决权信托制度及股东投票协议。所谓表决权信托是指，股东在一定期间，以不可撤回的方法，将其表决权让与受托人，由受托人持有并集中行使表决权，股东则从受托人处取得载有信托条款与期间的"信托证书"，以证明股东对该股份享有受益权。④ 股东投票协议是指少数股东通

① 毛亚敏：《公司法比较研究》，中国法制出版社 2001 年版，第 164 页。

② 毛亚敏：《公司法比较研究》，中国法制出版社 2001 年版，第 164 页。

③ 朱大明：《香港公司法研究》，法律出版社 2015 年版，第 163页。

④ 周小明：《信托制度比较研究》，法律出版社 1996 年版，第 56~57 页。

过签订"投票协议"，将分散的投票权集中起来用于选举董事候选人，或用于股东会上对某项决议的表决。美国《示范公司法修正本》第七章第三分章对股东投票协议有详细的规定。《美国非营利法人示范法》第七章第三节也规定，二个或二个以上成员可以规定为了某个目的通过签署协议进行投票的方式。但对该协议作出限制。"该协议"的效力期限最多是十年。在公益法上，该协议必须具有不违反法人公共或者慈善目的的合理目的。

4. 表决权行使的限制

原则上出席股东会的股东或股东代理人都可以行使表决权，而且每股有一个表决权。但是在例外情形下，股东的表决权会受到限制，从各国公司法的规定看，表决权受到限制的情形有以下几种：其一，公司自己持有的股份不享有表决权(日本《商法》第241条第2项)；其二，假如甲公司拥有决定乙公司董事人选的多数票时，那么，乙公司所持有的甲公司的股份无表决权(日本《商法》第241条第3项、美国《示范公司法修正本》第七章第二节第1条(b))；其三，如果股东对于会议审议事项与自身有利害关系，行使表决权可能会给公司造成损害，不得行使表决权，也不得委托他人代表其行使表决权；其四，优先股股东没有表决权。我国旧《公司法》实行"一股一表决权""同股同权"原则，对表决权没有加以限制的例外条款，也没有保护少数股东的措施，不利于吸引广大小股东参加股东会。

四、执行机关或监督机关的任免权

在股份公司或成员众多的团体组织中，成员并不直接参与团体的经营与管理。成员的参与权一定程度上通过任免执行机关或监督机关来实现。

从各国公司法的规定来看，董事（实行二层委员会制①的国家除外）与监事（职工监事除外）通常由股东会任免。公司董事会行使公司业务经营权，股东则通过选举或更换董事来达到控制公司的目的，因此，任免董事是股东最关键的一项权利。在美国，任免董事被学者称为是股东基本权利中的控制权利中的最为重要的权利。② 各国通常采用股东会普通决议方式，决议按"一股一票"的"资本多数决"原则进行。因此，占发行股份总数51%的股东便可独占董事会全体成员的任免权，而占股份总数49%的股东对董事的任免无任何发言权，占股份总数51%的支配股东通过选举代表自己利益的董事来达到控制公司的目的。在英美国家，股份相当分散的公众持股公司，通过收购投票权（英美国家对投票代理不加限制）或收购散户股份，将分散的投票权集中起来，达到控股比例时，便可控制董事会全体成员的任免。在"资本多数决"原则下，少数股东在董事的任免上没有发言权，少数股东无法选出代表自己利益的董事进入董事会。为了保护少数股东的利益，许多国家设立累积投票制度，使得少数股东也能选出自己所信任的董事。公司监事会是大陆法系

① 德国实行双层委员会制，公司机关由股东会、监事会、董事会组成。三者为上下级关系，即股东会之下设监事会，监事会向股东会负责并报告工作。监事会之下设董事会，董事会向监事会负责并汇报工作。

② See Julian Velasco, *The Fundamental Rights of the Shareholder*, University of California, Davis, Vol. 40：407, 2006, p. 411.

国家设立的公司专门监督机构，负责对公司业务与财务进行监督。公司监事会由全体监事组成，监事（职工监事除外）由股东通过股东会任免，监事与监事会实际上是股东利益的代表者。

从各国非营利社团的立法来看，非营利社团的董事（理事）也由成员选举产生，具体的产生方式各国法规定不尽相同。《美国非营利法人示范法》（1987）第八章规定了董事的选举、选任或选派以及董事的解任，其中，还规定了累积投票制也可适用于非营利法人。《美国统一非法人非营利社团法》（1996）第1条也规定，成员有权参与选任非营利社团事务的管理者。

第二节　参与权之提案权

一、提案权的意义

根据团体治理结构，成员与团体执行机关分饰不同角色。就公司而言，董事和股东拥有不同的角色。董事被视为公司业务的最终管理者，但是他们的裁量权不是无限的，董事不能干预股东的私人事务和基本权利。① 但事实是股东的权益经常被侵犯。例如，在股东大会上，几乎所有的事项都由董事准备和安排，包括提名新董事。股东只能通过董事会

① Qing Cao, *Shareholder Proposal Right in Public Corporations in China's Transitional Economy: from the Perspective of Shareholder Activism*, Tsinghua China Law Review, Vol. 3: 96, 2010, p. 114.

所控制的股东会，对董事会提案内容表示赞成或反对，股东的地位十分被动。因此，为了保护自己的利益，股东应该有资格与董事一起工作，并排除损害股东利益的政策。股东大会是股东讨论事务、行使表决权的主要场合，在该场合下，股东应当有权提交他们的提案进行讨论和表决，以便制衡董事对会议议程的控制。为保护股东权利，很多国家规定了股东提案权。

就非营利法人的成员是否拥有提案权利，法律也应当予以明确规定。《美国非营利法人示范法》并未明确规定非营利法人成员的提案权，但从成员与团体执行机关的关系来看，也应当赋予成员提案权。

二、各国提案权制度①

美国证券交易委员会于1942年首次颁布股东提案规则，赋予股东向股东大会提交提案权，之后该规则被世界各国的公司法或商法所效法，例如，加拿大引入股东提案规则，日本将美国的规则移植到本国的商法典中，随后又被韩国所模仿。各国股东提案规则呈趋同之势，体现了对股东权利保护一致性的价值取向。

(一)英美法系的规定

1. 美国

美国法学家高度评价股东提案权，认为股东提案规则为

---

① See Qing Cao, *Shareholder Proposal Right in Public Corporations in China's Transitional Economy: from the Perspective of Shareholder Activism*, Tsinghua China Law Review, Vol. 3: 96, 2010, pp. 105-110.

股东提供了影响管理决策的机会。① 该规则赋予特定类别的股东有权要求董事会在年度代理材料中提出他们的提案。该规则将股东提案定义为"公司和/或其董事会采取行动的建议或要求"。为了有资格提交股东提案，股东必须持续持有至少 2000 美元市场价值或 1% 的公司证券。然后，他有权在提出提案之日至少一年内在会议上对提案进行表决。董事依据该规则所订立的标准可酌情排除某些提案，并向证交会提交理由。证交会如果认为股东提出的请求合适，亦可采取行动强制董事采纳某些提案。股东提案规则在股东积极主义运动中发挥了重要作用，对公司治理产生了一定的影响力。②

2. 加拿大

1985 年《加拿大商业公司法》第 137 条规定，持有规定数量股份的股东可以向股东大会提交提案，并附理由。该规则还规定了公司排除特定类别提案的例外情况，以避免滥用权利。2001 年《加拿大商业公司法》补充规定提出提案的资格。该法规第 6 部分专门解释股东提案规则并规定，持有不低于 1% 已发行股份或至少连续 6 个月持有不低于 2000 加元的股东有资格向股东大会提出提案。

3. 澳大利亚

2001 年颁布的《澳大利亚公司法》规定，公司成员（股东）有权向公司成员会议提交决议和附加声明。持有 5% 以上

---

① See Milton V. Freeman, *An Estimate of The Practical Consequence of The Stockholders Proposal Rule*, 34 U. Det. L. J. 549, at 555(1957).

② See Bernard S. Black, *Shareholder Activism and Corporate Governance in United State*, in THE NEW PALGRAVE DICTIONARY OF ECONOMICS AND THE LAW 459, 459-65(1998).

表决权股份的股东或有权投票的 100 名股东可以投票决议。建议的提案不得超过 1000 字或含有诽谤内容。如果决议和声明在规定期限内提交，公司将支付通知费用。

4. 英国

2006 年《英国公司法》第 13 部分规定了成员（members，也即股东）的决议和声明的详细规则。第 281 条规定，上市公司成员的决议必须在成员会议上通过。第 288~295 条涉及书面决议的一般规则。根据这些规则，成员有资格要求公司向其他成员传达他们的决议，并附有不超过 1000 字的声明（第 293 条），但他们必须自己支付通知费用，除非公司另有决议（第 294 条）。在上市公司的情况下，代表总投票权 5% 以上的成员或共同拥有超过 10000 欧元股份的成员有权要求公司分发其决议，且公司支付所产生的费用。如果决议毁坏公司名誉、琐碎无用或无理取闹，公司可以拒绝分发（第 338 条）。

（二）大陆法系的规定

1. 德国

根据 1965 年《德国联邦股份公司法》，股东在股东大会上有两种提案权。第一种权利规定在第 122 条。股东可以在股东大会议程上增加项目，该项目一般由管理人员和董事会制定。拥有最低 5% 或票面价值 500000 欧元股份的股东可以在议程上添加项目。该权利与少数股东召集股东大会权利受到同一条款约束。第二种权利规定在第 126 条。它规定股东可以将反提案（counter-proposal）列入股东大会议程。然而，本条没有设定任何门槛来定义希望提交反提案的股东资格。根据反提案规则，股东有权对股东大会议程上的项目提出反对意见，但他们必须在其反提案中附理由。

2. 日本

在亚洲国家中，日本率先将股东提案纳入其《商法典》。立法修订赋予股东更多权利参加股东大会，此举受到美国证券交易委员会股东提案规则的强烈影响。立法意图是强化股东大会，使少数股东能够表达自己的想法和意见，集体行使股东权利。经过 2005 年的系统修订，日本《商法典》重新更名为《公司法》，其中股东提案权利被纳入第 303 条、第 304 条和第 305 条。修订后的规则设定了相对较低的资格要求，持有超过 1% 表决权股份或超过 300 股股份的股东有资格提交提案。公司可以在章程中规定更低的要求。股份持股期限最短为六个月。

3. 韩国

2001 年修订的《韩国商法典》第 363 条第 2 款规定了股东提案规则，该规则于 1998 年增加到《商法》中。该规则允许持有超过 3% 表决权股份的股东提交提案，将某事项作为股东大会的议题。该提案必须在会议确定的日期前至少六周内，以书面形式提交给董事。董事会必须接受该提案，除非它违反了公司的相关法律或章程。股东有权在股东大会上亲自解释其提案。

(三) 中国的规定

《公司法》于 1993 年颁布，当时没有规定股东向股东大会提交提案的权利。此后《公司法》在 1999 年和 2004 年的两次修订中也没有提及股东提案规则。2005 年《公司法》第三次修订，股东提案规则终于纳入文本。该法第 103 条第 2 款规定："单独或者合计持有公司百分之三以上股份的股东，可以在股东大会召开十日前提出临时提案并书面提交董事会；董事会应当在收到提案后二日内通知其他股东，并将该临时提案提交股东大会审议。临时提案的内容应当属于股东大会职权范围，并有明确议题和具体决议事项。"有学者提出，我国股东提案权制度尚存诸多不足，例如提案股东资格要求过高，持股期限未作规定，提案程序规则不尽完善，提案的审查及救济都有待进一步完善。① 因本书主题与篇幅所限，对此问题不作深入探讨。

第三节　参与权之抽象财产权

一、抽象财产权与具体财产权的区分

英美法系国家未将成员财产权区分为抽象财产权与具体财产权。美国学者维拉斯科（Velasco）认为股东的基本权利之一为经济权利。股东的经济权利应包括享有已宣告股息的权利和出售股份的权利。② 但并未区分抽象财产权与具体财产权。将成员的财产权区分为抽象财产权与具体财产权的观点源自德国，后影响了日本、我国台湾等大陆法系国家和地区。我国学者在对公司股权财产权的认识上，也承认抽象财产权与具体财产权的区分。

---

① See Qing Cao, *Shareholder Proposal Right in Public Corporations in China's Transitional Economy: from the Perspective of Shareholder Activism*, Tsinghua China Law Review, Vol. 3: 96, 2010, pp. 122-126.

② Julian Velasco, *The Fundamental Rights of the Shareholder*, University of California, Davis, Vol. 40: 407, 2006, p. 413.

团体中成员所享有的权利，既不是对团体财产上单个物品的物上或是价值上的权利，也不是集合在团体财产上的一项权利，而是一种特殊的"权利束"，包括参与权、财产权等。但其中，成员的财产权应当区分抽象财产权与独立财产权。所谓抽象财产权（或称基本财产权）才属于成员权的内容，表现为成员参与分配利润以及参与分配共同财产结余的权利。而具体财产权（或称独立财产权）是指成员向团体的具体利润及剩余财产的分配请求权或团体设施的使用权等。两种财产权的性质不同，抽象财产权属于成员权中参与权的体现，为成员权的效力体现；而具体财产权则属于债权性质的权利，不属于成员权的效力体现，为成员与团体之间合同效力的体现。区分抽象财产权与具体财产权的意义在于，涉及侵犯成员权时，可具体确定成员权的侵权保护范围，而具体财产权应当适用合同责任予以保护。以合伙为例，《德国民法典》第 717 条第 2 句所规定的利润分配请求权以及剩余财产分配请求权，是由成员权分离出来的、独立的、可转让的权利，属于具体财产权，性质上为债权。这些权利产生的抽象财产权才属于成员权的内容，表现为成员参与分配利润以及参与分配共同剩余财产的权利。

二、非营利性团体中抽象财产权与具体财产权的区分

在非营利的社团法人特别是互益法人中，成员常享有一种权利，即受益权。"所谓受益权（Genussrecht），是社员为自己谋利益的权利。它包括使用社团设施的权利（如体育协会的体育场和器械），参加社团活动的权利，优惠或无偿使

用社团依章程规定向社员提供的一定服务的权利(如专业咨询或法律咨询),得到社团的出版物的权利,等等。"①

社团与负有责任的机关成员对损害赔偿负有责任,当他们将成员排除在社团设备利用之外,或是因为成员未提供所谓的出资,或是因为社团相信与社团设备相关联的所有人和出租人。② 这些权利以确定的给付为内容,社员可向社团申请这些给付,所以在权利的构成上,类似于债权。如果社团并未对其他成员过度使用社团设施采取有力措施进行干预,成员就其利用权的行使向社团提出请求权,则该侵犯行为涉及的是独立于成员权的使用请求权,而不构成对成员权的侵犯。当然,在非营利社团法人中,成员对团体财产的参与管理权应当属于抽象财产权的性质。

在非营利团体中,常常也会有团体剩余财产的处理,但不同于营利团体,剩余财产的分配权与请求权并非成员的当然权利,通常由章程规定剩余财产的分配。《德国民法典》第45条规定,在社团被解散或被剥夺权利能力时,社团财产归属于章程所规定的人;章程可以规定,归属权利人由社员大会或其他社团机关的决议予以确定。社团非以经济上的营业经营为目的的,即使没有此种规定,社员大会也可以将财产分配给公共财团或机构。《爱沙尼亚非营利社团法》有类似规定,即第50条规定,清偿了所有债务和提存了金额后,剩

---

① [德]卡尔·拉伦茨:《德国民法通论(上册)》,王晓晔、邵建东等译,法律出版社2003年版,第222页。

② Vgl. BGH NJW-RR 1992, 507. 对上述最后一种情形作简要说明:当机关根据社团与第三人的合同关系处分社团设备,并且第三人根据他与社团存在的合同关系,不准社团成员利用,则社员会被排除在社团设备的利用范围之外。

余财产应当分配给章程规定的权利人；章程可以规定由社员大会决议指定有权接收剩余财产的人；章程或社员大会决议未指定有权接收非营利社团剩余财产的人的，如果章程社团的设立只是为了其社员的利益，应当将剩余财产平均分配给非营利社团解散时的社员。

三、营利团体中抽象财产权与具体财产权的区分

营利法人中成员重要的财产权为股息、红利分配权与剩余财产分配权。其中，股息、红利分配权与剩余财产分配权为股东参与权的内容。而股东对公司股息、红利分配请求权与剩余财产分配请求权则为债权。

1. 股息、红利分配权与请求权

继受大陆法系观点，我国学者亦认为，股东的股息分配请求权指股东基于其公司股东的资格和地位所享有的请求公司向自己分配股利的权利。股利分配请求权的性质可从抽象意义与具体意义两个层面予以探讨。抽象的股利分配请求权，指股东基于其公司股东的资格和地位而享有的一种股东权权能，抽象的股利分配请求权是股东所享有的一种固有权，不容公司章程或公司治理机构予以剥夺或限制。具体的股利分配请求权，又称"股利金额支付请求权"，指当公司存有可资分配股利的利润时，股东根据股东大会分派股利的决议而享有的请求公司按其持股类别和比例向其支付特定股利金额的权利。① 本书认为，因请求权通常表示相对权，故将"抽象意义的股息、红利分配请求权"称为"股息、红利分配

① 刘俊海：《股份有限公司股东权的保护》，法律出版社 2004 年版，第 195~196 页。

权"较妥，而将"股息、红利分配请求权"作为具体意义的名称较妥。

　　股息、红利分配权是股东的核心权利。有限公司股东转让出资受到限制，因此，分取股息、红利是其投资的最大目的。股份公司股东虽然可以在股票市场中自由转让其股份，从股票价格的涨跌之中赚取差额牟利，但分配股息、红利也是股东投资的一个主要目的。公司股息、红利是指向股东分配的公司净利润，因此，公司有可分配的利润时，股东才有可能分到股息、红利。而且公司向股东分配股息、红利要通过股东大会或董事会（美国）决议，决议不得违反公司法关于股息、红利分配的限制性规定。各国公司法对公司股息、红利分配有严格限制，如《美国示范公司法（修订）》规定，在下列情形下，公司不能分配股息、红利：（1）通常营业状态下，公司不能偿还到期债务；（2）公司总资产少于其总负债加上公司将需要的一个金额，这个金额是公司分配并且公司解散时满足股东优惠权所需的金额。所以，公司依法及依章程规定作出分配股息、红利的决议是股东的基本财产权。若公司未能按分配决议给付股东红利、股息则属于违约行为。

　　各国公司法通常对股息分配有相关的强制性规定。德国、法国、意大利公司法规定，在宣布分配股利前，每年至少要有5%的净利润纳入法定的储备金，一直到该基金达到公司总资产的10%为止。我国《公司法》规定，公司弥补亏损和提取公积金、法定公益金后所余利润，有限责任公司按照股东出资比例分配，股份有限公司按照股东持有的股份比例分配。

　　2. 剩余财产分配权与请求权

　　所谓剩余财产分配请求权，指股东在公司清算时，就公司的剩余财产所享有的请求分配的权利。该权利可从抽象意义与具体意义两个层面理解，前者为股东的固有权，与股东资格不可分离；后者具有债权性质。只有当公司已经开始清算，清算人了结债务、回收债权、清偿债务之后尚有剩余财产，清算人宣布向股东分配剩余财产时，具体的剩余财产分配请求权方自抽象的剩余财产分配请求权中显现出来。① 本书将"抽象意义的剩余财产分配请求权"称为"剩余财产分配权"，将"剩余财产分配请求权"作为具体意义所指。《德国有限责任公司法》第72条规定，公司财产按照营业份额比例分配给股东，公司章程可以规定其他的分配比例。其他国家也有类似规定。我国《公司法》第186条规定，公司财产按前款规定清偿后的剩余财产，有限责任公司按照股东的出资比例分配，股份有限公司则按股东持股比例分配剩余财产。

第四节　参与权之知情权

一、成员知情权的意义

　　知情权是成员行使和实现其他股东权利的前提与基础。根据成员被动接受团体信息或主动获取团体信息，可将知情权分为消极性知情权和积极性知情权。其中，前者的实现依赖于团体履行信息披露义务，广义的信息披露义务包括团体

---

　　① 刘俊海：《股份有限公司股东权的保护》，法律出版社2004年版，第223页。

法定信息的强制披露、有关记录的制作与保存、有关文件置备于公司和有关文件送达给股东等。狭义的(也是一般意义上的)信息披露义务仅指公司法定信息的强制披露。积极性知情权包括股东查询权(即查阅权与质询权)和检查人选任权,也即股东个体通过主动行使查询权达到知情之目的,或者向特定主管机构、法院申请指定检查人检查公司事务并最终达到知情之目的。

二、各国成员知情权立法

绝大多数大陆法系国家和地区的立法体例为,将股东查询权和(或)检查人选任权制度规定在公司法中,将强制信息披露制度规定在证券法中。这样股东知情权在制度构成上就包括两个部门法上的三项制度,即公司法上的股东查询制度、公司检查制度以及证券法上的强制信息披露制度。美国联邦证券法以信息披露制度著称,但英国不存在成文证券法,其股东知情权制度主要由《公司法》上的信息披露和公司调查制度构成。① 英国的立法模式表明股东(成员)知情权不仅适用于公众公司而且适用于所有公司。由于信息披露属于法定制度,检查人选任(公司调查)属于行政监管性质,本书不作重点探讨。在此简要说明一下私法意义上的查阅权与质询权。

(一) 查阅权

1. 查阅权的主体

---

① 李建伟:《论英国公司股东知情权制度》,《社会科学》2009年第12期。

关于股东查阅权的具体规定，各国有所不同。根据美国《示范公司法修正本》第十六章第三节(f)条的规定，股东(包括股份的实际所有人)享有法定查阅权。法国《商事公司法》第171条规定，每位股东、每个共有股份的共同所有人、股份的虚有权人和用益权人都有法定查阅资料权。日本《有限公司法》第44条之二规定："(一)集有资本1/10以上出资股数的股东，可以请求阅览或抄录会计账簿及文件。(二)公司可以以章程规定，各股东均有前款请求权。"该条之第三项规定："母公司中集有该公司资本总额1/10以上出资股数的股东，可行使其权利所必要时，经法院许可，可以请求阅览或抄录子公司的会计账簿及文件。"韩国1998年修改的商法规定，持有3%股份的股东可以行使阅览会计账簿请求权。

2. 查阅权的范围

股东可查阅的公司文件的范围通常由法律明文规定。根据美国《示范公司法修正本》第十六章第一节、第二节规定，股东有权查阅的文件包括：(1)公司组织章程和复述的组织章程以及对上述章程迄今仍有效的全部修订条文；(2)公司工作细则和复述的工作细则以及对上述细则迄今仍有效的全部修订条文；(3)董事会决议，该决议设立一个或多个种类或系列的股票并确定他们的有关权利、优惠和限制，如果这些股票已按决议发行并售出；(4)所有股东会议的记录，以及过去三年中股东不经过会议形式而采取的全部行动的记录；(5)一般是过去三年内的全部发给股东的书面信息，其中包括发送给股东的过去三年的财务陈述；(6)公司当今董事和高级职员的姓名和地址的清单；(7)送交州务长官的最近年度的年度报告。按照《示范公司法修正本》第十六章第二节(b)条规定,下列文件,股东有权查阅:(1)董事会任何一次的会议记录摘要,代替董事会代表公司的董事会委员会的任何一次行动记录,任何一次股东会的记录摘要,由股东或董事会不采取会议形式而采取行动的记录的摘要;(2)公司的会计记录;(3)股东登记簿。

法国《商事公司法》第168条规定,所有股东有权查阅下列资料:(1)公司财产清单、年度账目、董事或经理室和监事会成员的名单以及必要时集团总账目;(2)董事会向股东大会提交的报告,或者必要时,经理室和监事会以及审计员提交的报告;(3)必要时,建议的议案文件及其理由说明,以及有关董事会或监事会成员候选人的情况;(4)经审计员核实确认的向薪水最高人员支付的报酬总金额以及获得最高报酬的人数;(5)赞助及捐款清单;(6)股东名册;(7)最近三个会计年度的公司档案以及在最近三个会计年度期间举行的股东会议的笔录和签到单。

3. 查阅权行使的限制

为避免股东滥用查阅权影响公司的正常经营,也为了防止恶意股东利用查阅权损害公司利益,有些国家的公司立法对股东行使查阅权作了一些限制。如美国《示范公司修正本》规定,股东必须于5个业务日之前向公司提出书面要求,而且须于公司正常的业务时间内在公司指明的合理地点查阅文件。此外还规定,股东查阅第十六章第二节(b)条所列的文件时,股东必须有"正当目的","正当目的"是指:"(1)他的要求是善意的以及怀有正当的意图;(2)他阐述自己的意图和他想要检查的记录时应合理详细;(3)他所要检查的记录和他的意图具有直接联系。"股东或母公司股东查阅公司或子公司董事会会议记录，须经法院许可(日本《商法》第260条之四第4项)。但股东及公司债权人查阅股东名册，公司会计账簿不必经过法院，可直接向公司提出请求。

(二)质询权

很多国家公司立法规定，每位股东在股东大会上有权就会议议程中的任何事项提出质询，董事会或董事、监事有义务回答这些质询。如果无正当理由予以拒绝，股东可以申请法院裁定。可以拒绝回答的理由通常由法律规定。如《德国股份公司法》第131条关于股东询问权的限制规定，列举了6项正当理由。日本《商法》第237条之三第1项规定，股东请求说明的事项与本次股东大会召开的目的无关，或者予以说明会损害股东的共同利益，或者经过调查才能说明(但在股东大会召开相当日期之前已经书面通知要求说明的事项除外)，以及有其他正当理由时，董事、监察人可以拒绝说明。

我国修改后的《公司法》关于股东的查询权有所完善。《公司法》第34条规定："股东有权查阅、复制公司章程、股东会会议记录、董事会会议决议、监事会会议决议和财务会计报告。股东可以要求查阅公司会计账簿。股东要求查阅公司会计账簿的，应当向公司提出书面请求，说明目的。公司有合理根据认为股东查阅会计账簿有不正当目的、可能损害公司合法利益的，可以拒绝提供查阅，并应当自股东提出书面请求之日起十五日内书面答复股东并说明理由。公司拒绝提供查阅的，股东可以请求人民法院要求公司提供查阅。"《公司法》第97条规定："股东有权查阅公司章程、股东名册、公司债券存根、股东大会会议记录、董事会会议决议、监事会会议决议、财务会计报告，对公司的经营提出建议或者质询。"

第五节 成员权之占有状态——优先认购权

一、优先认购权的含义

优先认购权是为单个股东获得参与股份有限公司的股份资本而增加的权利。根据《德国股份公司法》第 186 条第 1 款的规定，现有的股东对于其股份参与相应的新股份拥有一个法定的优先认购权（也称"优先认股权"）。在没有股东同意的情况下，通常不应该改变其股份参与关系。优先认购权是可以转让的，尤其在新股发行价有利的情况下，它表现为一种价值，股东可以通过出卖的方式来实现它（股市上的优先认股权交易）。在经济上，优先认购权属于股份投资的收益。① 法律之所以规定公司的原股东对公司新发行的股份享有优先认购权，是为了通过新股的认购防止公司股东对公司享有的利益被稀释，并防止公司内部既有的支配格局发生重大变化。当然，原股东的新股优先认购权并不是绝对的，法律确立新股优先认购权是在比较公司内部组织结构平衡和公司资本顺利扩张两种价值之后作出的判断，也就是说，在某些特定情况下，原有股东新股优先认购权是可以被合理排除的。

从德国立法、司法实践及理论的发展来看，优先认购权

---

① 参见［德］格茨·怀克、克里斯蒂娜·温德比西勒：《德国公司法》，殷盛译，法律出版社 2010 年版，第 624 页。

被视为一种特殊的成员权。它有时指抽象性的优先认购权，有时指具体性的优先认购权，最早研究二者不同的是德国学者 Karo。① 抽象性的优先认购权，是法律或公司章程基于股东的资格或地位而赋予股东的一种权利。此项权利与股东资格同时发生，并随股东资格之转移而移转。因此，此种权利是股东权中一项重要权能。抽象性的优先认购权是具体性优先认购权产生的源权利。具体性优先认购权指享有抽象性优先认购权的股东根据股东大会或董事会发行新股决议而取得的优先请求公司按其持股比例分配新股的权利。这种权利自公司发行新股的意思形成之时产生，它具有独立于股东地位的特点，可与其赖以产生的股份分别转让，这一点与合伙中成员所享有的业务执行请求权、利益份额请求权以及剩余财产分割请求权类似(《德国民法典》第 717 条)。

作为成员权内容的优先认购权是指抽象性意义上的优先认购权(本书简称优先认购权)，它原则上是指向股东的参与权的，但是，优先认购权与参与权还是有区别的，主要在于对于团体的意志形成和作用不是直接的。更确切地说，它的功能在于，避免基于参与关系和力量关系的资本增加的溯及力，尤其可以弥补少数表决或必要的参与投票的少数权利主张的丧失。② 在排除优先认购权的情形下，股东的参与权也相应减弱。所以，排除行为可以被视为对成员权的侵权行为。

---

① 参见刘俊海：《股份有限公司股东权的保护》，法律出版社 2004 年版，第 228 页。

② Vgl. BGHZ 71, 40, 45.

二、优先认购权的立法

关于公司增资时的优先认购权，由于无限公司是人合公司，有限公司既是资合公司又是人合公司，股东又有法定最高人数的限制，因此，各国公司法普遍赋予无限公司、有限公司原股东在公司增资时有优先认缴出资的权利，而且这一项权利是法定的、绝对的。

关于股份公司股东新股优先认购权的规定，各国公司立法有所不同。大体分为三种立法例：其一，新股认购权属于章程所定的权利。如美国《示范公司法修正本》及绝大多数州公司法、日本《商法》均规定，股东是否有新股认购权取决于公司章程规定或者公司机关的决定。其二，新股认购权属于法定权利，但允许股东会决议排除。如德国《股份公司法》第186条规定，股东享有增加资本时认购新股的法定权利，但这一权利是相对的，股东大会关于公司增资的特别决议可以全部或部分排除新股认购权。只有在保留股东新股认购权的条件下，认购新股票的权利才能得到保证。其三，新股认购权属法定的、绝对的权利，不得以章程或股东会决议排除。如法国《商事公司法》第183条规定："股份包含有增资时的优先认购权，股东拥有优先认购与其股份数相应的、为实现增资而发行的货币股的权利。一切相反的条款均视为未作订立。"

我国《公司法》对有限责任公司的股东明确规定了新股认购权，公司新增资本时，股东有权优先按照实缴的出资比例认缴出资。但是，全体股东约定不按照出资比例优先认缴出资的除外（第34条）。对股份有限公司的股东，股东大会应

当对向原有股东发行新股的种类及数额的事项作出决议（第
133 条）。如果股东大会在决议中明确决定不向原有股东发
行新股或者只向原有股东发行部分新股，也不能说就是违反
了《公司法》第 133 条。因而，股份公司股东的新股优先认购
权应当说仅仅是被现行法律所间接承认的权利。

第六节　成员权之处分权——成员权转让权

一、成员权转让的概括原则

成员权转让，即成员将其成员地位（或成员资格）转让于
他人的民事行为。成员权转让的权利，实质上是成员对其在
团体中成员权的处分权。一般而言，成员权转让遵循概括原
则。成员权转让的概括原则是指成员权的权利与义务一并由
受让人继受。成员权转让不同于成员将其与团体之间具有债
权性质的权利（成员的具体权利）进行转让。兹以股利分配权
与请求权为例说明此原则。股利分配权是与成员资格不可分
离的权利，是成员的固有权，若转让股利分配权，也必然一
并转让成员权。换言之，转让成员权也便一同转让股利分配
权。而股利分配请求权，则是成员向团体请求支付应分配的
股利，是债权性质的权利，该项权利可单独转让于他人，该
项权利独立于成员权而存在。

二、不同团体中成员权转让的差异性

由于成员权不同于一般财产权（物权或债权），且不同类
型团体中成员权具有差别，成员权在转让时自由程度的限制

有区别。

（一）非营利团体成员权转让

由于非营利社团法人的高度人身性，其成员权的转让通常受到各国法的限制。大致有两种立法体例：其一，成员资格禁止转让。例如，《瑞士民法典》第 71 条第 3 项规定，社员资格不得让与。《埃塞俄比亚民法典》第 419 条第 2 项及第 3 项规定，社员资格可转让，即使社团规约或章程中有相反规定，仍得适用本条规定。《韩国民法典》第 56 条规定，社团法人的社员地位不得让与。《韩国民法典》第 56 条采相同立法。《爱沙尼亚非营利社团法》①第 14 条规定，非营利社团的社员资格不得转让，但是法律另有规定的除外。其二，成员资格原则上禁止转让，章程另有规定的除外。例如，《德国民法典》第 38 条规定，社员资格不得转让，但随后在第 40 条规定，在章程另有规定的限度内，第 38 条的规定不予适用。《葡萄牙民法典》第 180 条规定，社员资格不得借生前行为移转，但章程另有规定者除外。

（二）营利团体成员权转让

1. 合伙成员权转让

由于合伙具有高度人身性，其财产份额的转让亦有特别规定。合伙人之间的转让不受限制，但若将其财产份额转让给其他第三人需要得到其他合伙人的一致同意。我国《合伙企业法》第 22 条规定，合伙人之间转让全部或部分财产份

---

① 《爱沙尼亚非营利社团法》于 1996 年 6 月 6 日通过，同年 10 月 1 日生效。参见金锦萍、葛云松主编：《外国非营利组织法译汇》，北京大学出版社 2006 年版，第 217~251 页。

额，仅须通知其他合伙人。若转让于合伙人以外的人，除合伙协议另有规定，须经其他合伙人一致同意。

2. 有限责任公司股东权转让

由于有限公司具有人合性特征且受到股东最高人数限制，各国一般允许并鼓励股东之间转让出资，但对向股东以外的人转让出资则加以限制。如我国《公司法》规定，有限责任公司的股东之间可以相互转让其全部或者部分股权。股东向股东以外的人转让股权，应当经其他股东过半数同意。其他国家和地区也有类似的限制性规定。例如，《德国有限公司法》第17条规定，出让股份的一部分只有经过公司同意方可进行。《日本有限公司法》第19条规定，股东得将其股份的全部或一部转让其他股东。股东将其份额的全部或一部转让给非股东时，须经股东大会同意。

3. 股份公司股权转让

为维护资本充实原则，各国公司法普遍禁止股东抽逃出资，但允许股东以转让出资的方式来转移投资风险以及收回本金。在股份有限公司中，成员权的转让遵循比较自由的原则。世界主要立法例普遍承认股东权自由转让原则，不唯大陆法系，英美法系亦如此。如英国格林（Greene）大法官曾在一个著名判例中指出："股东的正常权利之一是自由地处置其财产，并向其选择的任何人转让之。"①我国《公司法》第137条规定，股东持有的股份可以依法转让，可见，我国亦确认股东权自由转让原则。不过各国公司法对股份自由转让

---

① Re Smith & Fawcet Ltd[1942]Ch 304. 转引自刘俊海：《股份有限公司股东权的保护》，法律出版社2004年版，第139页。

的主体及时间等通常会有限制性规定，例如公司发起人、董事及经理任职期间股权转让受限制；股东大会或公司决定分配股利的基准日前一定期限内，股票过户也受到限制。

第六章 成员权的法律救济

如前所述，不同类型的团体组织中存在统一的成员权制度，成员权的法律性质并无区别。通过第四章的论述已阐明成员权的主要权能及效力。由于大陆法系与英美法系对权利的保护与救济具有不同的理论基础，所以对成员权私法救济也表现为不同的制度设计。

本章将依序探讨以下问题：第一，两大法系对成员权的不同救济制度；第二，以德国法为例探讨大陆法系对成员权侵权保护的范围；第三，以美国法为例探讨英美法系对成员权的救济与保护。尽管有学者担心"将德国关于股东权利和救济的规定和英美法的相关规定进行比较既不容易，也不合适，因为在这些国家中改善公司治理的主要机制并不相同"①。但笔者认为，比较法能释放出"隐藏在它们的诸多准则和超级结构的外壳中的法律现象的内核，并保持一种共同的法律文化的一致性"②，通过分析不同的制度规则及其体系外壳，定能找到其共同之处。

---

① 李小宁：《公司法视角下的股东代表诉讼》，法律出版社2009年版，第238页。

② 拉贝尔语。

第一节　两大法系对成员权法律救济概述

一、大陆法系的学说

大陆法系关于成员权的保护以德国研究最为深入。德国学界对成员权保护的基础理论主要涉及以下几个问题：第一，成员权作为绝对权还是相对权受到保护；第二，团体内部侵犯成员权是否可以成立；第三，团体(典型的如公司)受到侵害造成成员权的贬值是否侵犯成员权；第四，对成员权具体权能的侵犯是否构成侵犯成员权。

1. 成员权被作为绝对权保护

德国将成员权是绝对权还是相对权的讨论置于成员权的侵权法保护背景下来探讨。德国的一系列判决承认对成员权的保护适用《德国民法典》第823条第1款(过错侵权责任)和第1004条第1款(所有权的保护方法)。学者在理论上论证了成员权是绝对权，而且是一种特殊的支配权，它的"标的"是团体。过错侵犯成员权的责任适用过错责任的构成要件，同时，类似于所有权，可援用所有权的保护方法。

2. 团体内部侵犯成员权责任可以成立

成员权作为支配权的潜在法律关系与作为其产生基础的合同关系可以并存，当成员权受到团体内部的侵犯时，这种关系可能会变为侵权法律关系与成员权法律关系的竞合。团体内部侵犯成员权的责任与团体的职权秩序并不冲突，侵权法上的相关规定对于团体法具有基础规范的作用，甚至能起到漏洞补充的作用。在团体内部，团体其他成员、团体机关成员以及团体侵犯成员权的责任均可以成立。

3. 团体受害造成成员权贬值并未侵犯成员权

成员权是一种支配权，类似于典型的支配权——所有权，其支配标的——团体在受损害时，作为权利的成员权本身也受到侵犯。类似于通过破坏土地而导致对土地质权的侵害，对团体的侵犯是最基本的或者是唯一的对成员权价值内容的权利侵犯。然而，成员权是一项特殊的权利，团体不仅是客体，而且同时是法律关系的主体。作为权利和义务独立的归责主体，在第三方实施的违法侵害案例中，团体享有自己的损害赔偿请求权，它的权利主张可以恢复原状并且补偿对成员权价值的侵害。

因此，主流观点认为，由于团体受侵害而造成成员权的贬值已经不是一种侵犯了，并且这种所谓的反射的损害只能通过团体行使它的补偿请求权来弥补。不论是帝国法院的判决①，还是文献资料②都遵循这一观点。理由主要有两个方面：其一，从团体法的目标来看，团体本身作为权利义务的归属主体，其建立的基础是将成员财产与团体财产分离，并形成自己的特殊财产。在团体财产受损害的情况下，否定团体作为财产的承担者，而从成员权受侵犯的角度考虑，与团体目标是相违背的。团体财产受到的每项损害可以通过对其特殊财产的重新填补而得到补偿。其二，从责任法的角度来

---

①　Vgl. RGZ 158, 248, 255.

②　Vgl. Wiedemann Herbert, Die Ubertragung und Vererbung von Mitgliedschaftsrechten bei Handelsgesellschaften, Köln: Carl Heymanns, 1965, S. 39; Schmidt Karsten, *Die Vereinsmitgliedschaft als Grundlage von Schadensersatzansprüchen*, JZ, 157, 159(1991).

看，通过补偿团体的损失可以间接弥补成员所遭受的损害，这种直接方式比间接价值补偿要好。① 当然，如果将团体作为独立的权利义务的归属主体的特性隐去，人们可以在每一种针对团体的侵害中看到对成员权的侵犯。但是，成员权是剥夺成员原有的财产权利，取而代之以产生团体财产，并没有赋予成员对团体财产的直接或间接的权利。因此，在考虑侵权责任时，由于团体受损害而引起股份价值的减少虽然是对成员利益的侵害，但却不属于《德国民法典》第823条第1款的保护范围中对成员权的侵害。②

4. 对成员权权能的侵犯也构成对成员权的侵犯

根据成员权的结构和权利本质，对成员权的保护范围应当确定为对成员权的活动可能性有直接严重侵害的行为。如果将成员权与物权、无形财产权进行比较，就像所有权的使用权能受侵犯而导致对所有权的侵犯一样，如果成员的参与权受到侵害并由此使成员丧失部分支配权的组成部分和特征时，成员权也应当受到保护。因为支配权的本质是，它分配给它的拥有者一个存在于权利之外的标的供其在某一方面独有的使用和支配。

但是，与一般的支配权不同，成员权具有自身的独特性。对于成员权的保护范围可以扩展到成员的参与权，因为成员权通过合伙合同或社团章程得到了不同于其他受到绝对

---

① Vgl. Mertens Hans-Joachim, *Die Geschäftsführungshaftung in der GmbH und das ITT—Urteil*, Festschrift für Robert Fischer, S. 461, 474 (1979).

② Vgl. Schmidt Karsten, *Die Vereinsmitgliedschaft als Grundlage von Schadensersatzansprüchen*, JZ, 157, 159(1991).

保护的权利以及法律利益的具体形态，因此，"鉴于原则上承认的形成自由（Gestaltungsfreiheit），参与权的范围在概念上很难被确定下来"①。即使是对于所有权，科学与实践本身离一个普遍被承认的、对于行为人而言可预见的所有权保护范围的规定还很远。如果不考虑股权内容的广泛性特征，成员权的保护范围实际上依赖于各自社团法规的形成，可见，参与权保护的实际意义几乎只存在于社团内部关系之中。团体外部对成员权的侵犯很少，即使存在，可依据侵权责任归责要件予以确认。

二、英美法系的观点

1. 非营利团体中成员权的保护

就非营利团体中成员权的保护，英美法系的制度设计几乎与营利性团体接近。2006 年全面修订的《英国公司法》中专门规定"社区利益公司"。英国公司法应当是适用于营利与非营利的公司，因此非营利公司的成员权与营利公司的成员权应当受到同等保护。英国早期积累了公司与非营利性社团的判例（Edwards v. Halliwell，1950），发展了公司法理论。

美国律师协会的《非营利法人示范法》继承了《商业公司示范法》，不仅规范了非营利法人的外部关系，还规范了内部关系，从非营利法人对合同相对方和政府的责任，到非营利法人与其成员之间的权利义务关系。②《美国非营利法人

---

① Winter Martin, Mitgliedschaftliche Treubindungen im GmbH-Recht, München：C. H. Beck，1988，S. 54f.

② 金锦萍、葛云松主编：《外国非营利组织法译汇》，北京大学出版社 2006 年版，第 74 页。

示范法》第 6.39 条第 1 款规定，"拥有不低于 5%表决权或
50 名以上的法人成员，以及任何一名董事"可以对法人提起
派生诉讼。一些法院将非营利法人成员类比为营利法人中的
股东，因为二者均具有防范、纠正董事错误行为的内在愿
望。在"伯尔尼诉威廉斯案"中，法院甚至认为，非营利法人
的成员就是非营利法人的"股东"，从而允许非营利法人成员
对法人管理者提起派生诉讼。① 在"柯特利诉麦克克莱伦案"
中，法院完全不考虑本州岛是否规定了非营利法人成员的诉
讼权，直接用判例赋予非营利法人成员对法人董事提起派生
诉讼的权利。② 由此可见，法院已经越来越频繁地把非营利
法人成员权类比说明为营利法人中的股东权。囿于资料所
限，未能查找到非营利法人成员提起的直接诉讼的案例，但
依美国非营利法人立法精神与成员提起派生诉讼制度，成员
可提起直接诉讼维护自身权益当无异议。③

2. 营利性团体中成员权的保护

就英美法系营利性团体而言，股东为维护自身权利可对
公司及其管理人员、其他股东提起直接诉讼。起诉的依据为
股东之间或股东与公司之间的法定契约关系或特殊的法定条

---

① Bourne v. Willians， 633 S. W. 2d 469（Tenn. App. 1981）. 转引
自税兵：《非营利法人解释——民事主体理论的视角》，法律出版社
2010 年版，第 122 页。

② Kirtley v. McClelland， 562 N. E. 2d， pp. 27-31（Ind. Ct. App.
1981）. 转引自税兵：《非营利法人解释——民事主体理论的视角》，
法律出版社 2010 年版，第 122 页。

③ 美国新近的非营利法人制度改革，并没有涉及利益相关者的
诉讼权。改革的基本思路在于强化非营利法人的信息披露要求。但无
论如何，成员提起直接诉讼还是其维护自身权益的重要法律手段。

款。另外,少数股东的权利救济有一些特殊制度,如英国的不公平损害救济、美国的异议股东评估权、澳大利亚的禁令救济制度。股东股权的保护制度有相似之处,又略有不同。

英国保护股东的制度主要有股东个人权利救济(直接诉讼)、不公平损害救济以及派生诉讼。不公平损害救济(unfair prejudice)是英国公司法中保护少数股东的重要救济机制。英国没有异议股东股份购买请求权,不公平损害救济可起到退股权的作用。1985 年《英国公司法》第 459~461 条规定了不公平损害救济。2006 年《英国公司法》延续了 1985 年的规定,没有太大的改变。股东派生诉讼在传统英国法中并不占主导地位,但晚近公司法的修改引进了这一制度。即使该制度发挥作用,也仅仅是完善公司治理的一项举措,并非股权维护的直接制度基础。

美国股东救济有其特殊的发展历程。一开始美国通过股东代表诉讼保护股东权利,后来通过判例发展出损害标准和权利标准来区分股东代表诉讼和股东直接诉讼。关于特别规定,在封闭公司更多采直接诉讼,在公众公司提起股东代表诉讼更易被受理。对原告而言,最好的办法莫过于同时或选择性地提起直接诉讼和代表诉讼。在美国,大部分州封闭公司小股东可以基于两种措施提起直接诉讼:更广泛的非自愿解散措施和股东格外的诚信义务的措施。[1]

澳大利亚股东对董事、公司和其他股东均可提起诉讼。[2] 股东起诉董事,主要基于:第一,直接诉讼:通常情

---

[1] 参见李小宁:《公司法视角下的股东代表诉讼》,法律出版社 2009 年版,第 90 页以下。

[2] 参见黄辉:《现代公司法比较研究——国际经验及对中国的启示》,清华大学出版社 2011 年版,第 285 页。

况下公司是起诉董事义务违反行为的原告，因为董事只对公司承担信义务。但是：(1)在某些情况下，董事对股东个人承担义务，比如 Coleman v. Myers 案；(2)董事违反义务行为可能侵害股东的个人权利，比如 Residues Treatment and trading Co. Ltd. 案。第二，第 1324 条的禁令救济。第三，股东派生诉讼：(1)根据第 2F.1A 节的法定股东派生诉讼程序提起；(2)或通过第 2F.1 节的压迫行为救济程序提起。股东起诉公司可以基于以下几种情形：第一，直接诉讼：(1)根据第 140 条，公司与股东之间具有默示的法定契约关系；(2)特殊的法定条款。第二，第 1324 条的禁令救济。第三，第 2F.1 节的压迫行为救济。第四，第 461 条的强制公司清算救济。股东起诉股东可以基于以下情形：第一，直接诉讼：(1)根据第 140 条，股东与股东之间具有默示的法定契约关系；(2)特殊的法定条款，比如第 246D 条关于改变股票权利的相关规定。第二，第 1324 条的禁令救济。第三，第 2F.1 节的压迫行为救济。第四，资本多数决规则的衡平法限制，比如 Gambotto v. WCP Ltd. 一案。

三、我国学者的观点

我国台湾地区学者一般将成员权作为一种独立权利，受侵权法保护。侵犯成员权的类型分为两种情形，侵害成员权的财产价值和妨害成员权权能的行使。例如，"第三人将总会之通知书毁灭或妨害表决权之行使，则为权能行使之侵害"①。问题在于如何认定社员权的保护范围，有的学者列

---

① 参见史尚宽：《债法总论》，中国政法大学出版社 2001 年版，第 160 页。

举了侵害社员权的主要情形，如无正当理由开除社员；非法拍卖他人的股份，致剥夺其社员的地位；以藏匿开会通知等方式妨害社员权的行使。至于毁损社团财产，减少其价值，则不构成对社员权的侵害，不属于社员权的保护范围。① 我国大陆学者对于成员权的侵权研究尚不充分且比较分散，有学者对社员权的侵害行为及法律保护进行了初步探讨。②

《民法总则》第125条规定："民事主体依法享有股权和其他投资性权利。"《侵权责任法》第2条明确侵害民事权益的范围中包括"股权"，股权作为成员权中典型的形式，可以受到侵权法的保护。这就在理论层面和实践层面提出了其他成员权可否适用侵权法保护的问题。来自团体外部对成员权的侵犯较少且实践意义不大，大部分对成员权的侵犯实际上来自团体内部。但是，在团体内部对成员权的保护又存在团体法方面的救济，所以在团体内部是否有侵权法适用的必要性，值得探讨。笔者主要从以下几个方面论述。

首先，合同责任与侵权责任可以竞合。如前所述，成员权为支配权，若团体内其他主体侵犯该权利，成员可主张侵权责任。但同时，成员与团体由于章程或合同关系形成权利义务关系，这种权利义务是一种合同关系。当团体、团体机关或其他成员违反章程或合同规定，侵害其他成员的权利时，是否有主张侵权责任的必要。在德国的司法实践中，允许请求权竞合，也就是说，承认合同法律关系与侵权法律关

①　参见王泽鉴：《侵权行为法（1）》，中国政法大学出版社2001年版，第172页。

②　参见章光圆：《再论社员权——以其演变、意义与保护为视角》，《宁德师专学报（哲学社会科学版）》2007年第3期。

系可以并存。正如德国帝国法院在一个判例中指出："判例法确认合同责任和侵权责任可以并存的观点……不侵犯他人人身的法定义务无处不在，并不取决于受害人和被告之间是否存在合同关系。因此，合同当事人和陌生的受害人一样受《德国民法典》第823条的保护。"①我国立法亦肯定合同责任与侵权责任的竞合。② 因此，从理论上讲，成员权受到来自团体内部的侵犯，成员既可依合同或章程主张合同责任，也可依侵权法主张分侵权责任。两种责任可以竞合。

第二，侵权法对团体法规范可起到漏洞补充的功能。团体法作为特别法，对成员权的保护范围与限度已作出较明确和具体的规定，侵权法是否有适用的必要和可能？事实上，侵权法对于团体法的责任规范起一般法的作用，且具有漏洞补充功能。《公司法》第152条规定，董事、高级管理人员违反法律、行政法规或者公司章程的规定，损害股东利益的，股东可以向人民法院提起诉讼。该条公司法规范，股东请求权的一般法规范是什么？应当是《民法典》侵权责任编关于侵权责任的一般条款。在我国民商合一的立法体例下，公司法的规定应当是以民法典的一般规定为依据。此外，若团体法对成员权受侵犯的规定存在漏洞与不足，成员可依侵权法主张侵权责任。2016年12月5日，最高人民法院通过的《最高人民法院关于适用〈中华人民共和国公司法〉若干问题的规定

---

① 《德国普通法院案例汇编》1953年10月，第200页。转引自王利明：《违约责任论》，中国政法大学出版社2000年版，第311页。

② 《中华人民共和国合同法》第122条规定，因当事人一方的违约行为，侵害对方人身、财产权益的，受损害方有权选择依照本法要求其承担违约责任或者依照其他法律要求其承担侵权责任。

(四)》(以下简称《公司法司法解释(四)》)第 18 条规定了股东无法查询的赔偿责任的情形，公司未依法制作和保存《公司法》第 33 条或者第 97 条规定的公司文件材料，股东起诉请求公司董事、高级管理人员承担民事赔偿责任的，应予支持。① 该条所规定的"赔偿责任"在《公司法》中并未规定。笔者认为，该条司法解释是依据《侵权责任法》第 2 条、第 6 条对《公司法》所作的漏洞补充。此外，《公司法司法解释(四)》没有规定瑕疵决议撤销后，若此瑕疵决议已实施且给股东造成损害，股东是否可请求损害赔偿的问题。对于这个问题，仍存在漏洞有待补充，而补充仍需以《民法典》侵权责任编关于侵权责任的一般条款为依据。

第二节　大陆法系对成员权的法律救济

大陆法系通过团体法与侵权法来实现对成员权的法律救济。团体法是成员权产生的基础，侵权法确定侵犯成员权的责任的构成要件与责任形式。② 只有明确辨别侵犯成员权的行为类型，才能确定成员权的侵权法保护范围。德国学界与实务界将侵犯成员权的类型归纳为两类：一类是对成员权本

---

① 《中华人民共和国公司法》第 32 条规定：有限责任公司应当置备股东名册，记载下列事项：(一)股东的姓名或者名称及住所；(二)股东的出资额；(三)出资证明书编号。记载于股东名册的股东，可以依股东名册主张行使股东权利。第 96 条规定：股份有限公司应当将公司章程、股东名册、公司债券存根、股东大会会议记录、董事会会议记录、监事会会议记录、财务会计报告置备于本公司。

② 关于侵犯成员权的责任构成与特殊的责任问题，已有相关论述，在此不赘述。参见任中秀：《德国团体法中的成员权研究》，法律出版社 2016 年版，第三章和第六章。

身的侵犯，另一类是对单个成员权利的侵犯，例如对基本财产权、参与权的侵犯。以下详述之。

一、对成员权本身的侵犯

(一)对成员的除名

除名(开除)是社团以单方的形成行为结束成员资格的法律关系，具有终止的作用。① 除名根据原因的不同分为处罚性除名和终止性除名。② 处罚性除名是指成员因损害社团利益或存在其他受谴责的行为而由团体所采取的措施；终止性除名是指当团体章程规定的重大事由出现时，由社团提出终止通知和无惩罚性地结束成员资格。③ 除名适用于股份公司、有限责任公司、合作社乃至非经济社团。④ 此外，除名也适用于民事合伙与商事合伙。⑤ 在终止性除名和处罚性除名的

---

① 参见[德]卡尔·拉伦茨:《德国民法通论(上册)》，王晓晔、邵建东等译，法律出版社 2003 年版，第 227 页。德语中的"Ausschluss"一词，在法学中被译为"开除"或"除名"(参见杜景林、卢谌编:《德汉法律经济词典》，对外经贸大学出版社 2011 年版，第 79 页)，在上述教材中被译为"开除"，本书采"除名"的译法。

② Vgl. Franz Jürgen Säcker /Roland Rixecker, Münchener Kommentar zum Bürgerlichen Gesetzbuch, Bd. 1 (§§1-240), 6. Aufl. , München: C. H. Beck, 2012, S. 695.

③ 参见[德]卡尔·拉伦茨:《德国民法通论(上册)》，王晓晔、邵建东等译，法律出版社 2003 年版，第 227、230 页。

④ Vgl. Franz Jürgen Säcker /Roland Rixecker, Münchener Kommentar zum Bürgerlichen Gesetzbuch, Bd. 1 (§§1-240), 6. Aufl. , München: C. H. Beck, 2012, S. 695.

⑤ 参见[德]格茨·怀克、克里斯蒂娜·温德比西勒:《德国公司法》，殷盛译，法律出版社 2010 年版，第 118、222 页。我国《合伙企业法》第 49 条中也有关于合伙人除名的规定。

前提条件都得到满足的情况下，社团也会拥有选择权。①

1. 处罚性除名

处罚性除名的方式可能对涉及的成员带来严重不良后果。杜塞尔多夫地方高级法院审理过这样的案件：在该判决中，一个行业批发商人协会剥夺了一个民事合伙组织成员所享有的优惠条件，造成该商人 1200 万德国马克的损失。② 处罚性除名在资合公司中具有特殊性，涉及的不是成员个人，而是具体的股份处理方式，例如，有限责任公司中业务份额的没收和宣布无效以及业务份额的作废声明，但这些措施会间接影响到成员资格的存在。

违法的处罚性除名，无论是基于程序上的决议瑕疵还是实质上的不合理给成员造成损失，根据《德国民法典》第 823 条第 1 款以及第 1004 条第 1 款，成员都可以主张损害赔偿请求权或不作为请求权以及妨害除去请求权。对违反法律或章程的决议的撤销会引起被违法除名成员的权利主张。根据《德国股份公司法》第 246 条第 1 款和《德国合作社法》第 51 条第 1 款第 2 句撤销之诉的期间届满之前，以《德国民法典》第 823 条第 1 款为基础的成员的损害赔偿请求权被阻却，但在决议撤销之后，成员可进一步主张其损害赔偿。在并不需要决议撤销但因违反法律或章程除名被确认无效的案件中③，被除名成员的成员权未因期满而丧失；成员权继续存

---

① Vgl. Franz Jürgen Säcker/Roland Rixecker, Münchener Kommentar zum Bürgerlichen Gesetzbuch, Bd. 1（§ § 1-240），6. Aufl.，München：C. H. Beck，2012，S. 695.

② Vgl . OLG Düsseldorf DB 1984，1087.

③ Vgl. Hommelhoff Peter, 100 *Bände BGHZ*：*Aktienrecht*, 151 ZHR, 493，516(1987).

在，也可以在一段时间期满之后以确认之诉的方式被视为有效。

对成员违法除名的责任承担，根据《德国民法典》第823条第1款、第31条的一般条件，首先由社团来承担由于违法除名所产生的损失赔偿，但是在资合公司的案件中，公司的责任应当与受义务约束的资本担保与资本维持原则相一致；其次由对除名一致认可的成员承担责任①，但前提是这些成员满足《德国民法典》第823条第1款中的侵权构成要件，除名是违法的并且这一违法事实应该是明显可辨的；②最后，如果管理机关的成员能辨认除名的违法性，他们也应对执行除名的相关措施负责。

2. 终止性除名

在公司章程规定的重大事由出现时，公司也可以通过提出终止通知无惩罚性地结束成员资格。虽然章程可以设立普通的除名原因，但关于章程设立的除名原因，理论与司法实务尚存争议。对于合伙法，德国联邦普通法院总是不允许通过合同约定除名权。③ 在社团法的决议中，德国联邦普通法院允许自动生效的除名原因，一般情况下除名原因必须由"章程目的"决定。④ 在资合公司中，为了使重要资本减少损失，根据《德国股份公司法》第222条第4款第2项（公司消减资本）和《德国公司改组法》第29条（合并合同）、第36条第1款（新设合并）、第125条（公司分立）、第207条（公司变更）规

---

① Vgl. BGHZ 31, 295, 302; OLG Düsseldorf DB 1984, 1087.

② Vgl. Grunewald Barbara, Der Ausschluß aus Gesellschaft und Verein, Köln: Carl Heymanns, 1987, S. 280ff.

③ Vgl. BGHZ 68, 212.

④ Vgl. BGH Rpfleger 1978, 962.

定的公司改组的构成要件以及团体的终止和解散，将参与联合企业的不受欢迎的少数股东除名，通过公司清算，将公司资本转移到另一个没有这些少数股东参与的公司中去。

公司决议中如果存在违法除名的决定，适用《德国股份公司法》第243条以下的瑕疵决议诉讼，即使公司根据瑕疵公司理论解散，成员的损害赔偿请求权仍可以主张。在多数股东多数原则的法律适用中，有责任的股东根据《德国民法典》第823条第1款，对于因公司清算决议措施不当而导致相关股东的资格丧失负有损害赔偿责任。一般认为，由于公司受损而造成的股东损失原则上通过公司财富的重新补充而得到弥补，以《德国民法典》第823条第1款为依据的损害赔偿请求权因而只适用于成员的自身损害。① 在此，需要注意的并不是公司的财产亏损，而是有关成员丧失成员权的自身损害。

(二) 对成员权的无权处分和事实行使

无权处分成员权，在实践中并不多见。帝国法院质押股份转让案②是一个典型案例。无须书面确认的有价证券持有人和记名股票的无权处分，在德国法上也会产生善意取得，这在理论上已无争议。③ 在无权处分成员权的情况下，变卖

---

① 对于合伙，参见 BGHZ 100, 190, 194；对于股份公司，参见 BGH NJW 1995, 1739, 1746f.

② Vgl. RGZ 100, 274.

③ 例外情形，指定式的债券以及记名股票和股款缴纳凭证上，在其载有空白背书时，等同于无记名证券，可以根据《德国民法典》第929条以下有关动产善意取得的规定，适用关于无记名证券的善意取得。参见《德国商法典》第367条第1款（某些有价证券的善意取得），杜景林、卢谌译，法律出版社2010年版。关于记名股票等有价证券，根据我国传统的主流观点，认为不适用善意取得，但是在德国和日本商法晚近的立法中，记名股票也有可能适用善意取得（参见崔香梅：《我国股票善意取得制度的立法缺失与完善》，《法学》2010年第11期）。

者以及取得人(非善意)根据《德国民法典》第 823 条第 1 款承担侵权法上的责任。

当发生陌生债务人对成员权的质押与变价时,真正的成员可以作为损害赔偿请求权的债权人向取得者提出请求。但是根据《德国民事诉讼法》第 857 条(对其他财产权的强制执行)与第 859 条(对共同共有份额的扣押),对成员权的扣押案例中,债权人可以引用执行程序的正当性,只有对成员造成人身的侵犯才有可能承担侵权责任,但不一定是侵犯成员权。

如果对成员权的侵犯并不是基于意定处分,而是一个陌生第三人或其他成员行使成员权,根据《德国民法典》第 823 条第 1 款和第 1004 条,权利人不仅享有不作为与妨害除去请求权,而且对于因成员权的行使而产生的财产损害,还享有损害赔偿请求权。①

二、对成员占有状态的侵犯:以违法剥夺抽象性优先认购权为例

每一个成员权的内容都通过所在团体的秩序来确定,因此,团体秩序的变更也相应影响成员权的内容。由于团体本身也是成员权作为特殊支配权的"权利标的",每一个涉及成员的团体章程规则的改变都会溯及成员权的内容。原则上,采取法人结构的团体的成员,必须接受包含必要多数的结构秩序的改变,作为团体秩序多数原则的部分同时也是成员权

---

① Vgl. Lutter Marcus, *Theorie der Mitgliedschaft*, 180 AcP, 84, 131(1980).

的内容。但是依多数原则对于结构的变动也必须尊重成员的占有状态。多数人的权限计划的结构变动，其内容方面无可指摘，但不能以少数人为代价。① 特别是在《德国股份公司法》第 304 条(支配合同和盈利支付合同中对外部股东的适当补偿)以下、第 320 条(通过多数决议加入公司)以下、《德国公司改组法》第 29 条(合并合同中给予对合并提出异议的股东一次给付补偿的要约)、第 36 条(新设合并适用第 29 条的规定)、第 125 条(公司分立适用第 29 条的规定)、第 207条(对公司形式变更改组决议表示异议的股东给予一次补偿的要约)②中所规定的补偿请求权，是对公司决议持异议的股东财产状况担保的体现。在这些情形下，相应的请求权设立是结构变更措施具备有效性的前提条件，并且在裁决程序中的请求权的内容能够被适当控制，就这点而言，对成员权的侵权法保护并未留有任何余地。但是，股份公司法中的优先认购权则具有不同的特点，除了公司法上的救济措施，股东也可以援用侵权法的一般规范来保护其优先认购权。

(一)抽象性优先认购权属于成员权的侵权法保护范围

根据《德国股份公司法》第 183 条第 3 款的规定，优先认购权可以完全或部分地被排除。但是，优先认购权的排除仅能在增资决议中作出，同时决议还需要由代表基本资本的至少 3/4 多数通过。章程可以规定一个更大的资本多数和提出

---

① Vgl. Wiedemann Herbert, *Rechte und Pflichten des Personengesellschafters*, WM, Sonderbeil. 7, S. 23(1992).

② 相关法条参见《德国股份法·德国有限责任公司法·德国公司改组法·德国参与决定法》，杜景林译，中国政法大学出版社 2000年版。

其他要求。只有在公司依据第 124 条第 1 款公告了优先认购权的排除议案且董事会就其细节作了书面报告的情况下，才可由决议排除优先认购权。根据《德国股份公司法》第 255 条第 2 款的规定，尤其是在新股发行价格过低时，决议是可以撤销的，因为老股东的份额将会由此被"稀释"。①

从《德国股份公司法》的立法可知，优先认购权受到了团体法的保护，原因是不当地排除优先认购权可能会损害股东的利益，所以，学界普遍认同将优先认购权纳入成员权的侵权法保护范围。但这种侵犯方式是针对成员权存续状态的侵犯，优先认购权的排除并不会完全清除股东的"成员权"，所以，侵害优先认购权在效果上与成员被除名以及被无权处分的情况不同。

优先认购权所保护的成员权的存续利益，可以这样理解，即由于成员权是与团体相关的特殊支配权，这种权利存在于团体中，当团体通过全体成员的意志使章程变更时，也会溯及成员权的内容。至此可以得出如下结论：优先认购权的违法排除是对成员权的侵犯，并且以特殊的股份法上的权利救济的优先地位为前提条件——以《德国民法典》第 823 条第 1 款和第 1004 条中股东的次级权利为基础。②

在认定侵犯优先认购权的事实构成时需要注意公司法的

---

① 但什么时候属于这种情形，是有争议的。Wiedemann/Frey, Nr. 401；Hüffer，§255 Rn. 5.1 转引自［德］格茨·怀克、克里斯蒂娜·温德比西勒：《德国公司法》，殷盛译，法律出版社 2010 年版，第 624 页。

② Vgl. Timm Wofram，*Minderheitenschutz und unternehmerische Entscheidungsfreiheit im Mutterunternehmen*，153 ZHR，60(1989) .

特殊性。由于优先认购权违法排除被视为是对老股东成员权的特别侵害，所以，主流观点认为，剥夺优先认购权有效性的原因在于维护公司利益，公司利益高于股东个人利益。[①]在此有一个问题，为什么立法者并未充分保护旧股东优先认购权，而是通过适用公司法的"平等待遇原则"和进一步采纳合适的发行价格来维护旧股东的利益？原因在于优先认购权的排除在法律构造上具有合理性，为了维护团体的利益，成员利益有时要服从团体利益，而这一点也是成员权的内容。

（二）对抽象性优先认购权侵犯的具体情形

1. 通过股东大会决议对优先认购权的侵犯

排除优先认购权的决议，假如不符合《德国股份公司法》第186条第3款、第4款形式上和实质上的有效性这一前提条件，则构成对成员权的侵犯。被排除新股认购权的成员，基于股东大会决议的侵犯，可行使《德国股份公司法》第243条以下的决议撤销权，使决议归于无效，使旧股东没有损失。

但是在一个正在执行的资本增加的过程中，旧股东总是经常遭受结果损害，这通过成功的决议撤销也是无法消除的。因为虽然排除优先认购权具有违法性，但是资本增加的过程导致了成员权的产生，根据瑕疵公司理论，从决议实施之后，新股票认购者与其影响作用一起不予考虑。[②]但是由此产生的对旧股东造成的损害赔偿责任却可以成立，尤其对

---

① Vgl. BGHZ 71, 40; BGHZ 83, 319; BGHZ NJW 1994, 1410.

② Vgl. Zöllner Wolfgang/Winter Martin, *Folgen der Nichtigerklärung durchgeführter Kapitalerhöhungsbeschlüsse*, 158 ZHR, 59ff. (1994).

于在登记注册之后与资本增加的无效宣告之间的时间段内已支付的股息体现了不正当的认购造成股权基于身份的财产损害。董事会和支持优先认购权排除的股东，如果存在故意或过失，根据《德国民法典》第 823 条第 1 款对于损害赔偿负有责任；而公司的责任则仍然受资本束缚原则的影响，即如果不影响资本担保与维持，则会承担责任，否则不承担。

2. 通过董事会行为对优先认购权的侵犯

根据《德国股份公司法》第 203 条第 2 款的规定，如果股东大会通过被准许的资本并且授权董事会排除优先认购权的，董事会如果存在故意或过失违法排除旧股东的优先认购权，则根据《德国民法典》第 823 条第 1 款与第 1004 条承担责任。董事会可能会与公司以及其他多数股东或监事会成员共同承担责任。

3. 康采恩公司中对优先认购权的侵犯

假如在一个子公司中增加资本，母公司的股东首先应当受到保护，母公司的董事会也必须独立于已计划好的优先认购权排除而遵守其股东大会决议。① 假如董事会搁置股东大会的邀请，则会造成对母公司股东参与权的侵害，但这并不是对母公司股东优先认购权的侵犯。但当母公司召开股东大会时，涉及在子公司中增加资本的决议，并不符合一个有效的优先认购权排除的形式和实质条件，被不法排除新股优先认购权的股东可以上述"通过股东大会决议对优先认购权的侵犯"的论述主张权利。

---

① Vgl. BGHZ 83，122，142ff.

三、对成员权的抽象财产权的侵犯

前文已探讨了成员权的抽象财产权(基本财产权)与具体财产权(独立财产权)的区别。只有前者属于成员权侵权保护的范围,后者受债法保护。根据前文的阐述,如果侵权行为必须以与成员权不可分割的抽象财产权为基础,那么成员权财产权的侵权法保护范围将减小到只有几种潜在的侵犯事实。

1. 对分配盈余抽象财产权的侵犯

(1)不实施盈余分配决议

实施盈余分配决议是资合公司和合伙中成员在持续参与团体财产增长过程中而享有的基于成员权的基本财产权利。"当股东能够追求基于固定结算而得到红利的请求权时,对于公司机关的拒绝以及根本排除结算,却是无能为力的。"[①]但是对于这种权利,现今的主流观点是单个成员享有向团体请求分配固定年终决算的结算红利的请求权。[②] 如果团体章程没有预先规定一项独立的盈余使用决议,而盈余使用的决议是确定年终决算的决议的客体,应当承认股东要求实施决议的请求权。[③] 从侵权法的角度来考虑,不作出相应决议可以被看作是对团体财产中"公用"的基本财产权的侵犯。此外,团体和对此负有职权的机关拒绝确定年终决算(具体的

---

① ROHG 25, 307, 310f.

② Vgl. Zöllner Wolfgang, Die sogenannten Gesellschafterklagen in Kapitalgesellschaftsrecht, ZGR, 392, 416ff. (1988).

③ Vgl. Wiedemann Herbert, Organverantwortung und Gesellschafterlkagen in der Aktiengesellschaft, Köln: Westdeutscher, 1989, S. 53.

盈余分配请求权的基础)以及停止盈余使用决议(成员的具体盈余分配请求权依据法律或章程以此为先决条件),都构成对成员基本财产权利的侵犯。

根据侵权法的普遍原则,不作为侵权只有在特定关系中负有作为义务时才承担责任。不实施盈余分配决议属于不作为,只有当团体法在相关成员的关系中预先规定了对有问题行为的实施负有义务时,相关义务人才负有责任。对于盈余使用决议,特别是资合公司自身确定年终决算的决议,股东根据忠实义务负有表决义务;根据《德国民法典》第31条的规定,社团的责任取决于机关及其成员对不作为义务的违反;当然,机关成员的责任与社团及其成员的责任不同,机关及其成员的责任是以年终决算的准备和编制为基础,而年终决算是具体的支付请求权或是盈余使用决议的基础。

(2)违法的盈余分配决议

就年终决算的确定或者盈余使用决议的实施,盈余使用决议的内容可能侵犯成员的基本财产权,准备和实施决议的其他股东和机关成员负有责任。多数情况表现为多数股东形成公积金决议影响盈余分配。由此可以看到分配盈余的抽象权利受到侵犯,与上述所提到的不实施盈余分配决议的情形并不相同。

当然,成员权的侵权法保护范围以及被许可的利润积累的限额,并不能根据《德国民法典》第823条第1款决定,而是由作为指示规范的规章决定,即根据各自的团体法。但是,对违法的盈余分配决议的侵权认定,有利于少数人主张权利,即使盈余使用决议被撤销以及无效也不能排除股东的损害赔偿请求权。

154

2. 对剩余财产分配抽象财产权的侵犯

成员权除了对利益的参与权，还体现为团体存续期间成员对归属于团体的共同财产的参与权，由此，成员权使共同财产的所有人在团体解散时有权参与清算收益，或者同意给予从之前团体退出的成员一项补偿请求权。对团体财产的公用(Entwidmung)的基本权利属于成员权中的参与权，所以，侵犯共同财产分割结存额的基本财产权很大程度上与侵犯盈利分配基本权利的事实构成类似，即不实施共同财产分割结存额或实施违法的共同财产分割结存额。侵犯成员权的基本财产权可能导致对具体财产权的侵犯。

3. 界定问题

通过前文的阐述已表明，成员权中财产权方面的侵权法保护是受到限定的，即只有侵犯了抽象的财产权，才能依据《德国民法典》第 823 条第 1 款受到保护。此外，对于成员权中财产权方面的侵权行为还应当作出如下限定：一方面，因团体受到损害造成股份价值的减少并不纳入《德国民法典》第 823 条第 1 款的保护范围；对团体的损害，虽然成员的财产利益会有"反射性"影响，但并不构成对成员权中财产权的侵犯。这一点前文已有论述，在此不赘述。另一方面，对股票交易所价格的影响也不构成对团体成员权中基本财产权的侵犯。因为股票虽然体现股份有限公司的成员资格，但它本身并不是价值权利①，也不是"公用"的团体财产，并不涉及对

---

①　Reuter 认为成员权是一种价值权利，参见 Reuter Dieter, *Die Mitgliedschaft als sonstiges Recht im Sinne des* § 823 Ⅰ *BGB*, Festschrift für Hermann Lange, S. 707, 718 (1992); Franz Jürgen Säcker /Roland Rixecker, Münchener Kommentar zum Bürgerlichen Gesetzbuch, Bd. 1 (§ § 1-240), 6. Aufl., München: C. H. Beck, 2012, S. 690, Reuter 参与编写部分。

团体价值的影响。对这一点的理解，可以与典型的支配权——所有权进行比较，所有权同样不直接针对财产所有者的财产价值保护，这对于成员权中财产权的保护限定具有参照意义。

四、对成员权的参与权的侵犯

参与权，即参与团体的意思形成，又称为组织关系权（Organschaftsrechte），也被译为机关形成权。① 通常认为包括参与成员大会的权利、表决权以及对社团机关的选举权和被选举权。②如前所述，成员权有广义与狭义之分。本部分主要在广义上使用成员权。

当管理机关、其他团体机关或者外部的第三人侵犯成员的权能并且使成员权的参与权落空，单个成员可根据《德国民法典》第 823 条第 1 款、第 1004 条第 1 款主张不作为请求权、除去请求权和损害赔偿请求权。不论侵犯哪种具体的参与权，成员都可主张上述请求权。除了根据《德国商法典》第 115 条第 1 款和《德国民法典》第 711 条第 1 句的成员大会的参与权、发言权和投票权以及异议权，以法定的或私法自治为基础的共同决议权也受到保护。

1. 侵犯参与管理权示例

本书以股份公司法和有限责任公司法中几种具体的管理

---

① 参见［德］卡尔·拉伦茨：《德国民法通论》（上册），王晓晔、邵建东等译，法律出版社 2003 年版，第 222 页。

② Vgl. Franz Jürgen Säcker/Roland Rixecker, Münchener Kommentar zum Bürgerlichen Gesetzbuch, Bd. 1（§§1-240）, 6. Aufl., München: C. H. Beck, 2012, S. 689.

行为为例，阐述管理行为侵犯成员全体的职权乃至成员个人的参与管理权。

(1)康采恩①结构调整的措施

肇始于 Holzmüller 一案，属于股东大会职权范围内的事务，董事会若采取业务执行而未召集股东大会，则可能构成侵犯成员的参与管理权。但是哪些具体情况属于股东大会职权，除《德国股份公司法》第119条第1款规定的情形外，并不明确，理论上主要讨论康采恩的结构调整、子公司的上市、股票期权计划和退市，但到目前为止，还没有得出一个具有归纳能力的大前提。② 康采恩形式的母公司如果进行公司结构的变更，而忽视公司外部股东的发言权，或者在多级的企业关联(公司控制)中，独立公司的执行措施未考虑其他公司中机关及成员的要求，这将导致对其他公司股东大会职权的侵犯，甚至侵犯股东参与管理权。③

(2)以公司合同为基础的采纳决议的义务

在有限责任公司中较有实践意义的是股东决议可以针对业务执行下达指示的内容(《德国有限责任公司法》第37条第1款)。对于特别重要的非通常性事务，业务执行人也有义务让股东会来处理。所以，如果业务执行人忽视股东会的职权，也会使成员失去合同中所规定的作为成员权组成部分的

---

①　德国法中的康采恩(Konzern)不是一种独立的公司形式，它属于企业集团，是公司法的范畴。

②　参见[德]格茨·怀克、克里斯蒂娜·温德比西勒:《德国公司法》，殷盛译，法律出版社2010年版，第529~530页。

③　Vgl. Zöllner Wolfgang, Inhalt und Wirkung von Beherrschungsverträgen bei der GmbH, ZGR, 173, 185(1992).

参与权，这样公司和业务执行人将根据第 823 条第 1 款和第 1004 条负有相应责任。①

（3）隐形盈利分配

假如公司向股东提供一项不是股息支付或章程规定的薪酬的其他给付，且没有等量的对价与之相对应，则被称为隐形的盈利分配（Verdeckte Gewinnausschüttung）。② 在德国公司法中，不论是有限责任公司还是无限责任公司都禁止隐形盈利分配，但股份有限责任公司由于其严格的资本维持制度，只可以从年度财务会计报告确认的决算盈利中进行股息分配（《德国股份公司法》第 57 条第 3 款），所以禁止隐形盈利分配也更为严格。因此，如果公司将隐形盈利分配给特定成员，则构成对团体意思机关职权和其他成员参与权的侵犯，其他成员对于特定成员（如果该成员公司还包括其股东）、对分配负有责任的管理机关可以提出请求。从法律后果上看，依《德国民法典》第 1004 条和第 823 条第 1 款可以先提出不作为请求权，受领人有义务提出恢复原状预案且对公司负有返还担保。③

2. 瑕疵决议对参与权的侵犯

成员的参与权不仅会受到管理行为，还会受到许多其他措施的侵犯。例如，忽视平等对待原则引用事后最高的投票

---

① Vgl. BGH WM 1990, 1240.

② 参见[德]格茨·怀克、克里斯蒂娜·温德比西勒：《德国公司法》，殷盛译，法律出版社 2010 年版，第 350 页。

③ Vgl. Binge Christoph, Gesellschafterklagen gegen Maßnahmen der Geschäftsführer in der GmbH, Köln：Carl Heymanns, 1994, 158f.

而侵犯表决权①；再如，通过未邀请股东②或者通过确定一个在外国预定的大会地点，或者用更明确的措施，如通过切断大厅麦克风侵犯特定股东的发言权，③ 通过不考虑投票的提交侵犯表决权或者通过不邀请一个确定的股东或者通过拒绝进入集会大厅侵犯参与权。毫无疑问，上述情形都符合第823条第1款和第1004条的事实构成。

(1)股份有限公司和有限责任公司

理论上，决议瑕疵法律属于德国公司法总论的内容。股份公司法的决议瑕疵规定比较完善，瑕疵股东大会决议分为无效与可撤销两种效力。《德国股份公司法》第241条列举了无效的理由，主要有召集瑕疵、决议制作瑕疵、内容瑕疵、违背善良风俗、成功的撤销之诉、官方的注销程序。无效可以由任何人以任何方式主张，撤销的理由可以以无效的理由提起。此外，不属于无效的程序和内容瑕疵依据《德国股份公司法》第243条的规定。每个股东都有撤销权，董事会及其成员以及监事在特定情形下也有撤销权，撤销之诉在决议之后的一个月内提起。

有限责任公司法律并未规定决议瑕疵。该漏洞通过适用相应的股份公司法的规定(《德国股份公司法》第241条及其后条款)来填补，但也要顾及有限责任公司的特殊性。④ 决议可分为无效和可撤销，如果决议内容违反善良风俗、强制

---

① Vgl. BGHZ 70, 117, 121ff.

② 未邀请股东的决议无效，参见 BGHZ 36, 207, 211；BGH WM, 1983, 1354, 1355；

③ Vgl. LG Stuttgart NJW-RR 1994, 936.

④ Vgl. BGHZ 11, 231, 236；BGHZ 101, 113, 116ff.

性法律(主要是基于公共利益)、基于债权人保护而制定的法律,适用《德国股份公司法》第241条(但应该比照有限责任公司法律对形式要求规定进行修正)时,决议无效。① 其他瑕疵,特别是违反任意性的法律规则、程序规定或者章程规定,仅导致决议的可撤销。

关于决议瑕疵,法律赋予股东个人撤销权,是因为瑕疵决议对股东参与权、发言权、信息权构成侵犯而采取的法律救济。

(2)其他团体类型

合伙法与社团法不适用《德国股份公司法》第243条以下的规定,对于团体的决议没有无效和可撤销的划分。② 决议违反法律、善良风俗或合同或章程规定,其本身有瑕疵,原则上是无效的。但在具体情况下,应该区别对待,违背单纯的程序性规定不导致决议无效。此外,还必须在瑕疵和表决结果之间存在因果关系。③ 决议形成过程中的瑕疵可以通过事后同意来治愈,而同意也可以默示作出。股东可以通过民事诉讼程序针对其余股东的确定之诉主张决议瑕疵。④

3. 通过不执行肯定性决议以及通过执行否定性决议侵犯参与权

---

① 涉及违背善良风俗的是 BGHZ 15, 382; 涉及严重形式瑕疵的是 BGH NZG, 2006, 349.

② 主流观点: BGHZ 85, 350, 353. BGH, NJW-RR 1990, 474. 但也存在不同观点, Schmidt, Karsten, Die Beschlußanfechtungsklage bei Vereinen und Personengesellschaften, in: Festschrift für Walter Stimpel, 1985, S. 217.

③ Vgl. BGH NJW 1987, 1262, 1263.

④ Vgl. BGH NJW 1999, 3113.

合伙的业务执行由股东自己执行(自营机关原则)，而公司和社团的业务执行由特定的机关执行(他营机关原则)。但商事合伙可适用单独业务执行原则(《商法典》第114条和第115条)，而且合同可以任意规定其他规则。但无论适用哪种执行原则，对于决议的执行是对成员参与权的尊重，而不执行肯定性决议和执行否定性决议都将构成对成员表决权的侵犯。

综上所述，成员的参与权是成员权作为特殊支配权的核心权能。对于参与权的保护，除了决议瑕疵法律规定的瑕疵决议的侵犯行为之外，在团体内部重要的侵权行为是管理行为或者其他机关对于成员大会职权范围或者单个成员参与权的侵犯，对于否定性决议的执行或者肯定性决议的不执行。在两种情况下，成员个人基于《德国民法典》第823条第1款和第1004条，不仅可向团体，也可向负有责任的管理机关或监督机关中负有责任的成员，以及其他的团体成员提出不作为请求权、除去请求权和损害赔偿请求权。

五、对成员的信息权的侵犯

信息权是成员权的重要组成部分，它是一种辅助性的权利，有利于参与权、财产权等其他成员权的实现。由于团体形式的不同，关于信息权的规定有所差别，但并非实质性的差别。所以，团体成员可以要求提供行使权利所必要的信息，这一权利也适用于所有团体。如果有关团体的信息权的规定存在漏洞，填补漏洞可以参照正式组织的团体的相关规定，比如按照《德国股份公司法》第131条的规定。

成员大会之外具体的信息的获得以给付之诉的方式或者

其他可执行的强制程序实现，成员的这种信息权接近于《德国民法典》第810条所体现的债法的信息请求权。① 在《德国股份公司法》中，就股东大会上的信息权(询问权)而言，如果不符合可以拒绝的情形而拒绝股东的询问权可以导致决议的撤销或无效(《德国股份公司法》第243条第4款)。由此造成的个人损失，可否主张侵权法保护? 在旧的《德国股份公司法》中，董事会的成员在违反答复权的情况下要承担侵权责任；而《德国股份公司法》第131条的规定被认为属于《德国民法典》第823条第2款意义上的侵权法保护。② 较早的资料一致认为失去信息权的成员依据《德国民法典》第823条第2款主张请求权，对于信息权保护是依据《德国民法典》第823条第1款的管理机关成员的责任只有个别的支持者；现今，后一种观点却成为主流观点③，也就是说，对信息权的保护是依据《德国民法典》第823条第1款。

　　成员权被认为是绝对权中的支配权，信息权作为成员权实现的重要的辅助性权能也应当受到保护。因为对信息权的侵犯也会影响成员权本身，尤其是参与权这一重要权能的实现。信息权的侵犯主要以拒绝提供所要求的信息和通过不作为的方式。所以，当信息权受到侵犯，成员可以依据《德国民法典》第823条第1款和第1004条主张请求权。

---

① Vgl. Schmidt Karsten, Informationsrechte in Gesellschaften und Verbänden, Heidelberg：Verl. -Ges. Recht und Wirtschaft, 1984, S. 43ff.

② Vgl. Parbst, *Das Auskunftsrecht des Aktionär*, BB, 149, 150 (1956).

③ Vgl. Franz Jürgen Säcker/Roland Rixecker, Münchener Kommentar zum Bürgerlichen Gesetzbuch, Bd. 1 (§§1-240), 6. Aufl. , München：C. H. Beck, 2012, S. 691f.

第三节　英美法系对成员权的法律救济

美国以案例为视角，针对股东提起的诉讼，区分为股东直接诉讼和代表诉讼，适用的标准是损害标准和权利标准。典型的表述是："在判断某一诉请是派生的还是股东个人的，法院必须考虑损害的性质以及被侵害的权利的性质。当损害是股东个人的、是由于股东权利受到侵害造成的，股东可以提起直接诉讼。反之，若损害是公司的而仅仅附带影响股东，那么股东应当提起代表诉讼。"①所以，美国对于股东权利的探讨，是司法实践中为区别于股东代表诉讼而展开的。

美国法律研究院通过并颁布的《公司治理原则：分析与建议(下卷)》第一章分析"派生诉讼"，第一节中探讨了"直接诉讼与派生诉讼的区别"。② 学术界对于股东直接诉讼维护股东个人权利的诉讼类型进行了归纳和总结，多数法院把下列诉讼视为直接诉讼，也就是说，认定此类案例是股东维护其股权的案例：(1)请求行使表决权、保护优先购头权、禁止对表决权的不当稀释或禁止不当表决的诉讼；(2)请求分红或保护迟付股利的诉讼；(3)质疑为不正当目的利用公司机制或发行股票(如企图永久控制公司经营或妨碍现有股东合法行使投票权)的诉讼；(4)禁止越权行为或未经授

---

① Dowling v. Narragansett Capital Corp. , 735 F. Supp. 1105, 1113 (D. R. I. 1990). 转引自李小宁：《公司法视角下的股东代表诉讼》，法律出版社 2009 年版。

② 美国法律研究院：《公司治理原则：分析与建议(上、下卷)》，楼建波等译，法律出版社 2006 年版，第 529 页。

权行为的诉讼；（5）防止对小股东的压迫或欺诈的诉讼；
（6）请求解散公司、任命接管人或获得类似衡平法救济的诉
讼；（7）质疑通过合并、回赎或其他方式对股东的不正当驱
逐；（8）检查公司账簿和记录的诉讼；（9）要求召开股东大
会或由此发送通知的诉讼；（10）要求控股股东对其以个人身
份从事损害小股东股份价值的行为承担责任的诉讼。①

　　美国法律研究院对直接诉讼的归类，多数情形与德国学
者所归纳的表决权、信息权、参与权等非常接近，而且股东
起诉的对象不仅是公司还可以是控股股东、公司董事。这些
判例与德国理论所确立的成员权作为一种法律关系，不仅存
在于股东之间，也存在于股东与公司及公司管理人之间的论
断是非常接近的。本节将重点以美国典型的股东直接诉讼为
例探讨美国法上股权的保护及救济。

一、表决权之诉

（一）典型案例

莱弗斯纳德诉匹兹堡户外广告公司
（Reifsnyder v. Pittsburgh Outdoor Advertising Co. ）②

　　案情概要：原告莱弗斯纳德是少数股东的诉讼代表人，
起诉被告匹兹堡户外广告公司(宾夕法尼亚州的公司)及其董

---

① 美国法律研究院：《公司治理原则：分析与建议(下卷)》，楼
建波等译，法律出版社2006年版，第530~531页。
② 405 Pa. 142，173 A. 2d 319(1961).

事和高级管理人员。原告是被告的股东。原告起诉被告是由于原告质疑在股东会议上由大股东表决通过的一个决议的效力。该决议授权公司购买大股东所持有的公司的股票，增加公司的负债是为了支持公司对股票的收购。原告提出该决议无效并请求恢复原状。在一审的判决中，原告败诉，后原告上诉。

(二)判决观点

宾夕法尼亚高等法院认为，莱弗斯纳德(Reifsnyder)先前的诉讼主要包括三个部分内容。

第一部分包括 21 个段落，这些段落主要包含对质疑决议的评价以及对相关事实的陈述。

第二部分包含一个请求，请求法院判决：(1)基于"持有流通股(outstanding shares)的大多数股东有权投票"而作出的增加负债的决议不应被采纳；(2)在增加负债方面，大多数的流通股需要授权，而这种授权可能仅仅得到了公司的普遍支持(公司大多数股东)；(3)持有大多数公司股份的股东无权在会议上对增加匹兹堡户外广告公司负债的决议进行投票；(4~7)增加负债是不正当的授权，而且出于这样或者那样的原因，增加负债的决议也是无效的，同时这个决议对于作为上诉人的股东权利会产生不利的影响；(8)持有大多数股票的股东没有资格被授权对购买股票的决议进行投票；(9)被告在会议上投票或者认可对持有大多数股东支持公司购买股票的决议的行为是有害的，而且会损害作为上诉人的股东的权利；(10)被告购买匹兹堡的股票，这些股票由公司大多数股东持有……被告的这一行为导致了公司权力的错误行使，这样行使公司权力对大股东是有好处的，但大多数股东违反了对少数股东的义务……（12）购买股票的价格是过高的。①

第三部分请求法院判决将现状恢复到采纳决议之前的情形。如果指控被第二部分中的"（12）"款限制，我们可能局限性地认为，先前的诉讼是衍生的，因为在公司被收购的过程中，公司的股东和高级管理人员过度支付会损害公司的利益，同时会间接损害个别股东的利益。所以由股东提起的一个质疑性的诉讼具有衍生的性质。然而，指控并非如此受限。第二部分已经明确地阐明大股东对决议有个人利益，如果大股东有资格被授权对他人购买自己的股权的决议进行投票，这似乎很成问题。换言之，大股东有权对相关决议进行投票，同时该决议体现了他有直接的个人经济利益，这是先前诉讼行为的控诉要点。

法院并不否认股东有参与重要事宜的投票权，但大多数股东对少数股东负有信义义务。

一般而言，公司法对少数股东的规定不是一个恒定不变的状态。新的规则与法律不断获得认可，新变化不断被立法机关和司法机关所采纳。有一点应当被肯定，即股东最终将在某些情形下被禁止对有关自己直接财产利益的决议进行投票。

如果股东在有关自己利益的事项上不能投票变成法律条文，那么受害的股东将有权向享有投票权的股东提起诉讼，或者要求公司的高级管理人员依据这些股东的投票废除这一决议。从本质上说，一些实例中受害股东通过挑战和取消不

---

① 405 Pa. 142, 173 A. 2d 319(1961), P321.

适格股东的投票权，保护了自己的投票权不被淡化。对于享有股权的股东来说，投票权是一项基本的权利，而且这一权利独立于公司的其他权利，股东可以通过提起直接诉讼来保护这一权利。因此，先前的指控是一个初级的指控，而且这个指控是股东为了保护自己的投票权利。所以当一个股东为了保护自己的投票权而提起诉讼，先前的行为就被定义为直接诉讼。

（三）本书评议

本案的焦点问题是大多数股东对涉及自身财产利益的事项行使表决权，该决议是否有效。在本案中，由于该决议实际上是大多数股东对少数股东利益的侵害，违反了股东之间的信义义务，构成对少数股东表决权的侵害。在美国法中，将少数股东所提起的维护自身表决权的诉讼定性为直接诉讼。在此诉讼中，股东主张的是投票权受害，同时大多数股东违反了股东之间法定的信义义务。从比较法的角度，德国法将表决权（依法决议权）作为支配权保护，与美国法对表决权保护的法律效果是相同的，受害人可请求恢复原状。

二、分红之诉

（一）典型案例

纳普诉银行证券公司
（Knapp v. Bankers Sec. Corp.）[1]

案情概要：原告纳普（Thomas P. Knapp）是宾夕法尼亚州一个银行证券公司的股东，起诉该公司未宣布股息分红，

---

[1]　230 F. 2d 717（3d Cir. 1956）.

公司提出在提交答复之前，原告须提交担保费。原告股东遂起诉公司和董事。美国东区的宾夕法尼亚地区法院的首席法官基尔特帕特里克，根据 17 F. R. D. 245，否认了这个请求，所以公司进行了上诉。上诉法院的法官 Maris 认为这一诉讼是一个执行股东人身性的宣布分红的权利，不是强制执行股东附属的派生性权利（根据宾夕法尼亚州的规定，在股东的附属性派生性诉讼中，公司有权要求股东支付担保费）。

(二) 判决观点

在本案中，上诉法院法官 Maris 认为，宣布纯利润的分红取决于董事会的自由裁量权，这是公司法的基本原则。然而，在某些情况下，股东可以强制宣布股息。当公司有盈余时，如果股东有欺诈行为或者随意拒绝股息的分红，这可能导致股东不经过董事会的同意就分红，或者股东可能寻求法律的救济。在这个案件中，原告的救济权是一种平等的权利。股东在这样一个诉讼中寻找救济，如果是个人的行为损害了股东的利益，股东将运用自己的权利进行救济；如果是公司的行为给股东造成了损害，那么股东可以运用公司赋予他的权利进行救济。① 然而，法官认为根据宾夕法尼亚州的法律规定，迫使公司宣布股息分红应当是股东个人的权利而不是公司的救济权利。当考虑谁是受损害的一方——公司还是股东，法官会考虑诉讼结果谁会得到好处就能得出结论：分红权是股票拥有者的事情。事实上，直到红利被宣告以后，利润的分配通常也不能被强制执行，但是这并不影响股东分享公司纯利润的基本权利。如果董事错误地保留了分红

① 230 F. 2d 717(3d Cir. 1956)，P720.

宣布，那么股东就会成为受害方。即使公司可能在某些情形下有诉讼的权利，但是这并不影响其授予给股东执行他们个人的宣布红利的权利。①

(三)本书评议

本案的主要争议点是强制宣布股息是股东保护个人权利的直接诉讼还是维护公司利益的派生诉讼。法官认为请求强制宣布股息是股东个人的权利，并未损害公司的利益，所以不是派生诉讼，而是股东的直接诉讼。宾夕法尼亚州《公司法》第152条规定，股东强制申明股息案件的基础是他们在公司纯利润分配过程中的基础性权利。类似于德国法中的股息分配权是股东的固有权，美国法中股东请求宣布股息的权利也是股东基于股东资格的权利。从本案中可以得出，美国判例法保护股东强制董事宣布分红的基本财产权。

三、主张交易不当削弱股东在公司中相应的利益或损害股东优先购买权之诉

(一)典型案例

案例一：康德克公司诉兰肯艾麦公司、美国工业股份有限公司和美国工业公司
(Condec Corp. 2d v. Lunkenheimer Co.)②

案情概要：原告为康德克公司，一个纽约公司，被告为兰肯艾麦公司、美国工业股份有限公司和美国工业公司特拉华州公司。原告为被告兰肯艾麦公司的股东。被告兰肯艾麦

---

① 230 F. 2d 717(3d Cir. 1956)，P721.
② 43 Del. Ch. 353，230 A. 2d 769(1967).

公司欲将 75000 股份与美国工业股份有限公司进行股权交换。兰肯艾麦公司与美国工业股份有限公司的子公司美国工业公司签订合同。原告认为被告的行为侵害了其作为股东的优先购买权，应当取消股票发行。特拉华州衡平法院认为，兰肯艾麦公司与美国工业股份有限公司的股权交换协议损害股东康德克公司的优先购买权，不属于商业谈判，撤销拟发行股票。

案例二：艾姆斯对沃伊特等的诉讼
（Ames v. Voit）①

案情概要：原告是安·F. 艾姆斯等人，被告是阿尔文·A. 沃伊特和门格尔公司。门格尔公司向阿尔文·A. 沃伊特发行 10000 股普通股，条件优惠，但未召开股东会。安·F. 艾姆斯和其他类似地位的人对阿尔文·A. 沃伊特和门格尔公司提起诉讼，要求在期权届满后，禁止被告个人行使、接受或利用被告公司的 10000 股普通股的权利。被告公司要求原告提供担保金，理由是原告实际上发起的是有利于被告公司但针对个人被告的衍生诉讼。地方法院法官雷贝尔·J. 认为该诉讼是因为原告作为股东的权利受到威胁性损害而发起的代表诉讼，不是衍生诉讼，因此要求股东在某些衍生诉讼中给出担保金的纽约法规在这里不适用。对被告公司根据《纽约普通公司法》提出的要求原告给出担保的动议予以否决。

---

① 97 F. Supp. 89, 92(S. D. N. Y. 1951).

(二) 判决观点

案例一:

原告康德克公司是在第二次世界大战早期成立的,名为联合柴油电气公司。在过去的十年里,它从一个只有一个工厂,雇佣 650 人的企业成长为一个有十个工厂,雇佣 2000 多人的企业。根据 1967 年 4 月 21 日的招股说明书,该公司邀请了被告兰肯艾麦公司的股东们进行股票投标,康德克 1966 年的商业销售额占其业务的 45%,占其利润的 3/4。为了支付其在 4 月 21 日的出价基础上进行廉价购买并且现在已同意购买的兰肯艾麦公司的 19000 多股股票,康德克将承担 8250000 的额外负债。

被告兰肯艾麦公司已经存在了一百多年,在此期间它从事制造各种阀门。兰肯艾麦公司与哈蒙德阀门公司进行竞争,哈蒙德阀门公司是康德克的一个子公司。兰肯艾麦公司根据克莱顿和谢尔曼法案对康德克公司提出诉讼,寻求司法救助以对康德克公司购买兰肯艾麦股票控股权的行为实施禁制令。这起诉讼的理由据称是这种收购将大大降低竞争力,因为康德克拥有对哈蒙德阀门公司的所有权。1967 年 5 月 5 日,美国纽约南区地方法院拒绝准予临时禁令。兰肯艾麦公司的业务收购似乎对很多多元化现代产业很有吸引力,几个月来不仅是原告和被告美国工业股份有限公司,德事隆公司也表示有兴趣与兰肯艾麦建立某种业务连接。1967 年 5 月 10 日,被告美国工业股份公司与兰肯艾麦公司签订了一项购买后者资产的合同。这份合同,如果获得多数兰肯艾麦股东的批准,可能会导致美国工业股份有限公司接管兰肯艾麦公司的业务。

1966年12月初，康德克总裁谢弗雷先生和兰肯艾麦董事鲁塞利先生，请求并被批准与后者总裁和其他主要官员在辛辛那提的兰肯艾麦公司办公室举行会议。康德克的最初提议是两个公司进行合并。然而，最初试图吸引兰肯艾麦公司与康德克公司进行业务合并的直接努力并未取得成功。

1967年5月7日，美国工业股份有限公司代表与兰肯艾麦代表原则上达成协议，要求大约416000股美国工业股份有限公司特别优先股股份与兰肯艾麦公司的资产进行无税交换。此协议的公告于5月8日在《华尔街日报》的电报中作出。出售如果得到批准，随后在以股换股的基础上，兰肯艾麦公司股东将可以用他们的股份换取美国工业股份有限公司的股份。1967年5月9日，兰肯艾麦公司和美国工业公司（美国工业股份有限公司的全资子公司）签订了股票购买协议，议题是获得授权但尚未发行的75000股兰肯艾麦公司的股份，但这些并未在上述声明中提到。

法院认为，兰肯艾麦公司发行75000股额外股票的直接结果是，使康德克公司成功对其大部分股票进行招标的举动失去作用。作为将兰肯艾麦公司的资产转让给美国工业股份有限公司的先决条件，发行此类股份的真正原因是什么呢？兰肯艾麦公司与美国工业股份有限公司的匹配股份数量为75000，如果它们留在兰肯艾麦公司的财务部，则将由买方控制。因此，实际需要支付给兰肯艾麦公司资产和分配给兰肯艾麦公司股东的股票数量为416000股。由于兰肯艾麦公司和美国工业股份有限公司于5月7日在后者公司的纽约办公室达成的基本交易是匆忙敲定的，且随后决定让兰肯艾麦公司发行 75000 股新股，其中相当少的一部分股份将用于维持兰肯艾麦公司作为一个公司实体的继续存在，法官得出的结论是，发行这种股份的主要目的是防止兰肯艾麦公司的控制权转移至康德克公司，并且使这种控制权转移到美国工业股份有限公司手中。

虽然《特拉华州宪法》的条款 IX § 3 和诉讼案 8 Del. C. Ann § 152 规定了认购或购买特拉华州公司股本的动机规范，即股份不得以不正当目的发行，例如，接管他人的投票控制权。像在亚斯科对瓦赫特尔的诉讼中（25 Del. Ch. 247，17 A. 2d 309）陈述的："最基本的是董事们与公司及其股东保持信托关系，他们的主要职责是公平公正地处理事务。"除了考虑优先权外，董事们利用发行股份以实现不当目的(例如不顾被夺取控制权的股东们的异议，使特定的某个人或团体继续维持或获得投票控制权)是违背此责任的。

衡平法院副大法官马弗尔认为：尽管有证据表明第一个公司被告与原告的子公司进行竞争，并且根据反垄断法对原告发起了诉讼，但整体证据表明，将被告获得授权但尚未发行的股票与认购者母公司(另一个被告)的优先股进行交换的协议是不合理的，因为它通过简单的股票交换的行为不合理地打击了其他股东，使公司股东(原告)在公司事务中的发言权和影响力被削弱，而这种行为不会给该公司的财务带来任何利益，与股票的期权计划或公司其他正当目的没有关系，且其主要目的是减少康德克公司的兰肯艾麦公司股票的持有量，使其低于大多数。法院作出最终决议，取消于 1967 年 5 月 9 日向被告美国工业股份有限公司发行的 75000 股获得授权但尚未发行的兰肯艾麦公司股票。

案例二：

原告诉称，她从 1947 年 7 月 31 日起就拥有了公司股票。公司在 1949 年 10 月允许被告沃伊特以每股 10 美元的价格购买 10000 股公司股票的期权（特别会议于 1945 年 2 月 27 日召开，该会议并未规定允许以这样的方式取得股票期权）。期权条款要求期权须在 1949 年 12 月 31 日前行使，并规定以现金换取股票；实际上，1949 年 10 月的决定是一个新期权；经调查，公司并未召开这样的会议。

法院认为，沃伊特并没有在规定时期内（1945 年 2 月 27 日）正确行使 1945 年 2 月 27 日股东授权的期权，并且现在期权已到期。董事会的行为和沃伊特的行为不符合章程要求；该章程要求 2/3 的股东同意发行未发行的股票；但是在新期权这件事上从来没有征询过股东的意见，所以新期权是非法和无效的。

原告诉称，所述的 10000 股公司普通股的转让将对原告和处于相似地位的其他股东造成不可挽回的损失，因为（1）它将剥夺所述股东购买上述股票的优先权。（2）通过批准沃伊特行使其所谓的期权或接受其付款，公司将承认期权的有效性。（3）此后，公司董事会便不会要求或请求沃伊特对其利润和公司损失进行解释。（4）原告及公司的其他股东的相应地位将被剥夺。①

法院认为，作为股东的权利受到了威胁性损害，股东提起诉讼是由该股东代表所发起的代表性诉讼，并不是原告为

---

① 97 F. Supp. 89，92（S. D. N. Y. 1951），p. 91.

了维护公司权利而代表公司发起的衍生性诉讼。对救济的要求不会导致任何有利于公司的主要或直接利益的判决。该起诉旨在阻止该公司做出一项股东声称对其权利有害的行为，并且该行为对公司有利或有害是无关紧要的。该公司实际上是此诉讼的被告。所以，该诉讼为股东维护自身优先购买权的直接诉讼。

(三)本书评议

第一个案件的主要争议点是当公司以合同的方式(表面合法)与其他公司达成股权交换协议，而实际上侵害了其他股东在公司中相应的利益时，其他股东的权益是否应当予以保护。第二个案件的主要争议点是当公司发行新股的方式不符合章程的要求且未经股东大会决议表决，是否侵害了股东的优先认购权。在德国法中，这种侵犯股东利益或优先购买权的行为视为对股权占有状态的侵犯，可请求恢复原状或金钱赔偿。在第一个案例中，由于股票尚未发行，所以法院作出取消未发行的股票的判决，可达到恢复原状的效果。第二个案件则认可了股东直接诉讼的性质。

四、知情权之诉

(一)典型案例

坎那诉科尼与普纳次公司及其他公司
(Kahn v. American Cone & Pretzel Co.)①

案情概要：原告是被告西弗吉尼亚公司的股东，被告在

---

① 365 Pa. 161, 74 A. 2d 160(1950).

宾夕法尼亚注册做生意。原告向宾夕法尼亚州法院提起诉讼，强制公司和其他法人允许他检查该公司的账簿和显示公司股东姓名和地址的记录。法院认为，原告提起诉讼的动机是希望组成一个优先股股东保护委员会，以便于自己的投资。被告是公司的两位高级管理人，这两人是宾夕法尼亚人。此外，该公司在宾夕法尼亚州保留其主要营业地，并且保存了原告希望检查的账簿和记录。一审法院作出了判决，给原告发布强制令状，被告提起了上诉。

(二)判决观点

宾夕法尼亚高等法院认为，根据判例与《宾夕法尼亚州商业公司法》(以下简称《商业公司法》)规定，就联邦对外地注册公司的权力行使而言，法律解释并不包含授权管理外地公司的内部管理事务。通常而言，本地法院对外地公司内部的事务管理以及规制是没有管辖权的。然而，通常的规定是就司法管辖权的范围而言，授权检查外地公司的账簿和记录不会侵犯外地公司的权益。在许多案件中，法院享有对外地公司的账簿检查权的审理管辖权，所以强制公司这样做，并且同时要求保管账簿的人员允许适当的人员在管辖权的范围内进行检查和复制。根据冲突法重述及相关规定，法院将接受外地股东的诉讼，迫使公司的管理人员允许股东检查在州内的公司的账簿和记录，宾夕法尼亚州的相关判例是符合这一原则的。

根据冲突法重述的相关规定，在决定外地公司的股东在何种条件下及何种程度上被赋予检查权时，地方法院将遵守公司注册地的法律，除非地方法律规定了本地公司股东的检查权。《商业公司法》规定：一个外地的商业公司，根据法律规定获得授权证书，只要该证书授权不被撤销或者取消，就与本地的商业机构享有相同的权利和特权。所以，在宾夕法尼亚州注册经营业务的外地公司有相同的权利和特权，并且对它们施加与本地公司相同的义务。根据《商业公司法》第308条A款的相关规定，要求将原始的或者重复的股东名册保存在转让代理人的办公地或联邦注册地。《商业公司法》第308条B款进一步规定，每个股东有权基于合理的目的，亲自或者委托代理人或者授权他人在任何合理的时间检查股东名册。当然，本条也对公司施加了一定的义务，即允许股东行使检查权。本案中，被告已履行了相关义务，在宾夕法尼亚州保留了有关资料。所以，他应当有义务允许股东进行查阅。

首席大法官Moschzisker在法庭上说道："最近这些年，我们通过几个判决发现，一个被告公司如果是在宾夕法尼亚注册或者做生意的外地公司，其在我们州的全部或者大部分资产都会受到类似于目前这个案件的判决的制约。"①最终法官认为，检查公司的账簿和记录是股东主要的权利。

(三)本书评议

本案的主要争议点是外地股东是否有权查阅公司在本地的账簿和记录。根据上文美国法规则及判例，外地股东的查阅权可以受到保护。股东查阅权在美国的保护方式是法院颁发强制令。公司及其管理人员应当配合执行强制令，允许股东查阅有关资料。从比较法的角度，在德国法中，公司及其

---

① 365 Pa. 161，74 A. 2d 160(1950)，p. 163.

管理人员对股东权利造成侵害的方式之一为不作为，股东也可以提起不作为之诉，股东胜诉也可依民事诉讼法的规定获得强制执行。从法律效果上，美国与德国关于股东查阅权的保护是相近的。

五、禁止损害特定股东利益之诉

(一)典型案例

克劳斯-芬德公司诉英特北公司
（Crouse-Hinds Co. v. Internorth，Inc.）[1]

案情概要：原告为克劳斯-芬德公司，被告为英特北公司及其子公司英-霍尔丁公司。被告为英特北公司，是原告的股东。原告起诉被告及其子公司，防止被告英特北公司收购原告克劳斯-芬德公司。被告英特北公司提出反诉，禁止原告克劳斯-芬德公司与第三家公司(百通公司)进行股票交换，认为这个交换行为侵犯了其股东权利。美国地方法院作为一审法院认为被告有权获得禁令。克劳斯-芬德公司不服判决提出上诉。

(二)判决观点

纽约州的锡拉丘兹市成为企业争夺控制权的主要战场。该诉讼的目的是为实现英特北公司和 I N Holdings 公司(有时可统称为英特北)控制克劳斯公司并达到敌对收购企图的目标。然而两大企业线下的其他相关小型企业，在很大程度

---

[1]　518 F. Supp. 390，401-04(N. P. NY. 1980).

上已与私人企业的当地所有权的安全性紧密相连。虽然这场典型的企业控制权争夺最终交由法院处理，但与此类案件相关的法律规定并没有明确指出可以对诸如此类的企业控制权案件进行司法评估。相反，根据现有的立法体制，法院作为审查人，其职责是监管并确保原告与被告双方始终忠诚于他们的赞助人——股东。一旦双方背叛其股东，法院就必须出面干预合并且重新调整利益。

克劳斯公司来自美国纽约，总部设立在纽约州锡拉丘兹市。该公司从事电器产品的生产和营销。英特北根据特拉华州法律注册成为北方天然气公司，后更名为英特北。其总办事处设立于内布拉斯加州的奥马哈市。在此次公司收购事件中，第三方积极参与者是来自美国伊利诺伊州的百通公司，其总部设立在伊利诺伊州日内瓦。百通公司通过利用工业电气供应和更新零件中心的全资网络从事电线和电缆的生产和销售，以及电气设备的分销。1980年9月8日，克劳斯公司董事和百通公司董事经过协商批准了一项合并协议，并在第二天公示该项合并协议生效。不过，在克劳斯公司和百通公司宣布合并的同一天，英特北公司董事会批准收购克劳斯公司。其中合并的主要条件是克劳斯公司股东终止或拒绝与百通公司的合并协议。正如克劳斯公司与百通公司的合并协议不受英特北公司欢迎一样，克劳斯公司和百通公司的董事也不愿接受英特北的股权收购计划。在百通公司看来，英特北公司的股权收购计划是为了废除克劳斯公司与百通公司的合并协议而设计的，这样就可以使百通公司及其股东丧失从克劳斯公司和百通公司的合并中流向他们公司的业务优势。

一审法院认为，英特北公司作为在"对人诉讼"中的克劳斯公司的股东，其提起的诉讼不是股东衍生诉讼，而是直接诉讼。根据已有判例（参见案件 *Eisenberg v. Flying Tiger Line*，*Inc.*，451 F. 2d 267，271（2d Cir. 1971）；案件 *Horwitz v. Balaban*，112 F. Supp. 99，101），股东有权对董事会的行为提出质疑。其中有一种类型的诉讼权允许股东仅以个人身份起诉公司，并控诉公司及公司职员或第三人损害股东在公司事务中的发言权的行为。在此诉讼中，克劳斯公司管理层设想通过股权交易以便立即完成以下两个目标：一是强迫克劳斯公司股东投票赞成合并；二是阻止英特北公司的股权收购。这两个目标都是克劳斯公司管理层作为维持其对公司控制权的手段，克劳斯公司管理层只求维持其对公司的控制权而没有公平公正地考虑股东或公司的利益就是违反了经营判断原则。虽然上诉法院不认为克劳斯公司与百通公司之间的股权交换会造成克劳斯公司的资产损失，但它确信，如果允许股权交换继续进行并完成，该提议将削弱股东权益并会剥夺目前克劳斯公司股东的选举权。根据两家公司的说法，股权交换的结果也会导致当前的英特北公司股权收购变得毫无意义。这种剥夺克劳斯公司和英特北公司股东的权利无疑对两方都造成了无法弥补的伤害。只有 1980 年 9 月 23 日签发的股权交换的强制令对所有利益相关团体一视同仁，才能保证公平公正。此外，在近期讨论克劳斯公司与百通公司合并的股东大会上，股东将充分描述所有重要事实以解决上述核心问题。因此，支持英特北公司的禁止令请求。

上诉法院最终未支持一审判决，主要理由是英特北公司的证据不足，且在很大程度上尊重了克劳斯公司董事会的商业判断。

(三)本书评议

本案虽未能成为股东维护其股东利益的胜诉判例，但是该案一审法院表达的保护股东权益的理论是妥当的。上诉法院也认可了一审所认定的理论。本案中所体现的美国法官的几个观点值得注意：其一，股东提起的针对公司及管理人员的直接诉讼是对人之诉，所以，美国法并未将股东之诉视为绝对权之诉；其二，股东仅以个人身份起诉公司，并控诉公司及公司职员或第三人损害股东在公司事务中的发言权的行为，属于股东为维护自身权益的直接诉讼，而非派生诉讼。

六、公司的防御性交易不公平影响股东利益之诉

(一)典型案例

露华浓有限责任公司诉麦克安德鲁斯 & 福布斯控股
(REVLON，INC. v. MacANDREWS &
FORBES HOLDINGS)①

案情概要：上诉人(一审被告)为露华浓有限责任公司(以下简称 R)及它的有限合伙企业(Forstmann Little，以下简称 F)等，被上诉人为麦克安德鲁斯 & 福布斯控股公司(一审原告)。原告是被告 R 的控股公司。公司股票的出价人(原告)提起诉讼，请求禁止目标公司和其他人(被告)发起的防御行为。纽卡斯尔的衡平法院作出了临时禁止令，被告提出上诉。特拉华州高等法院判定维持原判。

————————

① 　506 A. 2d 173(Del. 1985).

(二)法院观点

争端开始于 1985 年 6 月，当时 Pantry Pride 公司（以下简称 PP 公司）的董事长兼总经理 Ronald O. Perelman 会见了 Relvon 公司的 Michel C. Bergerac，讨论 PP 公司对 R 公司的收购，这本是一场友好的收购。Perelman 建议以每股 40~50 美元的价格进行收购，但是由于 Bergerac 认为这个价格区间远远低于 R 公司的实际价值，所以洽谈最后以未达成协议而告终。PP 公司的所有提议都被拒绝。

同年 8 月 14 日，PP 公司的董事会授权 Perelman 进行 R 公司收购事宜，要么进行谈判，以每股 42~43 美元的价格收购，要么以每股 45 美元的价格敌意收购。Perelman 随后会见了 Bergerac，并告知他 PP 公司的方案作为选择。Bergerac 坚决反对 PP 公司的方案，限制任何有关与 PP 公司收购 R 公司的进一步讨论。

同年 8 月 19 日，R 公司特地召开了董事会，商讨迫在眉睫的 PP 公司的敌意收购。在会上，R 公司的投资银行（investment banker）拉扎德公司（Lazard Freres）认为 45 美元每股的价格就公司价值来说，严重不足。R 公司的特别法律顾问 Marin Lipton 提出了两项防御措施：（1）公司买回 30000000 股流通股票中的 5000000 股；（2）制订一项"股票购买权计划"（note purchase rights plan），在该计划下，每位 R 公司的股东就每一股普通股股票都会得到一项票据购买权，在一年期限内，股东可以行使票据购买权，以每股 65 美元的价格交换普通股股票并享有 12% 的利息。这两项提议均一致通过。

PP 公司于 8 月 23 日采取第一次行动，以现金收购要约的形式，出价普通股 47.5 美元每股和优先股 26.67 美元每股，要求：（1）PP 公司收购 R 公司；（2）废除"股票购买权"。

R 公司于 8 月 26 日再次召开董事会。董事建议股东拒绝该要约，并计划后续的防御措施。PP 公司再次指出，如果 R 公司取消其推出的"股票购买权"，他们将会考虑以稍高的单价购买少于 90% 的股份。R 公司的董事会在 9 月 24 日召开例会，董事们反对 PP 公司的第二次要约，并提议与意欲收购 R 公司的其他单位进行谈判。

F 公司由于秘密掌握了 R 公司的数据，其于 10 月 11 日与 R 公司的特别法律顾问委员会和投资银行进行了会面。10 月 12 日，基于许多条件，F 公司制定了每股 57.25 美元的定价。其中，最首要的是"锁定期权"（lock-up option）——以 5.25 亿美元的价格购买 R 公司的 Vision Care 和 National Health Laboratories，这个价格比 Lazard Freres 给予的价格低了大约 1~1.75 亿美元。最后，R 公司的管理层不参与这次收购。作为回报，F 公司同意支付"高级次生股"的票面价格以换取新的票据，这些高级次生股在市场中已经举步维艰。F 公司同时宣布立即接受要约，否则要约将会被取消。董事会一致通过了 F 公司的提案，因为（1）它比 PP 公司的报价要高；（2）它保护了"高级次生股"的股票持有人；（3）F 公司的融资状况进行良好。接着董事会同意回赎"票据购买权"，并废止"高级次生股计划"。

PP 公司于 10 月 14 日提起了一项修正的诉讼，控告"锁定期权""取消费""票据购买权"和"高级次生股计划"的施行。PP 公司同时请求"临时禁止令"以防止 R 公司转移资产或将资产售与 F 公司。另外，10 月 22 日，PP 公司再次提高了出价，提出了 58 美元的现金要约，要求废止上述的"锁定期权""票据购买权"和"高级次生股计划"。

高等法院 Moore 法官认为：（1）禁止令是基于特拉华州法律作出的，依据是直接利益和受信人义务；（2）当面对收购的威胁时，对各方主体的关注是恰当的；（3）应当以股东获得利益为原则；（4）当公司收购在所难免，董事会的职责将会由保护公司独立存在转变为为了股东利益而将公司以一个最高的价格出售。

（三）本书评议

在美国的许多涉及防御接管的案件中，无论是"毒丸"（poison pills）、"锁定"（lock-ups）或者其他策略，法院往往允许寻求禁止令的出价人提起直接诉讼（如上述案件）。显然，法官已经将这些案件的出价人归入"个人"损害规则之下。法院常常将申请禁止合并、资本调整或类似的结构调整的诉讼定性为直接诉讼，最好的政策解释是这类诉讼"通常既不涉及对任何人的财产补偿，在股东方面也不存在获利的动机"。① 而这些行为类型在德国法中往往构成前文所述的侵犯股东参与权的侵权行为。

---

① 美国法律研究院：《公司治理原则：分析与建议（下卷）》，楼建波等译，法律出版社 2006 年版，第 543 页。

第七章　我国成员权制度的完善

大多数大陆法系国家民法典总则的社团法人制度中有成员权的相关规定，我国民法典编纂中民法总则设计时也应当考虑"成员权"制度。令人遗憾的是，2017 年 3 月 15 日通过的《民法总则》和 2020 年 5 月 28 日通过的《民法典》关于成员权的制度规定并不系统完善。

本章将围绕以下问题展开讨论：其一，成员权的制度意义。重点探讨民法典特别是民法总则中制定成员权制度的意义何在，成员权与民事权利制度、团体人格制度有何关联。其二，成员权的现行制度设计及其不足之处。现行法中已有成员权的分散规定，但未成体系，仍有待完善。其三，成员权一般理论体系的构建。在前文研究的基础上，笔者提出成员权的一般理论体系。其四，成员权的制度完善构想。笔者尝试以成员权一般理论为基础，提出我国成员权制度的完善构想。

第一节　成员权制度的意义

《德国民法典》不同于《法国民法典》之处在于其规定了"总则编"，而这种立法体例的出现是德国潘德克吞法学发展的必然结果。这种立法体例体现了立法者将总则的功能定位于体系化的工具。全国人大常委会在《关于〈中华人民共和国民法总则(草案)〉的说明》中表明,民法总则编是民法典的组成部分,"总则编规定民事活动必须遵循的基本原则和一般性规则,统领各分编","在民法典中起统率性、纲领性作用","……法典编纂……不仅要去除重复性的规定,还要……对社会经济生活中出现的新情况、新问题作出有针对性的新规定"。因此,民法总则既要发挥体系化的功能,又要应对新问题。在民法总则中规定成员权制度,既体现了民法总则对民商事团体组织中成员权的抽象规范功能,又表明立法者对近三十年来蓬勃发展的民商事组织中的成员权法律关系的积极应对,与立法目的正相吻合。

一、成员权与民事权利体系

成员权在民法总则的立法设计有利于丰富民事权利体系。民法总则以民法通则为基础,继受了民法通则中"民事权利"独立成章的立法思路,在具体权利类型上,规定了传统的人身权利与财产权利外,还提到了"股权"以及"其他民事权利"。但民法总则未能规定"股权"的上位概念"成员权"——这一重要的民事权利类型。《民法通则》未规定成员权,有其特定的历史背景,因为当时的中国社会还未发展出丰富的市场经济主体和各类社会团体组织。但随着中国推行经济体制改革,实现了从计划经济向市场经济的转轨,中国民间社会也逐步成熟,各种团体组织相继而生,如有限责任公司、股份有限公司、合伙企业、合作社、商会、各类社会团体等。学界对各种组织中的具体成员权已有较为深入的探讨，有的具体成员权，如股权、合作社成员权的相关立法日臻完善。

公司法学界对股东的账簿查阅权、股东的分红权、退股权、股东对瑕疵公司决议的诉权、股东累积投票权、股东质询权等股东权利已有较深入地探讨。① 学界的研究成果，表现为立法上的重大变化。1993 年《公司法》规定了小股东的相关权利，如少数股东提议召开临时股东(大)会的规定(第43 条、第 104 条第 3 款)；对于特别重要的事项，股东(大)会必须特别多数表决通过(第 39 条、第 40 条、第 106 条、第 107 条)；股东权利受到股东(大)会、董事会的决议侵害时，诉请法院停止侵害行为的诉讼权(第 111 条)。2005 年《公司法》修改后，小股东享有更多的权利。第一，小股东有更多参与公司经营管理的权利，提案权(第 103 条)、表决权(第 111 条、第 43 条)、投票权(第 106 条)都有更灵活的规定；第二，股东享有更多的信息权(第 34 条、第 98 条、第151 条)；第三，股东有更多事后救济的权利，不仅股份有限公司，有限公司的小股东都享有对有瑕疵的公司决定的诉讼权(第 22 条)。为了避免小股东滥用该权利，还规定了股东就损害赔偿提起直接诉讼和代表诉讼的权利(第 152 条、第 153 条)，有限公司股东在一定情况下的退出权(《公司法》第 75 条)，以及小股东在特殊情况下请求法院解散公司的权利(第 183 条)。此外，还加强了股东对公司和其他股东的责任(第 20 条、第 21 条)。

2006 年颁布的《农民专业合作社法》第三章规定了"成

---

① 参见刘俊海：《现代公司法(第三版)》，法律出版社 2015 年版，第五章。

员",对成员资格(第14条)、成员权利(第16条)、选举权和表决权的行使(第17条)、成员的义务(第18条)、成员退社等进行了规定。其中规定的"成员权利"涉及各项具体权能:参加成员大会,享有表决权、选举权与被选举权;服务及设施利用权;分享盈余权;查阅资料权等。成员义务作为成员权法律关系的内容,也有较为完整的规定:执行决议的义务、出资的义务、按章程与本社交易的义务、按章程承担亏损的义务等。当然,也有学者指出我国合作社法关于"成员权"的有关规定尚有缺失,有待完善。该学者指出法律缺少关于法定退社的规定,缺乏关于成员除名的规定,关于成员资格终止后的利益安排不妥,关于成员权行使的规定存在缺失,未规定成员权的救济权利。①

2006年修订的《合伙企业法》规定了合伙成员的表决权(第19条)、合伙事务执行(第二章第三节)、合伙份额转让的权利(第21条)、知情权(第28条第2款)、利润分配权(第33条)、入伙与退伙(第二章第五节)等。

对商会会员权有初步研究的论著是肖海军所著的《商会法律制度研究》,作者认为商会会员权利是商会组织构架的权利基础,是一种典型的成员权。商会会员权利具有权利单元的人本性、权利主体的平等性、权利实现的现实性、权利内容的复合性以及权利行使的直接性等特点。商会会员权利分为自益权和共益权两大类。自益权包括自由申请入会权、自由申请退会权、服务受领请求权、商业机会分享请求权、会展参入请求权、获得帮助权、特别受助请求权、调解请求

---

① 曾文革、王热:《〈农民专业合作社法〉关于社员权相关规定的缺失及其完善》,《法治研究》2010年第6期。

权、仲裁请求权等；公益权包括出席会议权、选举权、表决权、建议权、代表诉讼提起权、各种会议召集权或请求召集权、监督检查权、人事提名权、商会解散请求权等。[①]

上述各种团体中的成员权，虽然存在一些差异，但亦不乏共同之处，如成员参与成员大会的权利、选举权与被选举权、表决权、瑕疵决议撤销权、查阅资料权、退社权（股权转让权）、权利受侵害的救济权等。这些具体的成员权利构成了一个"权利束"，都是成员权的具体体现。民法按照"提取公因式"的立法技术，可在总则中对各种具体成员权作出一般性规定。成员权的一般规定就是各类具体成员权的"公因式"，可以统率各种团体中的成员权。此外，民法总则中规定成员权，能为权利救济及侵权责任提供权利基础。2009年底通过的《侵权责任法》第2条明确规定侵害民事权益的范围中包括"股权"。2011年修改的《最高人民法院民事案件事由》将"侵害集体经济组织成员权益纠纷"列入"所有权纠纷"中。除了"股权"与"集体经济组织成员权"之外的其他成员权受到侵害，是否可依据《侵权责任法》主张权利救济，成为一个立法的"权利漏洞"，所以规定一般性的"成员权"，才能为权利保护建立请求权基础。

二、成员权与团体人格构建

依据传统团体法理论，团体法是为了实现一定的共同目的而由法律行为设立的私法上的人的联合体法。换言之，团体法的实质性特征是以法律行为为基础并针对特定目的的共

---

① 肖海军：《商会法律制度研究》，中国人民大学出版社 2010年版，第 147~156 页。

同协作。可以说，团体法就是协作法。① 团体法中的共同体所追求的共同目标通常不是要求一次性地确定给付义务，而是通过功能上的分工与长期的团体协作来完成，所以以团体法规范人的联合体的内部关系和外部关系，即成员之间及其与团体本身之间的法律关系，以及与第三人，特别是团体债权人的法律关系。② 在这个意义上，团体法是组织法。

基于团体法所具有的上述特征，属于团体法范畴的人的联合体（团体）应当满足以下两个特征：独立的组织性和以法律行为为基础。直到20世纪中叶，德国法学界普遍认为只有法人才有资格单独作为团体，而合伙仅作为共同共有关系看待。后来经弗罗梅（Flume）论证民事合伙的能力，③ 民事主体分类发生变化，共同共有的组织体也属于团体。④ 共同共有组织体不仅具备权利能力，而且具备组织要素，特别是业务执行机关以及意思形成机关的建立，这一点在德国已达成广泛共识。《德国民法典》第14条明确规定了有权利能力的合伙，该主体尤指普通商事合伙与有限商事合伙。⑤ 因此，在德国当代民法中，法人与有权利能力的合伙两类组织体都具有团体人格。而英国也逐步承认了有限责任合伙的法

① 参见任中秀：《德国团体法中的成员权研究》，法律出版社2016年版，第24~25页。

② Vgl. Götz Hueck/Christine Winderbicherler, Gesellschaftsrecht, 21 Auflage, München：C. H. Beck, 2008, S1.

③ Vgl. Flume Werner, Die Personengesellschaft, Berlin：Springer, 1977，§1Ⅲ, S. 6.

④ 德国民法主体从自然人与法人的二分法，转变为自然人、法人与有权利能力合伙的三分法。

⑤ 参见《德国民法典》（第4版），陈卫佐译注，法律出版社2015年版，第9页脚注23。

人地位。团体除了其组织方面的特点以外，其法律行为基础也很重要。所有团体都是具有共同目的的联盟，以成员的共同目标的确定为前提。为了团体目标的实现，团体通过团体协议或章程确定团体的程序规则、行为准则、职权划分，明确团体及其成员的权利与义务。因此，可以认为成员权是团体人格构建的必然产物，同时也是将社团法人与合伙两种组织体统一于团体人格之下共同的基石。

反观我国《民法典》，笔者认为，由于忽视了团体人格构建的重要基础——成员及成员权，导致以下制度设计的误区：

（1）割裂了社团法人与合伙企业两类团体人格。依传统民法理论，合伙与社团法人均是由成员的共同意志形成的组织体，二者可统一于团体人格之下。商事合伙很大程度上与法人被同等看待，它们可以在其商号之下取得权利（特别是所有权）和负担债务，在法院起诉和被诉。① 当然，合伙与社团法人作为两种不同的团体人格，其主要区别表现为：一是成员与团体身份联系的紧密程度不同，合伙建立在较强的人身联结基础上，而社团原则上允许成员变更。二是组织结构不同，合伙成员之间实行一致决定原则，由成员自行执行业务，即自营机关原则；社团则原则上适用多数决定原则，由董事会执行业务，即第三人机关原则。② 但上述区别，主要为团体内部组织结构的差异，并不影响二者作为独立的团体人格，而两类团体人格的共同要素之一即为成员和成员

---

① 参见《德国民法典》（第4版），陈卫佐译注，法律出版社2015年版，第9页脚注23。

② 参见[德]格茨·怀克、克里斯蒂娜·温德比西勒：《德国公司法》，殷盛译，法律出版社2010年版，第33页。

权。《民法典》将合伙企业置于"非法人组织"之下，其可能的原因是立法者严重忽略了法人（指社团法人）与合伙企业共同的存在基础——成员权。

（2）放弃了传统社团法人与财团法人的经典分类。是否具备组织体成员的共同意志，是社团与财团法人的根本区别。这也导致了两类法人内部治理机关的不同。以成员为基础的社团需要设立成员大会，而后者则不需要。[1]《民法总则》采纳营利法人与非营利法人的分类，将内部治理迥然不同的非营利社团法人与财团法人统归于非营利法人，同样反映了立法者忽略了两类法人的不同之处，即是否存在成员权。

（3）混淆了非营利社团法人与财团法人财产归属问题。从事业目的上，两类主体有共同之处，通常均为从事公益的、非营利的事业。但是依传统理论，非营利社团法人终止时，财产的归属由章程或成员大会或社团的其他决议确定归属权人，只有不能确定归属权人时，财产归属于国库。[2] 也就是说，非营利社团法人的成员享有参与分配剩余财产请求权，而财团法人财产归属于财团的组织所规定的人；没有关于归属权人的规定的，财团的财产归属于财团所在地曾经在的州的国库，或归属于其他依该州法律确定的归属权人。[3] 而《民法总则》规定，为公益目的成立的非营利法人终止时，不得向其出资人或者设立人分配剩余财产；其剩余财产应当按照章程的规定或者权力机构的决议用于公益目的；不能按照法人章程规定或者权力机构的决议处理的，由主管机关主

---

[1] 　参见柳经纬：《民法典编纂中的法人制度重构——以法人责任为核心》，《法学》2015年第5期。

[2] 　参见《德国民法典》第45条（社团财产的归属）。

[3] 　参见《德国民法典》第88条（财产的归属）。

持转给宗旨相同或者相近的以公益为目的的法人，并向社会公告。上述规定，若适用于财团法人尚且可行，而若适用于非营利的社团法人，将严重有悖于我国当前吸收社会资本促进公益事业发展的目标。①

第二节　成员权的制度安排述评

一、《民法总则》及三部审议稿关于成员权的制度安排

从最终颁布的《民法总则》②及三部审议稿③的规定来

---

①　2016 年 10 月 23 日，笔者与太原科技大学法学院 UIT 项目学生一行六人赴太原市三所养老机构调研。调研中我们发现，柳巷老年日托中心、福乐居敬老院属于两家公办民营的养老机构，德兰养护院属于完全民办的养老机构。该机构主要负责人谈到，机构成立于 2014 年，注册资金为 100 万元人民币，而投入运营的资金为 1000 万元人民币，但目前非常担忧未来资金的出路，因为根据现行政策，他们属于社会团体，如果停止运营，资金出路将成问题。根据 2012 年新修订的《老年人权益保障法》第 6 条规定，国家鼓励社会各方面的投入，使老龄事业与经济、社会协调发展。2013 年民政部颁布的《养老机构管理办法》规定，民政部门应当会同有关部门采取措施，鼓励、支持企业事业单位、社会组织或者个人兴办、运营养老机构。如果法律不能合理设计剩余财产的归属，可能将导致社会资本面对公益事业望而却步。

②　2020 年通过的《民法典》总则编关于成员权的立法态度与 2017 年《民法总则》基本一致。关于《民法典》总则编规定，文中不再赘述。

③　2016 年 6 月，第十二届全国人大常委会第二十一次会议初次审议了《中华人民共和国民法总则（草案）》（文中简称一审稿），并将其在中国人大网公布，向社会公众征求意见。2016 年 11 月 18 日，人大常委会再次审议修改后的草案，形成《中华人民共和国民法总则（草案二次审议稿）》（文中简称二审稿），并再次在网上公布向公众征求意见。2016 年 12 月 29 日，全国人大常委会第三次向众征求意见，形成三审稿。

看，均未系统规定成员权及其制度。

（1）在民事权利部分，均未能明确规定"成员权"这一权利类型。一审稿在第五章"民事权利"第110条规定"民事主体依法享有股权或其他民事权利"，仅提及成员权中的一种典型类型"股权"，而未规定股权的上位概念"成员权"。二审稿在第五章"民事权利"第122条规定"民事主体依法享有股权和其他投资性权利"，将"股权"与"其他投资性权利"并列规定。三审稿的规定与二审稿相同。从立法技术来看，该条规定并未考虑权利的性质，而仅是对经济实践中"投资性权利"所进行的宣示，是一条宣示性规定。事实上，各种投资性权利的权利性质并不相同，权利的内容、权利保护的责任形式等方面都有较大差异。例如，"股权"与"债券"这两种权利差异甚大，前者本质上为成员权，基于公司章程而产生；权利内容表现为投票权、参与利益分配请求权、参与剩余财产分配请求权、知情权等一系列权利；权利保护方式主要为侵权责任。而基于"债券"产生的投资性权利，性质上为债权，基于双方合同产生；权利的内容主要为债权请求权；权利保护的责任形式为合同责任。

（2）社团法人是成员权存在的重要团体基础，而三部审议稿与《民法总则》的"法人"一章均未规定社团法人。三部审议稿的法人分类采"营利法人"与"非营利法人"，① 未遵循大陆法系国家民法总则中将营利法人与非营利法人的分类置于社团法人之下的传统设计，而将具有财团法人性质的基金

---

① 一审稿中法人分类的表述为"营利性法人"与"非营利性法人"，二审稿和三审稿的表述为"营利法人"与"非营利法人"。

会等列入非营利法人外延之内。由于未采纳社团法人与财团法人的传统分类，因此，未给以社团法人为主要存在基础的"成员权"制度设计留下太大的空间。"成员权"似乎仅能直接体现在"社会团体法人"中。①

二、学者建议稿关于成员权的制度安排

在民法总则草案出台之前，学界已提出多部民法总则的学者建议稿。② 但从这几部学者建议稿来看，关于成员权制度安排也有较大差异。

（1）就"成员权"的权利名称，几部建议稿中几乎没有一

---

① 一审稿第 85 条第 1 款规定：社会团体法人应当制定章程，设会员大会或者会员代表大会等权力机构。二审稿第 94 条第 2 款规定：社会团体法人应当设会员大会或者会员代表大会等权力机构。

② 这几部学者建议稿为：梁慧星教授主持的课题组提出的民法典草案建议稿（文中简称梁慧星教授建议稿），参见中国民法典立法研究课题组：《中国民法典草案建议稿》，法律出版社 2003 年版。中国法学会民法典编纂项目领导小组和中国民法学研究会提出的《中华人民共和国民法典·民法总则专家建议稿》（文中简称法学会建议稿），http：//www. chinalaw. org. cn/Column/Column_ View. aspx？ColumnID = 81&InfoID = 14364，2016 年 11 月 16 日访问。中国社会科学院民法典立法研究课题组提出的《民法总则建议稿》（文中简称孙宪忠教授建议稿），http：//www. iolaw. org. cn/showNews. aspx？id = 49193，2016 年 11 月 21 日访问。杨立新教授等提出的《中华人民共和国民法总则（草案建议稿）》（文中简称杨立新教授建议稿），《河南财经政法大学学报》2015 年第 2 期。李永军教授等提出的《中华人民共和国民法总则（专家建议稿）》（文中简称李永军教授建议稿），《比较法研究》2016 年第 3 期。北京航空航天大学法学院龙卫球教授主持的《中华人民共和国民法典·通则编》草案建议稿（文中简称龙卫球教授建议稿），http：//www.lawinnovation.com/index.php/Home/So/artIndex/id/9597.html，2016 年 11 月 21 日访问。

部明确予以规定。仅在法学会建议稿中使用了"社团法人成员权力"的表述。

（2）就成员权存在的重要团体基础——社团法人，两部学者建议稿未进行规定（梁慧星教授建议稿、龙卫球教授建议稿），四部学者建议稿进行了规定（法学会建议稿、孙宪忠教授建议稿、杨立新教授建议稿、李永军教授建议稿）。

（3）就成员权的权利主体，有两部学者建议稿（法学会建议稿与孙宪忠建议稿）中有所涉及，体现在"社团法人"的定义中，社团法人是以自然人、法人或者其他组织等作为成员，依照法律规定成立的法人。所以，成为成员权主体的不仅有自然人，还包括法人、其他组织。

（4）就成员权的具体权能（权利），学者建议稿中虽然略有体现，但缺乏系统安排，仅有零星的条文。如法学会建议稿第81条规定了"社团法人成员权力"，社团法人的成员通过成员大会依法制定、修改章程，选举或者更换执行机关、监督机关成员，并可以依法行使章程规定的其他权力。龙卫球教授建议稿虽未规定社会团体法人，但对成员权有两个相关条文。该建议稿第74条规定了"法人的成员大会决议的撤销"，"法人的成员大会决议程序和决议方法违反法律的强行性规定或其章程的，成员可以在决议作出后的三个月内请求法院撤销该决议"，该条实质上明确规定了成员的决议撤销权。李永军教授、孙宪忠教授与杨立新教授的学者建议稿虽然规定了社团法人，但对成员权的具体权利未予关注。

（5）就成员权的消灭，龙卫球教授建议稿第75条还规定了"法人对其成员的处罚"，"法人对其成员进行处罚的类型、适用条件、限度、适用程序等都必须在法人的组织章程中明确规定"，这些规定体现了对可能导致成员权消灭的团体处罚制度。而李永军教授建议稿第64条规定了"社员的退社与除名"。

（6）就成员权的保护，龙卫球教授建议稿第75条第2款规定，法人的成员认为法人作出的处罚决定侵害其合法权益时，可以起诉或申请仲裁，请求撤销该决定；法人不得通过组织章程或合同约定等方式排除其成员起诉或申请仲裁的权利。该条是对成员维权情形的一种规定。

总体来看，《民法总则》、三部审议稿与几部学者建议稿都未能就成员权的名称、性质、主体、团体基础、权利内容、变动及保护等方面进行系统规定，未能将涉及的各类团体中成员权制度作出一般性规范的制度设计。

第三节　成员权之立法构想

一、成员权之一般理论构建

编纂民法典，既要立足我国实际，又要借鉴国外立法的有益经验及科学的研究成果。而构建科学严谨的民法总则，应当借鉴国外较为成熟的相关理论。通过比较法的研究，笔者认为两大法系关于成员权的性质、保护及救济有共同之处，但就整体制度安排，大陆法系特别是德国对成员权的理论研究与制度安排和我国法律传统与法律体系更为契合。就未来团体法中关于成员权的一般理论简述如下。

1. 成员权的性质

成员权是一种权利，同时也是一种法律关系。成员权作为权利有其特殊性。它不同于人格权、亲属权、债权、物权以及无形财产权。成员权的产生不是基于自然人的人格利益，所以不是人格权；成员权产生的基础是基于合同或章程，因此不同于基于亲属关系的亲属权；成员权不是成员之间或者成员与团体之间的一次性给付，而是基于共同目标形成的长期的法律关系，因此不同于债权；物权与无形财产权的标的为物或智力成果，而成员权的标的为"团体"。成员权是一个以团体为标的的支配权，是由若干成员支配团体形成的支配权的群，在这个意义上，成员权也是一个"支配权的权利束"。相当长一段时间以来，我国学界对成员权性质的探讨处于停滞状态，学界对成员权性质的表述林林总总，如"地位说""权利义务说""权利说"，"权利说"又分为"身份权说""综合权利说""独立权利说"。而事实上，根据权利与法律关系二者之间的关系，上述"地位说""权利义务说""权利说"并无本质区别。此外，我国"权利说"的三种观点一直未能真正揭示成员权的本质。将成员权定性为"以团体为标的的支配权"，才能为权利保护提供请求权的基础。

2. 成员权的内容

类似于限制物权，权利产生时伴生有义务，成员权的具体权能也可能伴生义务。成员权的具体权能包括参与权、抽象财产权、信息权等；成员的忠实义务及不作为义务、出资义务等与成员的权能密切相关，是对团体成员的限制。需特别注意的是，成员权本质上是一种参与权，参与权是其核心权能；抽象财产权即参与分配盈利或参与分配剩余财产权，本质上是参与权的体现；而信息权也是成员权的参与权的辅助性权能。此外，晚近的德国成员权理论已厘清成员的抽象财产权与具体财产权(后者指分配盈利或剩余财产请求权)是两种不同的权利。前者属于成员权的具体权能,是绝对权,依侵权法保护,受侵害主张侵权责任;后者属于独立的成员权利,是相对权,受侵害主张合同责任。

3. 成员能力

成员能力,即何种民事主体可以成为团体的成员。① 在股份有限公司和有限责任公司中,所有的自然人、法人及有权利能力的合伙都有成员能力。合作社,除自然人之外,法人、商事合伙也可具有成员能力。德国法中"有权利能力的合伙"主要指商事合伙,类似于我国合伙企业。根据我国现行法的规定,自然人、法人及合伙企业均具有成为有限责任公司、股份有限公司、合伙企业及合作社的成员资格。

4. 成员权存在的团体基础

作为成员权存在基础的团体应当具有组织的独立性和法律行为的要素,主要包括合伙②与社团法人(包括经济社团法人与非经济社团法人)类型,其范围排除公法人、私法上的财团、隐名合伙、共同关系。我国已初步形成类似于德国

---

① 关于社团法人成员能力尚存分歧,主要是国家机关、公法中有部分权利能力的团体法人与民事合伙是否能成为社团法人的成员。

② 德国法上的合伙包括外部合伙与内部合伙,前者又包括有共同共有财产的合伙与没有共同共有财产的外部合伙(Außengesellschaft ohne Gesamthandsvermögen),后者包括隐名民事合伙(Innengesellschaft bürgerlichen Rechts)与隐名商事合伙(der stillen Gesellschaft)。举例来说,多个企业约定经营一工厂,没有共同财产,实行按份共有,或者由一名合伙人作为受托人经营,这种情形属于没有共同共有财产的合伙。典型的隐名合伙为隐名商事合伙,由《德国商法典》第230条及其后条款规范。隐名民事合伙是指比如夫妻内部合伙。作为成员权基础的合伙仅指外部合伙。

团体法中团体组织，如有限责任公司、股份有限公司、普通合伙企业、有限责任合伙企业、农民专业合作社、商会、社会团体法人等，这些团体成为构建统一的成员权制度的团体基础。

5. 成员权的设立与终止

成员权的设立指不是通过参与团体建立而获得成员权，例如新成员的加入。由于新成员的加入不是通过团体成立的共同行为（合同或章程），需要和团体签订协议。成员权的终止基于成员的死亡、退社和被除名，也可基于章程规定的情形。关于成员权的剥夺分为终止性除名和惩罚性除名。终止性除名原则上不得附条件和附期限，但意定条件除外。如前所述，由于《民法总则》忽略了在团体人格构建中成员及成员权的问题，所以对于成员权的设立与终止、成员的入社与退社问题均未有任何规定。学者建议稿中对成员的退社与除名都只有个别条文，关于成员权的设立则并无相关规定。

6. 成员权是否具有可转让性与可继承性

传统理论确立了基于成员资格产生的权利与成员资格（成员权）的"分离禁止原则"。也就是说，原则上成员权不具有可转让性与继承性，基于成员资格产生的成员权与成员资格不可分离。但由于成员权产生的章程可以对成员权作出任意性规定，特别是股权的发展，成员权的可转让性与可继承性得到一定的认可。只是这种可转让性与可继承性仍受到团体章程的约束。[1]《民法总则》、三部审议稿以及学者建议

---

[1] 关于团体章程是否可规定成员权的可转让性或可继承性，有两种立法例：一种认为团体章程可规定，以德国为代表；另一种认为团体章程不可规定，应遵循成员权的不可转让与不可继承性，如埃塞俄比亚。

稿对于成员权是否具有可转让性与可继承性均未涉及。

7. 成员权的保护

成员权的侵权主体极少来自团体外部，主要来自团体内部，即来自团体本身、其他成员或团体的管理机关。理论上的主要分歧是团体法对团体内部成员权已规定法律救济，是否还有适用侵权法的必要。主流观点认为，成员权作为支配权的法律关系与其产生基础的合同关系(基于合同或章程产生)可以并存。当成员权受侵犯时，将发生侵权责任与违约责任的竞合。若团体法对权利救济存在漏洞，成员可依据侵权责任的一般规定获得权利救济。所以，就成员权的保护，民法典中侵权责任的一般条款对团体法及章程具有漏洞补充的功能。

当然，成员权的侵权法保护范围不是由侵权法中过错责任的一般条款直接确定，而是由团体法以及团体合同或章程决定。团体法及团体章程通常确定的成员权保护范围即成员权及其权能，包括成员权本身、成员的基本财产权、参与权、依法决议权、信息权等。我国《侵权责任法》规定了对股权①的侵权法保护，但其受保护的请求权基础，目前的理论及实务并不清晰。例如，侵害股权的财产权，是侵害股权的"参与分配盈利请求权"还是侵害股权的"利益分配请求权"。只有根据成员权的基本理论，区分抽象财产权与独立财产权，才能明确侵犯股权的财产权的侵权保护的范围。

---

① 关于股权的性质，理论界虽有分歧，但主流观点认为其为一种成员权。刘俊海：《股份有限公司股东权的保护》，法律出版社2004年版，第47页。

二、成员权之立法构想

(一)域外成员权立法考察

大陆法系国家民法典中不乏构建成员权制度的成功范例，而这些国家的成员权制度往往与团体人格特别是法人人格的构建密切相关。大致归纳，各国关于成员权的规定，从立法的外在形式上划分，主要有两种模式：其一，在社团法人制度下设专节或专题规定成员权制度，以《瑞士民法典》与《埃塞俄比亚民法典》为典范；其二，在社团法人制度下设相关条文规范成员权制度，例如《德国民法典》《日本民法典》《韩国民法典》《智利民法典》等。两种模式的共同点是，与成员权相关的法人分类均采纳社团法人与财团法人的分类，社团法人为成员权制度奠定了团体基础。

第一种立法模式，以瑞士、埃塞俄比亚为例。《瑞士民法典》第二章(法人)第二节(社团法人)第三题下规定了"社员权"，共设6个条文(第70~75条)，内容包括：入社与退社、出资的义务、除名、被除名社员的地位、社团宗旨的保护、社员权利的保护。此外，在社团法人第二题(组织)的规定中，也涉及成员权的参与权的规定，如召集成员大会的权利与表决权。《埃塞俄比亚民法典》第三题(社团与财团)第二章(社团①)第二节规定了"社员"，共设10个条文(第415~425条)，内容包括：社员，新成员，加入社团的允诺，

---

① 埃塞俄比亚采民商分立体例，民法典中仅规定了非营利性社团。《埃塞俄比亚民法典》第404条规定，社团是两个或两个以上的人为了实现除获得或分享利润以外的目的组成的集合。

社员平等、社员资格的人身性、社员权的行使(代表),社员权的行使(缴纳会员费),会员费、退社权、开除社员、社团不代表社员。此外,在第三节(管理)中还规定了成员召集大会的权利与决议无效的诉权。《埃塞俄比亚民法典》第五节(社团的权利和义务)还特别区分了社团的权利义务与社团成员的权利义务;第451条规定,社团是区别于其成员的实体;社团的权利与义务并非其成员的权利和义务;社团成员的权利和义务并非社团的权利和义务。从两国民法典关于成员权的立法来看,除设专题或专节外,在有关社团法人的组织中还有成员召集会议权利与表决权的规定。总之,在社团法人之下形成比较完整的成员权法律规范。

第二种立法模式,以德国、韩国为例。《德国民法典》第一章(人)第二节(法人)第一分目(一般规定)下设若干条文规定成员权。第38条规定,成员资格是不可转让和不可继承的;成员资格的权利不得被交给他人行使。第40条则规定,章程可规定转让成员资格的权利。这两个条文是关于成员权的可转让性与可继承性的规定。第39条规定了成员的退社权。此外,在涉及社团法人组织及财产的规定时,也涉及成员权。例如,第45条关于财产的规定,实际上涉及成员的参与剩余财产分配的请求权。此外,社员大会决议的作出(第32条、第33条、第34条、第35条)与社员大会的召集(第36条、第37条)也体现了成员的依法决议权、表决权与大会召集权。《韩国民法典》第三章(法人)的社团法人之下设置相关条文规定了社员权的让与、继承的禁止(第73条)、社员的表决权(第73条、第74条)。总会的决议方式(第75条)体现了成员的依法决议权。剩余财产的归属(第

80 条)规定，社团法人财产归属需经总会决议，体现了成员参与分配剩余财产的权利。

两种模式比较，其实并无优劣之分。第一种模式比较突显"成员及成员权"，第二种模式则遵循社团法人内在的规范体系，设置相应成员权的条文，也不失法律规范之功能。选择何种模式只是立法技术的选择。

(二)成员权制度设计方案

民法总则在立法技术上应当遵循"提取公因式"的方法，这在学界已达成共识，同时也得到了立法者的认同。全国人大常委会在《关于〈中华人民共和国民法总则(草案)〉的说明》中表示"民法总则草案……按照'提取公因式'的方法，将其他民事法律中具有普遍适用性的规定写入草案"。但从《民法总则》的立法来看，立法者并未完全遵循立法的逻辑性与抽象性，在"民事权利"章规定了"股权"而未规定其上位权利"成员权"。

关于成员权的立法设计，本书提出两种方案以供立法选择。其一，在《民法总则》中明确规定成员权，并将成员权的相关条款规定其中。但鉴于《民法总则》关于法人的制度已基本成形，特别是未采纳社团法人与财团法人的分类，不能为成员权的制度设计提供制度前提。所以，本书认为，民法典修改时若能再完善法人制度，则可采取方案一。其二，在独立的"团体法"或"社团法"中规定成员权制度。已有学者对建立独立的"社团法"进行深入探讨。[1] 若未来民法典中《民

---

① 盖威：《中国社团立法研究——以市民社会为视角》，中国书籍出版社 2015 年版，第 176 页。

法总则》主体制度不进行实质性修改，成员权制度也可纳入"独立的社团法"中。具体阐述如下：

1. 成员权在民事权利法中的依据

《民法总则》沿袭了《民法通则》将"民事权利"独立成章的体例，不仅具有权利宣示的意义，而且内容上具有"总则"的特征，体现了"民商合一"的立法精神。此外，从立法的技术意义上，符合民法总则"提取公因式"的立法技术和规范性要求。① 笔者认为，应当在"民事权利"一章中规定成员权。成员权是一种在民商团体组织中普遍存在的"公因式"的权利，在民事权利体系中应当予以明确规定。这不仅有助于完善民事权利体系，而且为权利实现提供请求权的规范基础。

笔者建议，将"民事权利"一章"民事主体依法享有股权"改为"民事主体依法享有成员权"。理由如是：其一，抽象性立法技术的需要。如前所述，股权是成员权的一种类型，成员权是股权的上位概念，规定成员权可包含对股权的规范，但规范股权则不能实现对其他成员权类型的规范。其二，规范性的要求。民法是由民事法律规范构成的调整民事法律关系的法律。民事主体依据规范向他人主张权利，需以特定的请求权为基础。现实生活中已出现大量团体中成员的请求权主张，但由于法律规范的缺失，使权利救济于法无据。② "成员权"本质上为支配权，成员权受侵犯，成员可行使类似于所有权请求权的成员权请求权。

① 李永军：《民法总则民事权利章评述》，《法学家》2016 年第 5 期。

② 曾文革、王热：《〈农民专业合作社法〉关于社员权相关规定的缺失及其完善》，《法治研究》2010 年第 6 期。

当然，若民法典总则编暂时不作修订，也可将第 126 条"民事主体享有法律规定的其他民事权利和利益"的规定作为成员权是一种权利类型的解释依据。

2. 成员权存在的团体基础之立法设计

如前所述，成员权是团体人格特别是社团法人人格构建的基石。社团法人制度构建过程中形成内部关系与外部关系，对外表现为独立人格，对内则是成员之间以及成员与团体之间的法律关系。实现民法总则的规范性功能，不能回避对团体内部法律关系的调整。根据团体自治原则，团体章程对这种法律关系可能会有安排，但若出现规定不足，则可依民法总则的规定实现行为规范与裁判规范的功能。成员权制度设计须分两步走：第一步先设计社团法人制度;① 第二步规定成员权的具体规范。

法人分类采社团法人与财团法人的二分法，这是规定成员权的制度前提。在规定成员权制度的大陆法系国家无一例外地采社团法人与财团法人的二分法。② 社团法人是成员权存在的重要基础，如果没有社团法人的规定，成员权制度则是"无源之水，无本之木"。即使是未采纳这一分类的英美法系国家，虽然其团体的制度设计未采用"社团法人"与"财团法人"的名称，但在实质上也区分为有成员的团体与无成员

---

① 合伙企业中也存在成员权，可使用一条指引性条文，规定"合伙企业中的成员权适用合伙企业的法规定，合伙企业法未规定的，适用本法的规定"。

② 笔者所查阅的 7 部大陆法系国家的民法典(德国、瑞士、日本、意大利、葡萄牙、韩国、埃塞俄比亚)中均有关于成员权的规定，而关于法人分类也无一例外采纳了社团法人与财团法人的二分法。

的团体。关于有成员的团体，其成员权制度也要有专门的规定。以《美国非营利法人示范法》为例，该法第六章"成员和成员资格"和第七章"成员大会和投票"主要规定的是有成员的法人组织中成员的权利义务问题，而这两章并不适用无成员的非营利法人。①事实上，无成员的法人与有成员的法人类似于大陆法系的"财团法人"与"社团法人"之分。

《民法总则》未能采纳社团法人与财团法人的类型规定，这对成员权制度构建而言确实为一大缺憾。若能制定独立的团体法或社团法，可弥补上述缺憾。

3. 成员权制度的具体条文建议

成员权的制度内容哪些进入总则（或团体法），哪些留在单行法中规定，涉及立法技术问题。笔者认为，仍然应当遵循"提取公因式"与"规范性"的标准。如前所述，成员权的一般理论实质上是围绕权利的性质、内容、变动及保护展开的。成员权（法律关系）的内容涉及成员与成员之间以及成员与团体之间的权利义务，除各种团体中的特殊性权利外，共同的权利义务，如表决权、依法决议权、知情权等应当置于民法总则（或团体法）之中。参与分配利润请求权是公司、合作社等营利性社团法人中的特殊权利，总则中可不予规定。权利的变动，如成员的入社与退社，也是成员权取得及消灭的共同原因，也应当在总则中体现。至于成员权是否具有可转让与可继承性，立法也应当予以明确，以起到补充章程规定不足的作用。而成员能力，即哪些主体可以成为团体的成

①　《美国非营利法人示范法》第6.03条［无成员要求］规定："不要求法人必须拥有成员。"

员,在各类团体中有所区别,可置于各单行法中规定,不宜入总则(或团体法)。

基于上述分析,在总则(或团体法)中应当规定:成员权的继承与转让问题、表决权、知情权等具体权利,成员出资义务,退社与除名等。立法模式上,可采用前文所述第二种模式,即在社团法人之下设置相关条文的模式。具体条文设计及说明如下:

第 X1 条[成员权的继承与转让]

成员权不得继承与转让,章程或法律另有规定的除外。

第 X2 条[入社]

成员可随时入社,章程或法律另有规定的除外。

第 X3 条[成员平等]

所有的成员享有平等的权利,章程或法律另有规定的除外。

第 X4 条[退社与除名]

社员有权随时退社,章程或法律另有规定的除外。

章程可对成员的除名事由及程序作出规定。

第 X5 条[出资义务]

成员的出资,依章程规定。章程若无规定的,以社团宗旨所需费用为限,由所有成员平均分摊。

第 X6 条[成员大会的召集]

成员大会每年至少召开一次。十分之一以上的成员明示会议的目的、请求召集会议的,应当召集临时大会。章程对召集人数可另行规定。

第 X7 条[成员大会的决议]

若法律或章程无其他规定,成员大会决议由过半数成员出席，并由出席成员过半数表决通过。

第 X8 条［章程的变更］

社团法人的章程，以全体成员四分之三以上同意为限，可以变更，但章程另有规定的除外。

第 X9 条［表决权］

各成员的表决权平等。未出席大会的成员，可以书面形式或委托代理人行使，章程或社团决议另有规定的除外。

第 X10 条［无表决权情形］

就社团法人与某一成员的关联事项进行表决时，该成员无表决权。

第 X11 条［成员的决议撤销权］

成员大会或管理机关的会议召集程序、表决方式违反法律或章程，成员可以在决议作出之日起六十日内请求人民法院撤销。

第 X12 条［成员的知情权］

成员有权查阅、复制社团的章程、成员名册、成员大会或者成员代表大会记录、理事会会议决议、监事会会议决议等文件材料。

第 X13 条［财产的归属］

社团法人终止时，财产归属于章程规定的人。章程若无规定的，由成员大会或社团的其他决议确定归属权人。

依上述程序仍不能确定归属权人时，财产归属于社团终止时的现存成员。

第 X14 条［非法人组织中的成员权的法律适用］

非法人组织中的成员权，参照社团法人中成员权的有关规定，特别法另有规定的除外。

说明：

第 X1 条至第 X4 条为成员权的继承与转让、成员权的取得与消灭(入社与退社)、成员平等规定。

第 X5 条为成员义务的规定。

第 X6 条至第 X11 条通过对成员大会的召集、决议、成员表决权及成员的决议撤销权的规定，体现成员的参与大会的权利、表决权、依法决议权这些重要的参与权。

第 X12 条为成员知情权的规定。

第 X13 条通过对财产的归属规定，体现成员参与分配剩余财产的权利。

第 X14 条规定除法人之外的团体人格中成员权的适用问题。

我国民法中"成员权"翻译考辨

内容提要：我国民法理论中的"成员权"概念及理论源自德国，学界目前对德语"Mitgliedschaft"的翻译存在诸多分歧，可能与日本民法学概念的引入及学者对其性质的认识分歧有关。鉴于德国"Mitgliedschaft"理论的当代发展，其外延已有较大的扩大，故笔者主张放弃传统"社员权"表达，而采用"成员权"表达。此外，使用成员权表达，还应当区别于基于成员权产生的具体权利与成员能力这两个概念。

引言

2006 年颁布的《中华人民共和国农民专业合作社法》第三章使用了"成员"与"成员权利"概念，该法并未使用 20 世纪 50 至 70 年代中国农村集体经济组织中的"社员"与"社员权"概念。然而，目前多数民法学者的论文及教科书中都使用"社员权"概念，① 只有少数学者使用"成

---

① 略举几例：参见谢怀栻：《论民事权利体系》，载《法学研究》1996 年第 2 期，第 75～76 页；王利明：《民法总则研究》，中国人民大学出版社 2003 年版，第 209 页；王卫国主编：《民法》，中国政法大学出版社 2007 年版，第 37～38 页；李永军主编：《民法总论》，中国政法大学出版社 2008 年版，第 20 页；陈华彬：《民法总论》，中国法制出版社 2010 年版，第 203 页。

员权"。① 立法选择"成员"与"成员权利"概念，也许有法政策的考量，正如有学者认为，"社员"和"社员权"作为20世纪50至70年代中国农村地区广泛使用的概念，是当时合作社成员的特殊称谓，有其特殊含义，在当代私法中使用此概念会有不必要的误解和阻力。② 此外，"社员"和"社员权"是传统大陆法系国家或地区民法理论中的概念，社员是社团的对称，但我国法人分类中的"社会团体法人"与传统的"社团"所指范围并不相同，直接使用"社员"和"社员权"对我国现有的民法体系会产生冲击，所以，成员及成员权的概念更适合当前的法律体系。③ 笔者认为，上述两点理由均有一定合理性，但在未来的民法典中是否坚持使用"成员权"概念，尚需要进一步探究。

本文将以成员权概念的来源词——德语"Mitgliedschaft"的中文翻译为切入点，考察该词在近代随着民法制度的引入传入中国的过程，评析中国理论界对成员权性质的理论纷争，通过进一步分析德国成员权制度的当代发展，为"成员权"概念正名。

一、德语词"Mitgliedschaft"的中文翻译考察

我国学界普遍使用的"社员权"源自《德国民法典》第38条"Mitgliedschaft"一词，但事实上对该词存在多种不同

---

① 参见屈茂辉主编：《中国民法》，法律出版社2009年版，第54页。

② 参见侯德斌：《农民集体成员权利研究》，吉林大学2011年博士学位论文，第35页。

③ 参见侯德斌：《农民集体成员权利研究》，吉林大学2011年博士学位论文，第35页。

译法。

（一）将"Mitgliedschaft"译为"社员资格"的示例

1. 对《德国民法典》第 38 条中"Mitgliedschaft"的翻译示例

上海社会科学院法学研究所翻译的《德意志联邦共和国民法典》是中华人民共和国成立以来较早的译本，其中将《德国民法典》第 38 条第 1 句译为"社员的资格不得转让或继承"①。杜景林、卢谌的译本将《德国民法典》第 38 条第 1 句译为"社员资格不得转让和继承"②。陈卫佐最新的译本将《德国民法典》第 38 条第 1 句译为"社员资格是不可转让和不可继承的"③。上述三个译本虽然在动词的表达上略有区别，但将"Mitgliedschaft"一词均译为"社员资格"。

2. 对德文文献中"Mitgliedschaft"的翻译示例

拉伦茨的《德国民法通论》第十章（社团）第三节为"Mitgliedschaft"，王晓晔将其译为"社员资格"④。

（二）将"Mitgliedschaft"译为"成员资格"的示例

1. 对《德国民法典》第 38 条中"Mitgliedschaft"的翻译示例

---

① 《德意志联邦共和国民法典》，上海社会科学院法学研究所译，法律出版社 1984 年版，第 7 页。

② 《德国民法典》，杜景林、卢谌译，中国政法大学出版社 1999 年版，第 7 页。

③ 《德国民法典》，陈卫佐译注，法律出版社 2010 年版，第 16 页。

④ ［德］卡尔·拉伦茨：《德国民法通论（上册）》，王晓晔、邵建东等译，法律出版社 2003 年版，第 221 页。在该书中，王晓晔负责翻译第五章至第十章，上述译法系其本人观点。

郑冲、贾红梅的译本将第38条第1句译为"成员资格不得转让或继承"①。也就是将条文中的"Mitgliedschaft"一词译为"成员资格"。

2. 对德文文献中"Mitgliedschaft"的翻译示例

梅迪库斯的《德国民法总论》第六十六章(有权利能力的社团)第二节为"Mitgliedschaft",邵建东将其译为"成员资格"②。

(三)将"Mitgliedschaft"译为"社员权"的示例

胡长清在《中国民法总论》一书中将德语"Mitgliedschaft"译为"社员权",原文表述如下："社员权(Mitgliedshaft)者,社员对于社团所有权利义务之总称也。"③

(四)将"Mitgliedschaft"译为"成员身份"的示例

怀克与温德比西勒所著的《德国公司法》第二十二章第二个问题涉及股东的法律地位,第一个小问题为"Mitgliedschaft"的取得和丧失④,殷盛将该词译为"成员身份"⑤。

(五)对"Mitgliedschaft"中文译法的小结

从词义来看,对"Mitgliedschaft"一词多译的分歧,主要

---

① 《德国民法典》,郑冲、贾红梅译,法律出版社1999年版,第5页。

② [德]迪特尔·梅迪库斯:《德国民法总论》,邵建东译,法律出版社2000年版,第833页。

③ 胡长清:《中国民法总论》,中国政法大学出版社1997年版,第132页。

④ Vgl. Götz Hueck/Christine Winderbicherler, Gesellschaftsrecht, 21 Auflage, München: C. H. Beck, 2008, S. 229f.

⑤ [德]格茨·怀克、克里斯蒂娜·温德比西勒:《德国公司法》,殷盛译,法律出版社2010年版,第340页以下。

基于两点：其一，对"Mitglied"翻译的分歧，主要译为"社员"与"成员"两种，此外，还有译为"会员"①的情形。其二，基于对词根"schaft"翻译的分歧，分别译为"资格""身份"；而将"Mitgliedschaft"直接译为"社员权"则未拘泥于"schaft"词根的限制，而是根据"Mitgliedschaft"在德国法上的性质。

二、我国学者对德语词"Mitgliedschaft"一词多译的原因

我国学者对"Mitgliedschaft"不同译法的最早出处已很难考证，但大致可推断出基于以下三方面的原因。

(一)日本对德语词"Mitgliedschaft"的翻译及其对中国的影响

1. 日语对德语词"Mitgliedschaft"和"Mitglied"的翻译表达

在日文的文献资料中，日语将"Mitgliedschaft"翻译为"社員権"②。此外，根据汉译的日文资料，可推断日语对"Mitglied"也有不同的译法，在《日本民法典》第二章法人中使用"社员"③一词；另外，在日语中还有"会员"④"构成员

---

① ［德]迪卡尔·施瓦布:《民法导论》，郑冲译，法律出版社2006年版，第755页。

② ［日]新津和典:《19世紀ドイツにおける社員権論の生成と展開——社員権論の歴史性と現代的意義》，《法と政治》(59卷1号)2008年4月。(［日]新津和典:《19世纪德国员工权论的生成与展开——员工权论的历史性与现代意义》，《法律和政治》2008年4月。)

③ 《日本民法典》，王书江译，中国法制出版社2000年版，第13页以下。

④ 魏景赋、魏游编，河源和郎审校:《日中·中日双解法律用语词典》，法律出版社2002年版，第254页。

(建筑物区分所有权)"①的表达。

2. 清末法学资料及译著对日语"社員"和"社員権"的引入

1903年，清末留日学子汪荣宝、叶澜所编的《新尔雅》已有"社团法人"和"社员"的提法。② 1904年，熊元楷主编的《民法总则》(京师法律学堂笔记)是日本在中国的法政速成第四期讲义，其中已有"社员""社员地位"及"社员权"的概念。③ 1907年，陈海瀛、陈海超所翻译的富井政章的《民法原论》一书在法人设立应规定的事项中有"社员资格得丧之规定"。④

3. 中国近代民事立法和学术著作中普遍使用"社员资格"与"社员"

《大清民律草案》第106条规定，"社员之资格，不得让与或继承"；《民国民律草案》第65条规定，"社员之资格不得让与"；《中华民国民法》第47条也提到了"社员资格之取得与丧失"。⑤ 民国学者史尚宽、郑玉波、梅仲协、胡长清等在其民法著作中均使用了"社员资格""社员权"以及"社

---

① 陈华彬：《建筑物区分所有权》，法律出版社2007年版，第235页。

② 汪荣宝、叶澜主编：《新尔雅》，台湾文海出版社1914年版(1903年初版)，第30页。

③ 参见熊元楷主编：《民法总则》(京师法律学堂笔记)，安徽法学社印行1914年版(1904年初版)，第206页以下。

④ 参见富井政章：《民法原论》，陈海瀛、陈海超译，中国政法大学出版社2003年版(1907年初版)，第146~147页。

⑤ 参见杨立新主编：《中国百年民法典汇编》，中国法制出版社2011年版，第64、226、392页。

员"等词。①

根据俞江学者的观点，20 世纪初，我国学者由于直接借鉴日本引入的西学成果，法学翻译的难题得以解决。因为当时日本的民法学概念基本使用汉字表达，这就为中国在学习西方民法学时提供了可直接参照的语言系统。中国学者在引入日本民法学词汇时并非完全被动地继受，也有能动地扬弃，但在现代民法学中还是保留了大量的日本民法学汉字，如民法、权利、法人、动产、不动产等。1911 年以前，中国学者基本上完成了吸收、消化和创立自己的法学概念体系的过程。② 而上述民国学者的著述多为 1911 年之后，可见其著作中"社员资格"与"社员权"也是保留日本民法汉字的结果，而不是直接翻译或扬弃的词语。

所以，中国学者关于"Mitgliedschaft"的德文译为"社员资格""社员权"可能也是受到近代民事立法及学者著述的影响。由于多数文献使用"社员资格""社员权"的表达，在下文中笔者使用"社员资格(权)"的表达。

(二)学者对"Mitgliedschaft"性质的不同理解及其可能对翻译的影响

国内学者关于社员资格的定性主要有三种观点：地位

---

① 参见史尚宽：《民法总论》，中国政法大学出版社 2000 年版，第 25 页；史尚宽：《债法总论》，中国政法大学出版社 2001 年版，第 160 页；郑玉波：《民法总则》，中国政法大学出版社 2003 年版，第 66 页；梅仲协：《民法要义》，中国政法大学出版社 1998 年版，第 35 页；胡长清：《中国民法总论》，中国政法大学出版社 1997 年版，第 132 页。

② 参见俞江：《清末民法学的传播与输入》，《法学研究》2000 年第 6 期。

说、权利义务说、权利说，其中权利说又分为四种观点，即人格权说、身份权说、综合权利说、独立权利说。

1. 地位说。代表人物为李宜琛先生，他认为："是以所谓社员资格者，与其谓为一种权利，无宁解为一种法律上之地位也。"①

2. 权利义务说。代表人物为王泽鉴先生、陈华彬先生，他们认为社员资格是"成员所享有的权利与承担的义务的集合"②。

3. 权利说。承认社员资格是法律上的权利。但根据对社员资格性质的不同认识，又可分为四种观点，即人格权说、身份权说、综合权利说和独立权利说。人格权说为曹乐、张正学所主张。③ 身份权说为胡长清所持，"依余所信，社员资格固系一种独特之权利。但依我民法解释，则应以其属于身分权之范畴。盖社员资格者，与成员资格相终始之权利也，且其内容，以参与社团之事务为其主要成分，谓为身分权之一种，不亦宜乎?"④综合权利说的典型代表是郑玉波先生、梁慧星先生，"社员资格者，乃兼具非财产权与财产权双重性格之权利也"。⑤ 梁慧星先生认为"社员资格是兼具两

---

① 李宜琛：《民法总则》，中国方正出版社 2004 年版，第 110 页。

② 陈华彬：《民法总论》，中国法制出版社 2010 年版，第 203 页。

③ 参见李宜琛：《民法总则》，中国方正出版社 2004 年版，第 110 页。

④ 胡长清：《中国民法总论》，中国政法大学出版社 1997 年版，第 132 页。

⑤ 郑玉波：《民法总则》，中国政法大学出版社 2003 年版，第 66 页。

种性质之权利(注:具财产性与非财产性)"①。独立权利说的代表人物是谢怀栻先生、王卫国教授。谢怀栻先生在《论民事权利体系》一文中将"社员资格"列为独立的一种权利。王卫国教授从其观点。② 此外,还有学者认为,"若将社员资格解为包括自益权与共益权两种内在结合权能的独立民事权利,则社员权与社员资格并无本质区别,而社员地位与社员资格的区别仅在于名称不同而已"③。

地位说、人格权说、身份权说是少数说。我国学者对于社员资格的定位是综合权利还是独立的权利还没有达成共识。如果界定为独立的权利,则要对这种权利的独立性(独立的意义和价值)进行较充分的论证,但目前国内理论界的论述甚少。而综合权利说未能论证社员资格与构成它的各个权利之间的关系。人格权说、身份权说又是否从一个方面描述了社员资格的特征?而地位说、权利义务说与权利说又是否存在根本的区别?区别之处何在?笔者认为,对社员资格的定性需要对其上位概念——权利、义务以及法律关系的本质进行探讨,进而分析社员资格的特殊性质,才能确定社员资格的法律性质。对于这个问题笔者将另文探讨。

回到现在所探讨的问题,笔者认为上述对社员资格的性

---

① 梁慧星:《民法总论》,法律出版社 2011 年版,第 72 页。采相同观点的学者还有王利明、刘凯湘等。参见王利明:《民法总则研究》,中国人民大学出版社 2003 年版,第 209 页;刘凯湘主编:《民法总论》,北京大学出版社 2006 年版,第 75 页。

② 王卫国主编:《民法》,中国政法大学出版社 2007 年版,第 37~38 页。

③ 刘俊海:《股份有限公司股东权的保护》,法律出版社 2004 年版,第 47 页。

质的不同理解也可能是导致翻译存在分歧的原因，比如出现"成员身份"的译法可能受到身份权说的影响。而"社员权"的译法可能是将"社员资格"视为一种独立的权利或者权利义务的集合。

（三）德国对"Mitgliedschaft"所产生的团体范围的认识局限及其可能对翻译的影响

德国理论和判决对"Mitgliedschaft"所存在的团体基础范围的认识也经历了一个历史变化的过程。在 20 世纪前半叶，主流观点否认在合伙中存在成员权，认为只在法人中存在成员权。20 世纪 70 年代以后，韦德曼（Wiedemann）、胡伯（Huber），特别是弗卢梅（Flume）认为合伙中存在典型的成员资格，合伙中的成员资格可以被评定为权利。① 现今主流观点肯定一元的成员资格，认为虽然成员资格存在的两种团体基础——合伙与法人有所不同，但是其法律性质是统一的。② 虽然从《德国民法典》的规定来看，成员资格被规定在第一编（人）第二节（法人）中，但是从德国判例和学说的发展来看，成员资格存在的团体基础已不仅仅是社团法人，还包括合伙。

---

① Vgl. Wiedemann Herbert, Die Übertragung und Vererbung von Mitgliedschaftsrechten bei Handelsgesellschaften, 1965, S. 39 f; Huber Ulrich, Vermögensanteil, Kapitalanteil und Gesellschaftsanteil an Personengesellschaften des Handelsrechts, Heidelberg: Winter, 1970, S. 349ff., S. 369ff, 380ff; Flume, Werner, Die Personengesellschaft, Berlin: Springer, 1977, S. 125ff.

② Vgl. Franz Jürgen Säcker/Roland Rixecker, Münchener Kommentar zum Bürgerlichen Gesetzbuch, Bd. 1（§§1-240）, 6. Aufl., München: C. H. Beck, 2012, S. 681f.

中国近代民事立法和学术著作中普遍使用"社员资格"与"社员"可能是由于20世纪初间接或直接继受德国旧有理论，特别是囿于继受了日本法学所使用的"社团"与"社员"概念，未进行汉语翻译的转变。后来许多学者也未跳出这些概念的窠臼。只有晚近的部分学者可能意识到了德语中"Mitglied"译为"成员"并无不可。

三、本文对德语词"Mitgliedschaft"的翻译

语言虽然以词为基础，但词的意义确定却并不仅仅从词义本身能被完全解释，必须考虑从动态发展的角度理解，所以诠释学最终是从历史科学发展起来的。本文将运用诠释学的方法翻译德语词"Mitgliedschaft"。

1. 解析词根"Schaft"

其一，通过词义破译。词根"Schaft"如果直译，表达"做"的意思。在法学术语中，也常出现有词根"Schaft"的词语，如 Gemeinschaft（共同关系），该词将"Schaft"表达为"关系"。参照此译法，"Mitgliedschaft"似可译为"成员关系"。

其二，根据理论破解。根据权利与法律关系二者之关系，法律关系与权利本质上具有同一性。而成员地位或成员资格也是法律关系的体现，所以成员地位、成员资格、成员法律关系、成员权利义务本质上为一体。现今德国学界的主流观点认为，"Mitgliedschaft"既是法律关系又是权利。本文将"Mitgliedschaft"表述为"成员权"一方面是为了符合德国学者对"Mitgliedschaft"的主流观点，另一方面也是为了突显在团体组织中这一容易被忽视的"权利"。不过，由于表述语境的不同，可以将"Mitgliedschaft"表达为"成员资格""成员资

格关系""成员资格法律关系""成员权""成员权关系"，但所指相同，均为德语中之"Mitgliedschaft"。

2. 解析词根"Mitglied"

其一，通过词义破译。德语中的"Mitglied"可译为英语的"member"①，运用和指向非常广泛，与汉语中的"成员"最为接近。当然，根据汉语表达的特点，对于不同团体的成员，可以有不同的表达，如协会会员、学会会员、合作社社员、俱乐部成员、公司股东等，这些不同表达属于在翻译中根据语境进行的表达变化，完全符合汉语习惯。

其二，通过理论破解。仅从上述词义，不能反映德国理论之发展。"社员资格"一词是根据旧的德国民法理论翻译的产物，是"社团(社团法人)"的对称，该词翻译已具有特定的意义，即仅指社团法人中的成员，而不包括合伙中的成员。根据现今德国民法理论的更新，"Mitgliedschaft"在合伙与法人中具有统一的法律性质，无区分的必要，所以采用"成员资格"的翻译在汉语的语境中将具有扩大概念外延的作用，以区别于传统民法中外延局限于社团法人的"社员资格"。

由此，本文将德语词"Mitgliedschaft"译为"成员权"，一方面，根据德国民法理论与判决的发展，"Mitgliedschaft"存在的团体基础范围已然扩大，本文将"Mitglied"译为"成

---

① 英语"member"一词，译成汉语为"成员""会员"。例如，member corporation 成员公司，member courtry 成员国，member government 会员国政府，member of collegial panel 合议庭成员。参见程逸群主编：《英汉·汉英双向法律辞典》，中国政法大学出版社1999年版，第280页。

员";另一方面，根据"Mitgliedschaft"在德国民法中的法律性质，将"Schaft"译为"权利"强调其权利性质。

四、德语词"Mitgliedschaft"的相关词语及翻译辨析

在德语的民法语境中，有两个词语与"Mitgliedschaft"相关，在翻译为中文后，极易与"Mitgliedschaft"的中文表达发生混淆，造成理论上不必要的分歧与纷争，在此有必要一并释明。

1. 德语词"Mitgliedschaftrecht"的中文翻译

《德国民法典》第 38 条第 2 句中有"Mitgliedschaftrecht"一词，学者对该词主要有两种不同的译法：第一种将其译为"社员权"①，第二种将其译为"社员资格的权利"②或"由成员资格所产生的权利"③。

上述两种译法中，第二种翻译较为妥当，因为这种译法正确地区分了"成员资格（权）"与"由成员资格所产生的权利"，也就是说区分了成员权与成员权的具体权能。而第一种译法则值得商榷，因为这种译法容易使人混淆"成员权"与基于成员权产生的权能（各种具体权利）。

---

① 杜景林、卢谌将第 38 条第 2 句译为："社员权不得委托他人行使。"参见《德国民法典》，杜景林、卢谌译，中国政法大学出版社 1999 年版，第 7 页。

② 陈卫佐将第 38 条第 2 句译为："社员资格的权利不得交给他人行使。"参见《德国民法典》，陈卫佐译注，法律出版社 2010 年版，第 16 页。

③ 郑红梅、贾冲将第 38 条第 2 句译为："由成员资格所产生的权利不得委托他人行使。"参见《德国民法典》，郑冲、贾红梅译，法律出版社 1999 年版，第 5 页。

所以，在此需要区分"Mitgliedschaft"和"Mitglied-schaftrecht"，它们分别指"成员资格（权）"和"基于成员资格产生的权利（权能）"。

2. 德语词"Mitgliedsfähigkeit"的中文翻译

德语中表达何种民事主体可以成为团体的成员使用"Mitgliedsfähigkeit"一词，即译为"成员能力"。受德国法概念的影响，在我国法学中用"能力"表达主体"资格"的情形，这对学者而言并不陌生，如民事权利能力指"据以充当民事主体，享受民事权利和承担民事义务的法律地位或法律资格"①。

但如前所述，"Mitgliedschaft"直译为中文，也表达为"成员资格"。而这种表达，极易被误解为德语民法语境中的"成员能力"。

需要特别澄清的是，德语中用于表达"成员权（成员资格）"和"成员能力"的词分别为"Mitgliedschaft"和"Mitgliedsfähigkeit"。在汉语中，由于约定俗成的翻译，成员权往往也表达为"成员资格"，但它与"成员能力"是完全不同的。作为民法学专业术语，学者应当区分使用"成员资格"与"成员能力"，而不应当将二者混淆。②

---

① 参见梁慧星：《民法总论》，法律出版社2011年版，第65页。

② 参见管洪彦：《农村集体成员权研究》，中国人民大学2011年博士学位论文，第三章第74页以下。在该文中作者所使用的"成员资格"，探讨的是何种主体可以成为集体经济组织成员，其实是指"成员能力"的问题。

五、结语

我国民法理论中"成员权"的概念系源自《德国民法典》第 38 条中的"Mitgliedschaft"一词。由于德国成员权理论的当代发展，成员权存在的团体范围已有较大的扩展，有必要放弃 20 世纪初继受德国民法概念时与社团法人对称的"社员权"表达，而采用"成员权"的翻译。

根据权利与法律关系二者关系的理论，德语"Mitgliedschaft"既可表达为"成员权"，也可表达为"成员权法律关系"。在德语中，"基于成员权产生的权利"用"Mitgliedschaftrecht"表达，而"成员能力"则用"Mitgliedsfähigkeit"表达。在民法中使用"成员权"概念时，应当注意区分"成员权"与"基于成员权产生的具体权利"的不同，同时注意"成员权"与"成员能力"也是不同的概念。

"编纂民法典"的任务已在党的十八届四中全会的《中共中央关于全面推进依法治国若干重大问题的决定》中被明确提出，而民法典编纂中不应忽略作为民事权利体系中的"成员权"问题，但目前理论界对于"成员权"的表达尚不统一，希望本文的探索有助于成员权制度的进一步研究。

（本文发表于《三晋法学》（中国法制出版社）2017 年第 11 辑）

民法典编纂中成员权入典之立法构想

内容提要：成员权是一项重要的民事权利，而现行的民法总则却并未明确规定该权利。在民法典编纂过程中明确规定成员权，既具有宪法中结社自由的权利基础，又具有完善民事制度的意义，有助于丰富民事权利的类型及确立权利救济的请求权基础，也有助于民法团体人格构建。成员权的一般理论涉及其性质、内容、成员能力、存在的团体基础、取得与消灭以及保护，可作为构建民法典中成员权制度的基础。在未来的民法典中设计成员权有两种方案可供选择，采"一般法+特别法"的立法模式较优，建议将成员权的一般规定纳入民法典。

一、问题的提出

成员权，传统民法又称为"社员权"。谢怀栻先生在《论民事权利体系》一文中以民事权利的内容（被保护的利益）为标准，将民事权利体系分为五类：人格权、亲属权、财产权、知识产权和社员权，[1] 社员权被列为一种独立的权利类

---

[1] 参见谢怀栻：《论民事权利体系》，《法学研究》1996年第2期。

型。他给社员权所下的定义，体现了几层意义：其一，社员权本质上是发生在成员与社团之间的法律关系；其二，社员权包含社员对团体享有的一系列权利。先生还指出，股东权是社员权中最主要的类型；但是，人们还未重视其他社团中的社员权。他认为，随着社团组织的日渐增多，社员权日益受到人们的重视。然而，由于特有的历史文化传统与计划经济单位制度的因素，我国形成重团体而轻成员、重视团体权利而轻视成员权利的文化特点，在法学研究中则表现为相当长时间内忽视对团体中成员权的研究。目前学界对成员权问题虽有一定研究，但研究尚不深入与系统。

与我国对成员权的关注及研究不足形成对照的是，德国对该问题的探讨已近 150 年。《德国民法典》颁行之后，在相当长时间内由于传统民法对潘德克吞体系的遵循，成员权问题在教科书及各种文献中鲜有论及。德国学者奥托·冯·基尔克（Otto von Gierke）曾经指出成员在社团中的人身权利在私法体系中很大程度上被忽略了。① 然而，在 20 世纪 50 年代到 90 年代，德国法的成员权理论有了极大发展，对成员权理论发展有极大推动作用的代表性学者有刍勒（Zöllner）、维德曼（Wiedermann）、胡博（U. Huber）、弗洛梅（Flume）、路特（Lutte）和哈博让克（Habersack）等，目前德国的成员权理论已臻成熟。②

我国于 2017 年通过《中华人民共和国民法总则》，该法

① Gierke. Otto, Deutsches Privatrecht. Bd. I, Allgemeiner Teil und Personenrecht, 1895, S. 262.

② 参见任中秀：《德国团体法中的成员权研究》，法律出版社 2016 年版，第 3~4 页

不仅缺少对社团法人这一团体组织的规定,① 还缺少关于以团体组织为基础的成员权规则。我国《民法总则》一方面未能吸收国外成熟的"成员权"理论研究成果,另一方面也未能提炼已有的具体类型的成员权立法进而抽象形成一般规定,这与民法典立法追求的体系性和科学性的指导思想明显相悖。民法典编纂中成员权为何有必要入典?成员权制度应当包含哪些内容?如何在民法典中设计成员权制度?上述问题都待理论界作深入探讨。有鉴于此,本文拟对民法典编纂中成员权的立法问题进行初步探讨,以引起立法者及学界对该问题的关注。

二、成员权入典之法理基础

(一)成员权入典的宪法基础

我国《宪法》第 35 条规定,中华人民共和国公民有结社的自由。宪法中规定的结社自由是民法典中成员权存在的基本法依据。那么,基于宪法规定而产生的结社自由与民法典中可以规定的成员权二者之间有什么关联性?二者之间又有怎样的差异呢?在探讨民法典规定成员权之前,有必要先澄清二者关系。

结社的概念,学界并无太大分歧,一般是指人们为了某种目的而自愿组成某种社团或组织,并采取集体行动的

① 《民法总则》在法人制度中基本延续了《民法通则》的分类,采用营利法人与非营利法人的分类,而未沿用传统大陆法系社团法人与财团法人的分类,这一点已受到学界批评。参见柳经纬:《民法典编纂的体系性困境与出路》,《甘肃社会科学》2018 年第 2 期。

社会活动过程。学者们对结社自由的概念存在多种理解。①
本文认为，结社自由是指个体（个人或组织）为实现一定目
的结成稳定性组织的自由，包括该组织自主管理内部事务
的自由。

成员权与结社自由之间具有关联性。二者的关联性表现
为：首先，结社自由是成员权产生的前提。宪法意义上的结
社自由确保了团体的自由设立，民法意义上的结社自由使其
他主体不得侵犯设立团体的自由权利。② 只有确立团体的自
由设立，才有所谓成员与团体的法律关系。没有结社自由，
成员权便无从谈起。因此，结社自由是成员权产生的宪法基
础。

其次，结社自由的主体也是未来团体中享有成员权的主
体。结社自由的主体包括自然人和组织。人权理论产生以
来，人权的主体经历了"从有限的主体到普遍主体""从生命
主体到人格主体""从个体到集体"的发展历程。③ 该历程也
影响了结社自由主体范围的变化。在当代各国宪法和民商事
法中，已普遍确立自然人、法人和非法人组织的结社主体地
位。④ 在成员权理论研究中，何种主体可以成为团体的成

---

① 参见杜筠翃：《结社自由的法律规制》，复旦大学 2012 年博
士学位论文，第 46 页。

② 参见史尚宽：《民法总论》，中国政法大学出版社 2000 年版，
第 124 页。

③ 参见徐显明主编：《人权法原理》，中国政法大学出版社 2008
年版，第 126 页。

④ 参见杜筠翃：《结社自由的法律规制》，复旦大学 2012 年博
士学位论文，第 51~52 页。

员，即成员能力的问题。① 各国普遍认为自然人、法人和其他组织都有成员能力。例如，《美国非营利法人示范法》(1987)规定"人"包括"自然人"或者"团体"。② 德国理论界和法院普遍认为自然人、法人和合伙都有成员能力。③ 所以，私法上结社的主体与成员权的主体类型应当是一致的。

最后，结社自由的内容往往导致成员权的产生、行使或消灭。实现积极的结社自由首先表现为积极地组建和加入社团，社团通过其意思机关、执行机关等实现内部管理和对外活动；消极的结社自由则是退出和不加入社团，任何人不得违背主体的意愿强行要求加入某个社团或不允许退出社团。④ 成员组建或加入团体，获得成员资格，从而导致成员权的产生；成员退出团体导致成员权的消灭；团体自主的内部管理和对外活动往往是团体内部成员权行使和实现的体现。二者之间的关系，可以通过下图更为直观地表示出来。

成员权与结社自由之间亦不能等同，二者之间存在明显的差异性。首先，成员权与结社自由的权利性质不同。结社

---

① 参见任中秀：《德国团体法中的成员权研究》，法律出版社2016年版，第23~24页。

② 参见金锦萍、葛云松主编：《外国非营利组织法译汇》，北京大学出版社2006年版，第7页。

③ Vgl. Reuter, Dieter, 145 ZHR, 273, 274 bis 277(1981), zitiert nach Franz Jürgen Säcker/Roland Rixecker, Münchener Kommentar zum Bürgerlichen Gesetzbuch, Bd. 1 (§§1-240), 6. Aufl., München: C. H. Beck, 2012, S. 685, 688.

④ Young, James and Webster v. United Kingdom, (1981)4EHRR 38. 转引自陈欣新：《结社自由的司法保障》，《环球法律评论》2004年第3期。

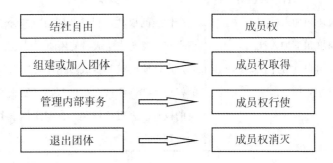

自由是人权，也是基本权利。如果说结社自由作为人权是在抽象意义上来说，那么作为基本权利则体现为实在法的权利。此外，作为法定意义的结社自由还具有双重意义：一方面表现为宪法基本权利，另一方面则表现为民法上的权利。结社自由在民法上表现为其他私法主体不得侵犯他人结社的自由，属于民法人格自由权的范畴。民法中的成员权是私法上的权利，该权利是指成员作为团体的组成与团体发生一定的法律关系，成员对团体享有一系列的权利，构成权利束。① 成员权是私法上的权利，其权利主体是成员，权利相对人是团体。而且，需注意的是，团体同时也是权利行使的标的。②

其次，成员权与结社自由的权利内容不同。分别作为私法与公法意义上的权利，两种权利的内容有较大的差异，如下表所示：

---

① Vgl. Habersack Mathias, Die Mitgliedschaft-subjecktives und „sontiges" Recht, Tübingen：Mohr Siebeck，1996，S82.

② 参见任中秀：《德国团体法中的成员权研究》，法律出版社2016 年版，第 136 页。

结社自由的内容	成员权的内容
组建和加入社团 退出和不加入社团 社团自主的内部管理和对外活动	财产性质的权利：利益及剩余财产分配请求权、参与决定成员使用团体设施等 非财产性质的权利：成员出席社团会议的权利、选举和被选举的权利、发表意见的权利、表决的权利、参与团体事务的权利等

经济性团体中成员财产性质的权利中利益分配请求权以及剩余财产分配请求权为成员较为重要的权利；非经济性团体中，成员权主要表现为非财产性的权能。

入社与退社会导致成员权的产生或消灭，但是这两种自由并不属于成员权的内容。成员权产生于成员能力的取得，一旦成员能力消灭，成员权即终止。如前所述，成员权本质上是成员对团体的权利，入社与退社都不属于成员权的内容。但退社可能构成经济团体中成员权的转让(处分)。

(二)成员权入典的民法意义

《德国民法典》不同于《法国民法典》之处在于其规定了"总则编"，而这种立法体例的出现是德国潘德克吞法学发展的必然结果。这种立法体例体现了立法者将总则的功能定位于体系化的工具。全国人大常委会在《关于〈中华人民共和国民法总则(草案)〉的说明》中指出，民法总则编是民法典的组成部分，总则编在民法典中既具有统率及纲领作用，又要对社会生活中的新问题作出新规定。因此，民法总则既要发挥体系化的功能，又应对新问题。在民法总则中规定成员权制度，既体现了民法总则对民商事团体组织中成员权的抽象规范功能，又表明立法者对近几十年来蓬勃发展的民商事组织中成员权法律关系的积极应对，与立法目的正好吻合。

首先，民法典中设计成员权制度有利于丰富民事权利体系。民法总则以民法通则为基础，继受了民法通则中"民事权利"独立成章的立法思路。在具体权利类型上，规定了传统的人身权利与财产权利外，还提到了"股权"以及"其他民事权利"。但民法总则未能大胆规定"股权"的上位概念——"成员权"这一重要的民事权利类型。《民法通则》未规定成员权，有其特定的历史背景，因为当时的中国社会还未发展出丰富的市场经济主体和各类社会团体组织。但随着中国从计划经济向市场经济转型，中国民间社会也逐步成熟，各种团体组织相继而生，如有限责任公司、股份有限公司、合伙企业、合作社、商会和各类社会团体等。学界对各种组织中的具体成员权已有较为深入的探讨，有的具体成员权，如股权、合作社成员权的相关立法日臻完善。下文将详述之。

公司法学界对股东的账簿查阅权、股东的分红权、退股权、股东对瑕疵公司决议的诉权、股东累积投票权、股东质询权等股东权利已有较深入的探讨。① 学界的研究成果表现为立法上的重大变化。1993 年《公司法》规定了小股东的相关权利，如少数股东提议召开临时股东(大)会的规定(第 43 条、第 104 条第 3 款)，对于特别重要的事项股东(大)会必须特别多数表决通过(第 39 条、第 40 条、第 106 条、第 107 条)，股东权利受到股东(大)会、董事会的决议侵害时诉请

---

① 参见刘俊海：《现代公司法》(第 3 版)，法律出版社 2015 年版，第 506 页。

法院停止侵害行为的诉讼权(第 111 条)。2005 年《公司法》修改后，小股东享有更多的权利。第一，小股东有更多参与公司经营管理的权利，提案权(第 103 条)、表决权(第 43 条、第 111 条)、投票权(第 106 条)都有更灵活的规定；第二，股东享有更多的信息权(第 34 条、第 98 条、第 151 条)；第三，股东有更多事后救济的权利，不仅股份有限公司，而且有限公司的小股东都享有对有瑕疵的公司决定的诉讼权(第 22 条)。

2006 年颁布的《农民专业合作社法》第三章规定了"成员"，对成员资格(第 14 条)、成员权利(第 16 条)、选举权和表决权的行使(第 17 条)、成员的义务(第 18 条)、成员退社等进行了规定。其中规定的"成员权利"涉及各项具体权能：参加成员大会，享有表决权、选举权与被选举权；服务及设施利用权；分享盈余权；查阅资料权等。成员义务作为成员权法律关系的内容也有较为完整的规定：执行决议的义务、出资的义务、按章程与本社交易的义务、按章程承担亏损的义务等。当然，也有学者指出《农民专业合作社法》关于"成员权"的有关规定尚有缺失，有待完善。该学者指出法律缺少关于法定退社的规定，缺乏关于成员除名的规定，关于成员资格终止后的利益安排不妥，关于成员权行使的规定存在缺失，未规定成员权的救济权利。[1]

2006 年修订的《合伙企业法》规定了合伙成员的表决权(第 19 条)、合伙事务执行(第二章第三节)、合伙份额转让

---

[1] 参见曾文革、王热：《〈农民专业合作社法〉关于社员权相关规定的缺失及其完善》，《法治研究》2010 年第 6 期。

的权利(第21条)、知情权(第28条第2款)、利润分配权(第33条)、入伙与退伙(第二章第五节)等。

对商会会员权有初步研究的论著是肖海军所著《商会法律制度研究》,作者认为商会会员权利是商会组织构架的权利基础,是一种典型的成员权。商会会员权利具有权利单元的人本性、权利主体的平等性、权利实现的现实性、权利内容的复合性以及权利行使的直接性等特点。商会会员权利分为自益权和共益权两大类。自益权包括自由申请入会权、自由申请退会权、服务受领请求权、商业机会分享请求权、会展参入请求权、获得帮助权、特别受助请求权、调解请求权、仲裁请求权等;公益权包括出席会议权、选举权、表决权、建议权、代表诉讼提起权、各种会议召集权或请求召集权、监督检查权、人事提名权、商会解散请求权等。①

综上所述,各种团体中的成员权虽然存在一些差异,但亦不乏共同之处,如成员参与成员大会的权利、选举权与被选举权、表决权、瑕疵决议撤销权、查阅资料权、退社权(股权转让权)、权利受侵害的救济权等。这些具体的成员权利构成了一个"权利束",都是成员权的具体体现。成员权的一般规定就是各类具体成员权的"公因式",可以统率各种团体中成员权。此外,民法总则中规定成员权,能为权利救济提供权利基础。任何权利受到侵害,均需借助于"请求权"。请求权基于基础权利发生。只有确立基础权利类型,才能在权利受侵害时找到请求权依据。传统公认的请求权类型主要

① 参见肖海军:《商会法律制度研究》,中国人民大学出版社2010年版,第147~156页。

是基于传统的民事权利类型，例如物权上请求权、债权上请求权、知识产权上请求权、人格权上请求权、身份权上请求权等。一旦确立了"成员权"这一基础权利，"成员权请求权"即可成立。2009年通过的《中华人民共和国侵权责任法》第2条规定的"民事权益"的保护范围中包括"股权"。2011年修改的《最高人民法院民事案件事由》也明确列举了"侵害集体经济组织成员权益纠纷"的事由。除了"股权"与"集体经济组织成员权"之外的其他成员权受到侵害，是否可以依据侵权责任法主张权利救济，构成一个立法的"权利漏洞"，所以规定一般性的"成员权"才能为权利保护建立请求权的基础。

其次，成员权入典有利于民商法中团体人格的合理构建。根据团体法原理，团体法具有的本质特征是以法律行为为基础以实现特定目的人的联合体法。① 团体组织所要实现的共同目标并非一次性的给付，而是成员之间以及成员与团体组织之间的长期分工与协作的关系，因此，团体法也是组织法。因此，团体法意义上所规定的团体应当具有两个重要特征，即以法律行为为基础(意思自治)和独立的组织性。法人具有典型的团体人格意义已成为共识。从比较法视角来看，德国、英国经历了对合伙主体资格从不承认到逐步认可，② 因为合伙具有上述团体组织的两个重要特征。20世纪

---

① 参见任中秀：《德国团体法中的成员权研究》，法律出版社2016年版，第24~25页。

② 两国对合伙的分类不尽相同，但都有普通合伙与有限合伙。德国认可具有共同共有财产的合伙的主体地位，不承认不具有共同共有财产的合伙的独立地位。英国则认为，普通合伙适用合伙法，而有限合伙适用公司的规定。

中叶，德国法学界普遍认为团体只包括法人，合伙是一种共同共有关系，被排斥在团体范围之外。后来经弗罗梅（Flume）论证民事合伙的能力，① 学界意识到共同共有组织体也具备组织要素，其具有意思形成机关以及业务执行机关。有权利能力的合伙在晚近修改的《德国民法典》第 14 条中被认可，独立的民事主体地位得以确立，该主体尤指普通商事合伙与有限商事合伙。② 因此，在德国当代民法中，法人与有权利能力的合伙两类组织体都具有团体人格。英国在 2001 年《有限责任合伙法》中认可了有限责任合伙的法人地位，适用公司和有限公司的规定。③

团体成员基于共同目标而成立团体，全体成员为实现该目标通过制定章程或协议明确团体及成员的权利与义务。因此，可以认为成员权是团体人格构建的必然产物，同时也是将社团法人与合伙两种组织体统一于团体人格之下的共同的基石。反观我国《民法总则》，由于忽视了团体人格构建的重要基础——成员及成员权，导致以下制度设计的误区。

1. 割裂了社团法人与合伙企业两类团体人格。依传统民法理论，合伙与社团法人均是由成员的共同意志形成的组织体，二者可统一于团体人格之下。商事合伙，在很大程度上与法人同等看待，它们可以在其商号之下取得权利（特别是

---

① Vgl. Flume Werner, Die Personengesellschaft, Berlin: Springer, 1977, §1Ⅲ, S. 6.

② 参见《德国民法典》（第 4 版），陈卫佐译注，法律出版社 2015 年版，第 9 页。

③ 参见林少伟：《英国现代公司法》，中国法制出版社 2015 年版，第 70 页。

所有权)和负担债务，在法院起诉和被诉。当然，合伙与社团法人作为两种不同的团体人格，其主要区别表现为：一是成员与团体身份联系的紧密程度不同，合伙建立在较强的人身联结基础上，而社团原则上允许成员变更。二是组织结构不同，合伙成员之间实行一致决定原则，由成员自行执行业务，即自营机关原则；社团则原则上适用多数决定原则，由董事会执行业务，即第三人机关原则。① 但上述区别主要为团体内部组织结构的差异，并不影响二者作为独立的团体人格，而两类团体人格的共同要素之一即为成员及成员权。《民法总则》将合伙企业置于"非法人组织"之下，其可能的原因是立法者严重忽略了法人(指社团法人)与合伙企业共同的存在基础——成员权。

2. 放弃了传统社团法人与财团法人的经典分类。是否具备组织体成员的共同意志，是社团与财团法人的根本区别。这也导致了两类法人内部治理机关的不同。以成员为基础的社团需要设立成员大会，而后者则不需要。② 《民法总则》采纳营利法人与非营利法人的分类，将内部治理迥然不同的非营利社团法人与财团法人统归于非营利法人，同样反映了立法者忽略了对构成两类法人的不同之处，即是否存在成员权。

3. 混淆了非营利社团法人与财团法人的财产归属问题。在事业目的上，两类主体有共同之处，通常均为从事公益的、非营利的事业。但是依传统理论，非营利社团法人终止

① [德]格茨·怀克、克里斯蒂娜·温德比西勒:《德国公司法》，殷盛译，法律出版社2010年版，第33页。
② 柳经纬:《民法典编纂中的法人制度重构——以法人责任为核心》，《法学》2015年第5期。

时，财产的归属由章程、成员大会或社团的其他决议确定归
属权人，只有不能确定归属权人时，财产归属于国库。① 也
就是说，非营利社团法人的成员享有参与分配剩余财产的请
求权，而财团法人财产归属于财团的组织所规定的人；没有
关于归属权人的规定的，财团的财产归属于财团所在地曾经
在的州的国库，或归属于其他依该州法律确定的归属权
人。② 而《民法总则》规定，为公益目的成立的非营利法人终
止时，不得向其出资人或者设立人分配剩余财产；其剩余财
产应当按照章程的规定或者权力机构的决议用于公益目的；
不能按照法人章程规定或者权力机构的决议处理的，由主管
机关主持转给宗旨相同或者相近的以公益为目的的法人，并
向社会公告。上述规定，若适用于财团法人尚且可行，而若
适用于非营利的社团法人，将严重有悖于我国当前吸收社会
资本促进公益事业发展的目标。③

---

① 《德国民法典》第 45 条（社团财产的归属），参见《德国民法
典》（第 4 版），陈卫佐译注，法律出版社 2015 年版，第 18 页。

② 《德国民法典》第 88 条（财产的归属），参见《德国民法典》
（第 4 版），陈卫佐译注，法律出版社 2015 年版，第 28 页。

③ 2016 年 10 月 23 日，笔者与学生一行六人赴太原市三所养老
机构调研。调研中民办养老机构主要负责人谈到，机构成立于 2014
年，注册资金为 100 万元人民币，而投入运营的资金为 1000 万元人民
币，但非常担忧未来资金的出路，因为根据现行政策，他们属于社会
团体，如果停止运营，资金出路将成问题。根据 2012 年新修订的《中
华人民共和国老年人权益保障法》第 6 条规定，国家鼓励社会各方面
的投入，使老龄事业与经济、社会协调发展。2013 年民政部颁布的
《养老机构管理办法》规定，民政部门应当会同有关部门采取措施，鼓
励、支持企业事业单位、社会组织或者个人兴办、运营养老机构。如
果法律不能合理设计剩余财产的归属，可能将导致社会资本面对公益
事业望而却步！

三、成员权入典之立法考察

(一)域外成员权制度立法考察

大陆法系国家民法典中不乏构建成员权制度的成功范例，而这些国家的成员权制度往往与团体人格特别是法人人格的构建密切相关。大致归纳，各国关于成员权的规定，从立法的外在形式上划分，主要有两种模式：其一，在社团法人制度下设专节或专题规定成员权制度，以《瑞士民法典》与《埃塞俄比亚民法典》为典范；其二，在社团法人制度下设相关条文规范成员权制度，例如《德国民法典》《日本民法典》《韩国民法典》《智利民法典》等。两种模式的共同点是，与成员权相关的法人分类均采纳社团法人与财团法人的分类，社团法人为成员权制度奠定了团体基础。第一种立法模式以瑞士、埃塞俄比亚为例。《瑞士民法典》第二章(法人)第二节(社团法人)第三题下规定了"社员权"，共设6个条文(第70～75条)，内容包括：入社与退社，出资的义务，除名，被除名社员的地位，社团宗旨的保护，社员权利的保护。此外，在社团法人第二题(组织)的规定中，也涉及成员权参与权的规定，如召集成员大会的权利与表决权。《埃塞俄比亚民法典》第三题(社团与财团)第二章(社团)第二节规定了"社员"，共设10个条文(第415～425条)，① 内容包括：社员，新成员，加入社团的允诺，社员平等、社员资格的人身性、社员权的行使(代表)，社员权的行使(缴纳会员费)，

---

① 埃塞俄比亚采民商分立体例，民法典中仅规定了非营利性社团。《埃塞俄比亚民法典》第404条规定，社团是两个或两个以上的人为了实现除获得或分享利润以外的目的组成的集合。《埃塞俄比亚民法典》，薛军译，厦门大学出版社2013年版，第60页。

会员费、退社权、开除社员、社团不代表社员。此外，在第三节(管理)中还规定了成员召集大会的权利与决议无效的诉权。《埃塞俄比亚民法典》第五节(社团的权利和义务)还特别区分了社团的权利义务与社团成员的权利义务。第451条规定，社团是区别于其成员的实体；社团的权利与义务并非其成员的权利和义务；社团成员的权利和义务并非社团的权利和义务。从两国民法典关于成员权的立法来看，除设专题或专节外，在有关社团法人的组织中还有成员召集会议权利与表决权的规定。总之，在社团法人之下形成比较完整的成员权法律规范。第二种立法模式以德国、韩国为例。《德国民法典》第一章(人)第二节(法人)第一分目(一般规定)下设若干条文规定成员权。第38条规定，成员资格是不可转让和不可继承的；成员资格的权利不得被交给他人行使。而第40条则规定，章程可规定转让成员资格的权利。这两个条文是关于成员权的可转让性与可继承性的规定。第39条规定了成员的退社权。此外，在涉及社团法人组织及财产的规定时，也涉及成员权。例如，第45条关于财产的规定，实际上涉及成员参与剩余财产分配的请求权。此外，社员大会决议的作出(第32条、第33条、第34条、第35条)与社员大会的召集(第36条、第37条)也体现了成员的依法决议权、表决权与大会召集权。《韩国民法典》第三章(法人)的社团法人之下设置相关条文规定了社员权的让与、继承的禁止(第73条)、社员的表决权(第73条、第74条)，总会的决议方式(第75条)体现了成员的依法决议权。剩余财产的归属(第80条)规定，社团法人财产归属需经总会决议，体现了成员参与分配剩余财产的权利。两种模式比较，其实并无优劣之分。第一种模式比较突显"成员及成员权"；第二种模式则遵循社团法人内在的规范体系，设置相应成员权的条文，也不失法律规范之功能。选择何种模式只是立法技术的选择。

英美法系关于法人的立法不同于大陆法系模式，但其法人立法及相关立法资料中亦不乏成员权立法可资借鉴之处。英国学者认为公司章程是股东权利的主要来源，当公司或董事违反章程侵犯股东权益时，股东可提起法定合同违约之诉。[①] 美国学者认为，股东基本权利分为四类：经济权利、控制权利、信息权利以及诉讼权利，其中最重要的为经济权利中的股份转让权与控制权利中的表决权；股东基于直接诉讼保护自身权利。[②] 就非营利团体中成员权的保护，英美法系的制度设计几乎与营利性团体接近。2006 年全面修订的《英国公司法》中专门规定"社区利益公司"。《英国公司法》适用于营利与非营利的公司，因此非营利公司的成员权与营利公司的成员权应当适用同等的保护。英国早期积累的公司与非营利性社团的判例（Edwards v. Halliwell，1950）发展了公司法理论。美国律师协会的《非营利法人示范法》继承了《商业公司示范法》，不仅规范了非营利法人的外部关系，还规范了内部关系——从非营利法人对合同相对方和政府的责任，到非营利法人与其成员之间的权利义务关系。[③]《美国非营利法人示范法》第 6.39 条第 1 款规定，"拥有不低于 5%表决权或 50 名以上的法人成员，以及任何一名董事"可以对

---

① 英国阿斯特伯里（Astbury）法官的观点，参见林少伟：《英国现代公司法》，法律出版社 2015 年版，第 113 页。

② Julian Velasco, The Fundamental Rights of the Shareholder, 40 University of California, 407(2006).

③ 参见金锦萍、葛云松主编：《外国非营利组织法译汇》，北京大学出版社 2006 年版，第 74 页。

法人提起派生诉讼。一些法院将非营利法人成员类比为营利法人中的股东，因为二者均具有防范、纠正董事错误行为的内在愿望。在"伯尔尼诉威廉斯案"中，法院甚至认为，非营利法人成员就是非营利法人的"股东"，从而允许非营利法人成员对法人管理者提起派生诉讼。① 由此可见，法院已经把非营利法人成员权类比为营利法人中的股东权。所以，英美法系的法人分类虽然将营利法人与非营利法人作为重要分类，但对于有成员权的非营利法人成员权的保护采取了类似于营利法人成员权的保护模式。

（二）我国成员权的制度安排述评

在民法总则草案出台之前，学界已提出多部民法总则的学者建议稿。② 但从这几部学者建议稿来看，关于成员权制

---

① Bourne v. Willians，633 S. W. 2d 469（Tenn. App. 1981）. 转引自税兵：《非营利法人解释——民事主体理论的视角》，法律出版社2010年版，第122页。

② 这几部学者建议稿为：梁慧星教授主持的课题组提出的民法典草案建议稿（本文简称梁慧星教授建议稿），参见中国民法典立法研究课题组（负责人：梁慧星）：《中国民法典草案建议稿》，法律出版社2003年版。中国法学会民法典编纂项目领导小组和中国民法学研究会提出的《中华人民共和国民法典·民法总则专家建议稿》（本文简称法学会建议稿），http：//www. chinalaw. org. cn/Column/Column_View. aspx? ColumnID = 81&InfoID = 14364，2016-11-16。中国社会科学院民法典立法研究课题组提出的《民法总则建议稿》（本文简称孙宪忠教授建议稿），http：//www. iolaw. org. cn/showNews. aspx? id = 49193，2016-11-21。杨立新教授等提出的《中华人民共和国民法总则（草案）建议稿》（本文简称杨立新教授建议稿），《河南财经政法大学学报》2015年第2期。李永军教授等提出的《中华人民共和国民法总则（专家建议稿）》（本文简称李永军教授建议稿），《比较法研究》2016年第3期。北航法学院龙卫球教授主持的《中华人民共和国民法典·通则编》草案建议稿（本文简称龙卫球教授建议稿），http：//www. lawinnovation. com/index. php/Home/So/artIndex/id/9597. html，2016-11-21。

度的安排也有较大差异。

1. 就"成员权"的权利名称而言，几部建议稿中几乎没有一部予以明确规定。仅在法学会建议稿中使用了"社团法人成员权力"的表述。

2. 就成员权存在的重要团体基础——社团法人，两部学者建议稿未予以规定（梁慧星教授建议稿、龙卫球教授建议稿），四部学者建议稿予以了规定（法学会建议稿、孙宪忠教授建议稿、杨立新教授建议稿、李永军教授建议稿）。

3. 就成员权的权利主体，有两部学者建议稿（法学会建议稿与孙宪忠教授建议稿）中有所涉及，体现在"社团法人"的定义中，社团法人是以自然人、法人或者其他组织等作为成员，依照法律规定成立的法人。所以，成为成员权主体的不仅有自然人，还包括法人、其他组织。

4. 就成员权的具体权能（权利），学者建议稿中虽然略有体现，但缺乏系统安排，仅有零星的条文。如法学会建议稿第 81 条规定了"社团法人成员权利"，社团法人的成员通过成员大会依法制定、修改章程，选举或者更换执行机关、监督机关成员，并可以依法行使章程规定的其他权利。龙卫球教授建议稿虽未规定社会团体法人，但对成员权的规定有两个相关条文。该建议稿第 74 条实质上明确规定了成员的决议撤销权。李永军教授、孙宪忠教授与杨立新教授学者建议稿虽然规定了社团法人，但对成员权的具体权利未予关注。

5. 就成员权的消灭而言，龙卫球教授建议稿第 75 条还规定了"法人对其成员的处罚"，这些规定体现了对可能导致成员权消灭的团体处罚制度。而李永军教授建议稿第 64 条规定了"社员的退社与除名"。

6. 就成员权的保护，龙卫球教授建议稿第 75 条第 2 款规定，法人的成员认为法人作出的处罚决定侵害了其合法权益时，可以起诉或申请仲裁，请求撤销该决定。该条是对成员的一种维权情形的规定。

从最终颁布的《民法总则》及三部审议稿①的规定来看，均未系统规定成员权及其制度。

1. 在民事权利部分，均未能明确规定"成员权"这一权利类型。一审稿在第五章"民事权利"第 110 条规定"民事主体依法享有股权或其他民事权利"，仅提及成员权中的一种典型类型"股权"，而未规定股权的上位概念"成员权"。二审稿在第五章"民事权利"第 122 条规定"民事主体依法享有股权和其他投资性权利"，将"股权"与"其他投资性权利"并列规定。三审稿的规定与二审稿相同。该条规定，从立法技术上看，并未考虑权利的性质，而仅是对经济实践中"投资性权利"进行的宣示，是一条宣示性规定。事实上，各种投资性权利的权利性质并不相同，权利的内容、权利保护的责任形式等方面都有较大差异。例如，"股权"与"债券"这两种权利差异甚大，前者本质上为成员权，基于公司章程而产生；权利内容表现为投票权、参与利益分配请求权、参与剩

---

① 2016 年 6 月，第十二届全国人大常委会第二十一次会议初次审议了《中华人民共和国民法总则》(草案)(本文简称一审稿)，并将其在中国人大网上公布，向社会公众征求意见。2016 年 11 月 18 日，人大常委会再次审议修改后的草案，形成《中华人民共和国民法总则》(草案第二次审议稿)(本文简称二审稿)，并再次在网上公布，向公众征求意见。2016 年 12 月 29 日，全国人大常委会第三次向公众征求意见，形成《中华人民共和国民法总则》(草案第三次审议稿)，即三审稿。

余财产分配请求权、知情权等一系列权利；权利保护方式主要为侵权责任；而基于"债券"产生的投资性权利，性质上为债权，基于双方合同产生；权利的内容主要为债权请求权；权利保护的责任形式为合同责任。

2. 社团法人是成员权存在的重要团体基础，而三部审议稿与《民法总则》的"法人"一章均未规定社团法人。三部审议稿的法人分类采"营利法人"与"非营利法人"。① 未遵循大陆法系国家民法总则中将营利法人与非营利法人的分类置于社团法人之下的传统设计，而将具有财团法人性质的基金会等列入非营利法人外延之内。由于未采纳社团法人与财团法人的传统分类，因此，未给以社团法人为主要存在基础的"成员权"制度设计留下太大的空间。"成员权"似乎仅能直接体现在"社会团体法人"中。②

总体来看，几部学者建议稿、三部审议稿以及最终颁布的《民法总则》都未能就成员权的名称、性质、主体、团体基础、权利内容、变动及保护等方面进行系统的规定，未能将涉及的各类团体中成员权制度作出一般性规范的制度设计。

四、成员权入典之一般理论与具体构想

（一）成员权入典之一般理论

编纂民法典，既要立足我国实际，又要借鉴国外立法的

---

① 一审稿法人分类的表述为"营利性法人"与"非营利性法人"，二审稿和三审稿的表述为"营利法人"与"非营利法人"。

② 一审稿第85条第1款规定：社会团体法人应当制定章程，设会员大会或者会员代表大会等权力机构。二审稿第94条第2款规定：社会团体法人应当设会员大会或者会员代表大会等权力机构。

有益经验及科学的研究成果。构建科学严谨的民法总则，应当借鉴国外较为成熟的相关理论。通过比较法的研究，笔者认为，两大法系关于成员权的性质、保护及救济有共同之处，但就整体制度安排，大陆法系特别是德国对成员权的理论研究与制度安排同我国法律传统与法律体系更为契合。就未来团体法中关于成员权的一般理论简述如下。①

1. 成员权的性质。成员权是一种权利，同时也是一种法律关系。成员权区别于人格权、亲属权、债权、物权以及无形财产权，作为权利具有特殊性。成员权不同于人格权，它的产生不是基于自然人的人格利益；成员权不同于亲属权，产生的基础是基于合同或章程，因此不同于基于亲属关系的亲属权；成员权是基于共同目标而形成的长期的法律关系，成员与团体之间是一种长期稳定的关系，而不同于债权，其通常表现为一次性给付，因此，成员权与债权亦有别；物权与无形财产权的标的为物或智力成果，而成员权的标的为"团体"。成员权是一种以团体为标的的支配权，是由若干成员支配团体形成的支配权的群，在这个意义上，成员权也是一个"支配权的权利束"。相当长一段时间以来，我国学界对成员权性质的探讨处于停滞状态，学界对成员权性质的表述林林总总，如"地位说""权利义务说""权利说"，"权利说"又分为"身份权说""综合权利说""独立权利说"。而事实上，根据权利与法律关系二者之间的关系，上述"地位说""权利义务说""权利说"并无本质区别。此外，我国"权利说"的三

---

① 关于成员权理论的详细阐释，参见任中秀：《德国团体法中的成员权研究》，法律出版社 2016 年版，第 43 页以下。

种观点一直未能真正揭示成员权的本质。将成员权定性为"以团体为标的的支配权"才能为权利保护提供请求权的基础。

2. 成员权的内容。类似于限制物权，权利产生时伴生义务，成员权的具体权能也可能伴生义务。成员权的具体权能包括参与权、抽象财产权、信息权等；成员的忠实义务及不作为义务、出资义务等与成员的权能密切相关，是对团体成员的限制。需特别注意的是，成员权本质上是一种参与权，参与权是其核心权能；抽象财产权即参与分配盈利或参与分配剩余财产权本质上是参与权的体现；而信息权也是成员权的参与权的辅助性权能。此外，晚近的德国成员权理论已厘清成员的抽象财产权与具体财产权（后者指分配盈利或剩余财产请求权）是两种不同的权利，前者属于成员权的具体权能，是绝对权，依侵权法保护，受侵害主张侵权责任；后者属于独立的成员权利，是相对权，受侵害主张合同责任。

3. 成员能力。成员能力，类似于民法中的权利能力概念，是指民事主体享有民事团体中成员的权利及承担团体中义务的资格。① 股份有限公司和有限责任公司中，所有的自然人、法人及有权利能力的合伙都有成员能力。合作社，除自然人之外，法人、商事合伙也可以具有成员能力。德国法中"有权利能力的合伙"主要指商事合伙，类似于我国合伙企业。根据我国现行法的规定，自然人、法人及合伙企业均具有成为有限责任公司、股份有限公司、合伙企业及合作社的

---

① 关于社团法人成员能力，尚存分歧，主要是国家机关、公法中有部分权利能力的团体法人与民事合伙能否成为社团法人的成员。

成员资格。

4. 成员权存在的团体基础。作为成员权存在基础的团体应当具有法律行为和组织独立性的要素，主要包括社团法人（包括经济社团法人与非经济社团法人）与合伙①两种类型，其范围排除共同关系、隐名合伙、私法上的财团以及公法人。我国已初步形成类似于德国团体法中的团体组织，如有限责任公司、股份有限公司、普通合伙企业、有限责任合伙企业、农民专业合作社、商会、社会团体法人等，这些团体成为构建统一的成员权制度的团体基础。

5. 成员权的取得与消灭

成员权的原始取得有两种方式，一种方式是成员通过参与团体建立而取得成员权，例如，社团法人通过设立社团基于章程而成为成员；另一种方式是通过新成员加入团体的方式取得成员权，通常需要与团体签订协议。成员权的消灭可基于章程规定的事由或成员被除名、退社或死亡等法定事由。关于成员权的剥夺，分为终止性除名和惩罚性除名。终止性除名原则上不得附条件和附期限，但意定条件除外。如前所述，由于《民法总则》忽略了在团体人格构建中成员及成

---

① 德国法上的合伙包括外部合伙与内部合伙，前者又包括有共同共有财产的合伙与没有共同共有财产的外部合伙（Außengesellschaft ohne Gesamthandsvermögen），后者包括隐名民事合伙（Innengesellschaft bürgerlichen Rechts）与隐名商事合伙（der stillen Gesellschaft）。举例来说，多个企业约定经营一工厂，没有共同财产，实行按份共有，或者由一名合伙人作为受托人经营，这种情形属于没有共同共有财产的合伙。典型的隐名合伙为隐名商事合伙，由《德国商法典》第 230 条及其后条款规范。隐名民事合伙如夫妻内部合伙。作为成员权基础的合伙仅指外部合伙。

员权的问题，所以对于成员权的取得与消灭，成员的入社与
退社问题均无任何规定。学者建议稿中对成员的退社与除名
都只有个别条文，关于成员权的取得并无相关规定。

6. 成员权是否具有可转让性与可继承性

传统民法理论确立了基于成员资格产生的权利与成员资
格(成员权)的"分离禁止原则"。也就是说，原则上成员权
不具有可转让性与继承性，基于成员资格产生的成员权与成
员资格不可分离。但由于成员权产生的章程可以对成员权作
出任意性规定，特别是股权的转让与继承，成员权的可转让
性与可继承性得到一定的认可。只是这种可转让性与可继承
性仍受到团体章程的约束。①《民法总则》、三部审议稿以及
学者建议稿对于成员权是否具有可转让性与可继承性均未涉
及。

7. 成员权的保护

成员权的侵权主体极少来自团体外部，主要来自团体内
部，即来自团体本身、其他成员或团体的管理机关。理论上
的主要分歧为团体法对团体内部成员权已规定法律救济，是
否还有适用侵权法的必要。主流观点认为，成员权作为支配
权的法律关系与其产生基础的合同关系(基于合同或章程产
生)可以并存，当成员权受侵犯时，将发生侵权责任与违约
责任的竞合。若团体法对权利救济存在漏洞，成员可依据侵
权责任的一般规定获得权利救济。所以，就成员权的保护来

---

① 关于团体章程是否可规定成员权的可转让性或可继承性，有
两种立法例，一种认为团体章程可规定，以德国为代表；另一种认为
团体章程不可规定，遵循成员权的不可转让与不可继承性，如埃塞俄
比亚。

说，民法典中侵权责任的一般条款对团体法及章程具有漏洞补充的功能。

当然，成员权的侵权法保护范围不是由侵权法中过错责任的一般条款进行直接确定，而是由团体法以及团体合同或章程决定。团体法及团体章程通常确定的成员权的保护范围即成员权及其权能，包括成员权本身、成员的基本财产权、参与权、依法决议权、信息权等。我国《侵权责任法》规定了对股权①的侵权法保护，但其受保护的请求权基础，目前的理论及实务并不清晰。例如，侵害股权的财产权，是侵害股权的"参与分配盈利请求权"还是侵害股权的"利益分配请求权"，只有根据成员权的基本理论，区分抽象财产权与独立财产权，才能明确侵犯股权的财产权的侵权保护范围。

（二）成员权制度的立法模式

成员权作为一种不同于传统民事权利的独立权利类型，在民法典编纂中应当如何对该权利进行立法设计和制度安排，值得学界深入探讨。从现行的民法典立法进程来看，现行《民法总则》并未明确使用"成员权"概念，立法者仅使用了"成员权"的下位概念"股权"，并没有对"成员权"进行制度安排。原因可能有几种：其一，成员权理论研究尚不充分，理论准备不足，立法未能作出抽象的一般规定；其二，由于对各类团体中的一般成员权理论研究不充分，立法者可能有望未来在各类团体法中对具体的成员权类型进行规范。所以，对成员权的制度设计可能有两种选择：第一，"一般

① 关于股权的性质，理论界虽有分歧，但主流观点认为其为一种成员权。参见刘俊海：《股份有限公司股东权的保护》，法律出版社2004年版，第47页。

法+特别法"模式，即在民法总则中规定成员权的一般立法，在特别法中规定具体类型的成员权；第二，"特别法"模式，仅在各类团体法的特别法中对具体成员权进行规定，不设成员权的一般法的规定。

笔者认为，采行第一种模式较优。理由如下：第一，现行立法已有具体类型的成员权规定，具备对成员权进行"一般法"立法的"特别法"基础。从现行相关立法来看，如前文所述，确已存在具体团体中成员权的规定。第二，存在对成员权进行"一般法"立法的现实基础。除了上述公司、农民专业合作社、合伙企业之外，我国还存在日渐发展起来的商会、行业协会等各种团体组织。而各种社会组织的发展，需要对团体中的成员权进行制度构建。尽管在各类组织的特别法中可以对成员权制度进行具体规定，但这些组织中的成员权存在诸多共性，因为成员权是一类可归纳出"公因式"的一般权利。

民法典编纂中成员权立法若采用"一般法"的立法模式，则需要对《民法总则》的相关制度进行调整和修正。具体阐释如下：

第一，将"成员权"纳入"民事权利"章。《民法总则》沿袭了《民法通则》将"民事权利"独立成章的体例，不仅具有权利宣示的意义，而且内容上具有"总则"的特征，体现了"民商合一"的立法精神。此外，从立法的技术意义上，符合《民法总则》"提取公因式"的立法技术和规范性要求。[1] 笔者认为，应当在"民事权利"一章中规定成员权。成员权是一种

---

① 李永军：《民法总则民事权利章评述》，《法学家》2016年第5期。

在民商团体组织中普遍存在的"公因式"的权利，在民事权利体系中应当予以明确规定。这不仅有助于完善民事权利体系，而且为权利实现提供请求权的规范基础。

笔者建议，将"民事权利"一章第 125 条"民事主体依法享有股权"，改为"民事主体依法享有成员权"。理由如是：其一，抽象性立法技术的需要。"体系性是法典的生命力之所在"①，民法的外部体系效益体现为最大限度地覆盖社会生活，确保法的安定性等。② 如前所述，股权是成员权的一种类型，成员权是股权的上位概念，规定成员权可包含对股权的规范，但规范股权则不能实现对其他成员权类型的规范。其二，规范性的要求。民法是由民事法律规范构成的调整民事法律关系的法律。民事主体依据规范向他人主张权利，需以特定的请求权为基础。现实生活中已出现大量团体中成员的请求权主张，但由于法律规范的缺失，使权利救济于法无据。③ "成员权"本质上为支配权，成员权受侵犯，成员可行使类似于所有权请求权的成员权请求权。此外，在未来民法典编纂时，应当相应修改《侵权责任法》的条文，将第2 条中的"股权"改为"成员权"，使侵权责任的法律规范扩大适用于成员权。当然，若《民法总则》在未来民法典编纂时不作实质性修改，也可将《民法总则》第 126 条"民事主体享有

---

① 柳经纬：《民法典编纂的体系性困境与出路》，《甘肃社会科学》2018 年第 2 期。

② 参见谢鸿飞：《民法典的外部体系效益及其扩张》，《环球法律评论》2018 年第 2 期。

③ 参见曾文革、王热：《〈农民专业合作社法〉关于社员权相关规定的缺失及其完善》，《法治研究》2010 年第 6 期。

法律规定的其他民事权利和利益"的规定作为成员权是一种权利类型的解释依据。

第二，完善成员权存在的团体基础之立法设计。如前所述，成员权是团体人格特别是社团法人人格构建的基石。社团法人制度构建过程中形成内部关系与外部关系，对外表现为独立人格，对内则是成员之间以及成员与团体之间的法律关系。实现民法总则的规范性功能，不能回避对团体内部法律关系的调整。根据团体自治原则，团体章程对这种法律关系可能会有安排，但若出现章程规定不足，则可依《民法总则》的规定实现行为规范与裁判规范的功能。成员权制度设计须分两步走：第一步先设计社团法人制度；① 第二步再规定成员权的具体规范。

法人分类采社团法人与财团法人的二分法，是规定成员权的制度前提。在规定成员权制度的大陆法系国家无一例外采社团法人与财团法人的二分法。② 社团法人是成员权存在的重要基础，如果没有社团法人的规定，成员权制度则为"无源之水，无本之木"。即使是未采纳这一分类的英美国家，虽然其团体的制度设计未采用"社团法人"与"财团法人"的名称，但在实质上也区分为有成员的团体与无成员的团体。关于有成员的团体，其成员权制度也要有专门的规

---

① 合伙企业中也存在成员权，可使用一条指引性条文，即规定："合伙企业中的成员权适用合伙企业的法规定，合伙企业法未规定的，适用本法的规定。"

② 笔者所查阅的七部大陆法系国家的民法典（德国、瑞士、日本、意大利、葡萄牙、韩国、埃塞俄比亚）中均有关于成员权的规定，而关于法人分类也无一例外采纳了社团法人与财团法人的二分法。

定。以《美国非营利法人示范法》为例，该法第六章"成员和成员资格"和第七章"成员大会和投票"主要规定的是有成员的法人组织中成员的权利义务问题，而这两章并不适用无成员的非营利法人。①事实上，无成员的法人与有成员的法人也类似于大陆法系的"财团法人"与"社团法人"之分。《民法总则》未能采纳社团法人与财团法人的类型规定，这对成员权的制度构建确实为一大缺憾。若未来民法典编纂能修改法人制度，可弥补上述缺憾。

（三）成员权制度的具体设计

成员权的制度内容，哪些规定在民法典总则中，哪些留在单行法中规定，涉及立法技术问题。笔者认为，仍然应当遵循"提取公因式"与"规范性"的标准。如前所述，成员权的一般理论实质上是围绕权利的性质、内容、变动及保护展开的。成员权（法律关系）的内容涉及成员与成员之间以及成员与团体之间的权利义务，除各种团体中的特殊性权利外，共同的权利义务，如表决权、依法决议权、知情权等应当置于民法典总则之中。参与分配利润请求权是公司、合作社等营利性社团法人的特殊权利，总则中可不予规定。权利的变动，如成员的入社与退社，也是成员权取得及消灭的共同原因，应当在总则中体现。至于成员权是否具有可转让与可继承性，立法也应当予以明确，以起到章程规定不足的规范补充功能。而成员能力，即哪些主体可以成为团体的成员，在

---

① 《美国非营利法人示范法》第 6.03 条［无成员要求］规定："不要求法人必须拥有成员。"参见金锦萍、葛云松主编：《外国非营利组织法译汇》，北京大学出版社 2006 年版，第 18 页。

各类团体中有所区别，可置于各单行法中规定，不宜入民法典总则。

基于上述分析，在民法典总则中应当规定：成员权的继承与转让问题、表决权、知情权等具体权利，成员出资义务，退社与除名等。具体的制度可以在社团法人之下设置相关的条文。具体规定以下方面内容：第一，成员权的继承与转让、成员权的取得与消灭（入社与退社）以及成员平等。具体条文可拟定如下：成员权不得继承与转让，章程或法律另有规定的除外（成员权的继承与转让）；成员可随时入社，章程或法律另有规定的除外（入社）；所有的成员享有平等的权利，章程或法律另有规定的除外（成员平等）；社员有权随时退社，章程或法律另有规定的除外；章程可对成员的除名事由及程序作出规定（退社与除名）。第二，成员义务。出资义务是成员的重要义务，可规定为：成员的出资，依章程规定；章程若无规定的，以社团宗旨所需费用为限，由所有成员平均分担（出资义务）。第三，成员大会以及成员的表决权等参与权。通过对成员大会的召集、决议、成员表决权及成员的决议撤销权的规定体现成员参与大会的权利、表决权、依法决议权这些重要的参与权。具体条文可表述为：成员大会每年至少召开一次；十分之一以上的成员明示会议的目的，请求召集会议的，应当召集临时大会；章程对召集人数可另行规定（成员大会的召集）。若法律或章程无其他规定，成员大会决议由过半成员出席，并由出席成员过半数表决通过（成员大会的决议）。社团法人的章程，以全体成员四分之三以上同意为限，可以变更，但章程另有规定除外（章程的变更）。各成员的表决权平等；未出席大会的成员，可以以书面形式或委托代理人行使，章程或社团决议另有规定除外（表决权）。就社团法人与某一成员的关联事项进行表决时，该成员无表决权（无表决权情形）。成员大会或管理机关的会议召集程序、表决方式违反法律或章程，成员可以在决议作出之日起六十日内请求人民法院撤销（成员的决议撤销权）。第四，成员的知情权。成员有权查阅、复制社团的章程、成员名册、成员大会或者成员代表大会记录、理事会会议决议、监事会会议决议等文件材料。第五，成员参与分配剩余财产的权利。通过财产的归属规定，体现成员参与分配剩余财产的权利。条文可拟定为：社团法人终止时，财产归属于章程规定的主体。章程若无规定的，由成员大会或社团的其他决议确定归属权人。依上述程序仍不能确定归属权人时，财产归属于社团终止时的现存成员。第六，除法人之外的团体人格中成员权的适用问题。非法人组织中的成员权，参照社团法人中成员权的有关规定，特别法另有规定的除外。

五、结语

民法典在立法技术上应当遵循"提取公因式"的方法，这在学界已达成共识，同时也得到立法者的认同。成员权作为一种有别于其他民事权利的独立权利，应当在民法典立法中予以明确规定，这是完善民事权利体系的必然要求。同时，只有确立基础权利类型，才能在权利受侵害时找到请求权依据，确立成员权请求权，这将有助于发展请求权体系，完善权利救济制度。在民法典中特别是在《民法总则》中对成员权进行一般性的规定，也将为具体的成员权类型提供上位法的依据，例如物权编中农村集体经济组织成员权、公司法中的股权、合作社中的成员权均属于具体成员权类型。然而，目前由于《民法总则》已颁布，成员权制度的一般规则能否入典确实存在一定的障碍。立法者是否有决心对已颁布的《民法总则》进行适度的修订，切实将成员权纳入民法典，这将是对立法者是否坚持所追求的民法典体系性目标的考验。

（本文发表于《江海学刊》2019 年第 4 期）

成员权基本理论问题辨析

内容提要： 我国在制定民法典时，应当认真对待民事权利体系中的成员权问题。《民法总则》未能明确规定"成员权"，一定程度上缘于理论研究的薄弱，因此有必要进一步澄清成员权基本理论问题。应当根据成员权理论的发展，采纳"成员权"的概念，放弃"社员权"的概念。明确成员权存在的社会基础可分为市民社会与市场社会，非营利团体中成员权对应市民社会，营利团体中成员权对应市场社会。在理论上澄清成员权的产生以法律行为为基础，但具有支配权的性质，是一种绝对权；厘清成员权的核心权能为参与权，不同于人身权与财产权，信息权为成员权的辅助性权能。此外，对于成员权的保护，除需要团体法的规定，仍需以侵权法为一般性规范基础。

成员权作为团体法中的权利，在现代社会已日益发展为与其他民事权利并列的显权，[1] 是私权近代转型的体现。[2]

---

[1] 陈小君：《我国农民集体成员权的立法抉择》，《清华法学》2017 年第 2 期。

[2] 叶林：《私法权利的转型——一个团体法视角的观察》，《法学家》2010 年第 4 期。

大多数大陆法系国家民法典总则的社团法人制度中有成员权的相关规定，然而2017年3月15日通过的《中华人民共和国民法总则》(以下简称《民法总则》)并未系统规定成员权的制度。立法缺漏某种程度上反映了理论研究的薄弱。成员权制度究竟应当采纳"社员权"还是"成员权"之名称？成员权存在社会基础究竟为市民社会还是市场社会？成员权的法律属性究竟为"绝对权"抑或"相对权"？成员权的核心内容究竟为财产权还是非财产权？对成员权的保护是通过团体法还是侵权法来实现？上述成员权的基本理论问题在民法典制定过程中有待深入探析。

一、词源考证：社员权抑或成员权

描述成员对于团体的各种权利的总称，中华民国及我国现今台湾学者在教科书中多使用"社员权"概念;① 多数大陆民法学者的论文及教科书中也使用"社员权"概念,② 只有少数学者使用"成员权"。③ 究竟应当采用"社员权"还是"成员权"，是一个值得探讨的问题。

我国使用"社员权"概念表述，有其特定的历史原因。首先，"社员权"一词盖来自日语"社員権"。日语"社員権"是

---

① 胡长清：《中国民法总论》，中国政法大学出版社1997年版，第132页。

② 略举几例：参见谢怀栻：《论民事权利体系》，《法学研究》1996年第2期，第75页；王卫国主编：《民法》，中国政法大学出版社2007年版，第37~38页；陈华彬：《民法总论》，中国法制出版社2010年版，第203页。

③ 屈茂辉：《中国民法》，法律出版社2009年版。

对德语"Mitgliedschaft"一词的翻译。① 我国清末法学资料及译著将该词引入国内，即"社员权"。② 之后在中国近代民事立法和学术著作中普遍使用"社员权"一词。其次，社员权一词被作为"社团法人"的对称，史尚宽谓曰："社员权者（Mitgliedsrecht），社团法人之社员对于法人所有之权利也。"③这种表述的潜在意义意味着社团法人是社员权存在的唯一团体基础。

现今有学者认为，我国应当使用"成员权"，理由主要有两点：其一，"社员"和"社员权"曾经作为 20 世纪 50 至 70 年代中国大陆农村地区广泛使用的概念，是当时合作社成员的特殊称谓，有其特殊含义，在当代私法中使用此概念会有不必要的误解和阻力；其二，"社员"和"社员权"是传统大陆法系国家或地区民法理论中的概念，社员是社团的对称，但我国法人分类中的"社会团体法人"，与传统"社团"所指范围并不相同，直接使用"社员"和"社员权"对我国现有的民法体系会产生冲击，所以，成员及成员权的概念更适合当前的法律体系。④ 上述理由有一定的合理之处，但不能完全

① ［日］新津和典：《19世紀ドイツにおける社員権論の生成と展開——社員権論の歴史性と現代的意義》，《法と政治》（59 卷 1 号）2008 年 4 月。（［日］新津和典：《19 世纪德国员工权论的生成与展开——员工权论的历史性与现代意义》，《法律和政治》2008 年 4 月。）

② 参见汪荣宝、叶澜主编：《新尔雅》，上海明权社 1903 年版，第 30 页；熊元楷主编：《民法总则》（京师法律学堂笔记），安徽法学社印行 1914 年版（1904 年初版），第 206 页；［日］富井政章：《民法原论》，陈海瀛、陈海超译，中国政法大学出版社 2003 年版，第 146~147 页。

③ 史尚宽：《民法总论》，中国政法大学出版社 2000 年版。

④ 侯德斌：《农民集体成员权利研究》，吉林大学 2011 年博士学位论文，第 35 页。

令人信服。就第一点而言，虽然"社员权"曾有其历史的特定意义，但现今的社会历史已有很大变化，人们并不会有太大的误解。第二点理由也值得商榷。因为虽然我国的"社会团体法人"较之传统意义的"社团法人"概念较窄，但在理论上并未否认其他"社团法人"中的"社员权"，例如，理论上普遍认为"股权为社员权"，所以不会由于"社员及社员权"的使用而造成冲击。

笔者认为，我国民法中应当使用"成员权"概念，放弃"社员权"概念，理由主要有两点：第一，"社员权"的表达已无法涵盖这一制度的变化发展。在20世纪前半叶，德国主流观点否认合伙组织中不存在成员权，成员权只存在于法人组织中。但在20世纪后半叶，维德曼、胡博和弗洛梅等学者认为，成员权存在的团体范围应当扩展到合伙，合伙组织的成员之间以及成员与合伙组织之间的关系也是成员权法律关系。德国学者拉伦茨在谈到由成员资格产生的参与权（die Rechte auf Mitwirkung）时曾经提到"这种权利不仅存在于社团法人，也存在于合伙以及普通的权利共同体"。① 因此，作为成员权存在基础的团体绝不仅仅是社团法人，还应当包括合伙以及普通的权利共同体。所以，民法中使用"成员权"概念才能适应其所存在的团体基础的变化。第二，成员权的表达不仅是针对德语制度的合适译法，即使相对于英语国家，这种表达与译法也较为妥帖。在英国法语境中，公司成员（member）与公司股东的含义并无二致，经常可相互

----

① ［德］卡尔·拉伦茨：《德国民法通论（上册）》，法律出版社2003年版，第222页。

替用。当然，在某些特殊情况下，二者有所区分。比如，对于没有股本的保证公司而言，这时的股东应当是公司成员（member）。当公司发行不记名认股权证时，这时权证的持有者仅是"股东"而非公司成员。因此，可以认为，股份有限公司的成员称为"股东"（shareholder），保证有限公司的成员称为"成员"（member）。英美法系中并无德国法系中抽象意义的"成员权"一词，但存在表达公司中股东或成员权利的词语。其成员的权利使用"shareholders' rights"或"members' rights"。

二、社会基础：市民社会抑或市场社会

成员权的社会基础，也是产生成员权的团体存在的社会基础。这是研究成员权制度的基本理论前提之一。对成员权社会基础的分析，与市民社会理论的发展密不可分。鉴于本文研究主旨，对市民社会理论暂不作深入剖析，在此仅通过对市民社会理论发展轮廓的简明勾勒，梳理市民社会理论发展对团体组织发展的直接影响以及对成员权理论及发展的间接影响。

学界对市民社会理论已作过一些卓有影响的研究，如法学界的邓正来先生较为深入地探讨了市民社会理论。一般认为，市民社会的理论发展经历了三个阶段，即古典市民社会理论、近现代市民社会理论以及当代市民社会理论。亚里士多德是古典市民社会理论的奠基人，但他所指的"市民社会"是一种"城邦"，并未指出将市民社会与政治国家分离。①

---

① ［古希腊］亚里士多德：《政治学》，商务印书馆1965年版。

近现代市民社会理论发展突出的理论特点是将市民社会与国家相分离，市民社会的范围区别于政治国家。市民社会理论更为关注存在于其中的独立的主体(如个人、组织等)。这一阶段的市民社会理论分为早期与后期两个阶段，早期以洛克为代表，注重个人或家庭主体的研究；后期则以托克维尔、黑格尔为代表，关注以自愿为基础结成的组织体。① 后期的自由主义市民社会观为结社自由奠定了重要的理论基础。

相较于近现代市民社会理论，当代市民社会理论发生了两个重要变化：其一，从传统的"国家—社会"的二分法向"国家—市场社会(经济社会)—市民社会"的三分法转变。② 将市场社会从市民社会中单独分离出来，是重大的理论突破，将市民社会塑造为独立的社会公共生活领域。其二，不同于过度关注经济组织的市民社会理论，当代理论更注重对非政府组织、公益组织等非营利团体的研究，同时也更为关注这些组织中成员的权利及其实现。

综上所述，市民社会理论从古典到近现代再到当代，经历了三次重要变化。第一次为市民社会(社会状态)与自然社会(自然状态)的分离；第二次为市民社会与政治国家的分离；第三次是市民社会与市场社会(经济领域)的分离。这三次分离不仅使人们关注个体与国家的关系、私的领域与公的

① [法]托克维尔：《论美国的民主(上)》，商务印书馆1988年版，第635页。

② [德]哈贝马斯：《在事实与规范之间：关于法律和民主法治国的商谈理论》，生活·读书·新知三联书店2003年版，第444~454页。

领域的区别，而且也开始关注私的领域中除了个人、家庭之外，还有非常重要的私的主体，即团体，团体也因其存在的"场域"不同，有存在于市场社会的团体与表达私人公共意愿的团体。

市民社会理论的第三次分离对构建团体制度具有重要意义。由于理论上将注重经济领域的市场社会与关注公共意愿的市民社会相分离，由此为不同类型的团体找到了其对应的社会基础。换言之，市场社会是经济类团体存在的社会基础，而市民社会则是非经济类团体存在的社会基础。相应地，基于经济类团体产生的成员权即对应市场社会，而基于非经济类团体产生的成员权即对应市民社会。传统民法理论比较关注基于市场社会而产生的成员权，例如股权，而较为忽视基于市民社会而产生的成员权。对团体存在的社会基础的分类考察，有助于对不同社会基础下团体中成员权作类型化研究。

三、性质探析：绝对权抑或相对权

在比较法上，尽管英美法系存在分析法学的传统，但笔者目前未能看到英美分析法学者对股权（典型的成员权）的分析与定义。有关立法一定程度上反映了英美法系将成员权作为一种法律关系来对待。例如，《美国非营利法人示范法》第一章第四节第 1.40 条第 XXII 项规定："'成员资格'指依法人章程、章程细则和本法规定，成员享有的权利和承担的义务。"学界并未对成员权究竟为绝对权抑或相对权作进一步探讨。

大陆法系的法国民法并未对各类团体中成员权（股权）进

行一般规定，强调通过契约解决团体与成员的关系。《法国民法典》于 1978 年补充规定第九编（公司），在第一章"一般规定"中并无成员权（股权）的一般规定。《法国民法典》第 1832 条规定："公司由二人或数人依据一项契约约定，将其财产或技艺用于共同事业，以期分享利润或获取由此可以得到的经济利益而设立。"《法国非营利社团法》（1901）第 1 条明确规定："社团是一种协议，由二人或二人以上以其知识或者能力为实现非营利目的而形成长期存续的团体。社团的效力由合同法或债法的基本原则规制。"法国法的上述规定体现了法国传统的契约理念，团体的效力包括成员与团体的法律关系适用合同法或债法的原则及规则处理。而大陆法系的德国学者对成员权的效力属性则有较深入的探讨，下文将述及。

我国学界主流观点承认成员权为一种民事权利，但由于成员权是成员对团体的权利，因此其究竟为绝对权还是相对权有一定分歧。有的学者认为社员权是相对权。① 也有学者认为社员权是具有相对性的绝对权，对外是绝对权，对内是相对权。②

相对权说认为，"盖债权只能使特定人之间之财产关系，发生变动，而社员权亦仅因隶属于社团组织而始发生也"③。

① 梅仲协：《民法要义》，中国政法大学出版社 1998 年版，第 35 页。
② 章光园：《论社员权的概念、性质与立法》，《宁德师专学报》2005 年第 4 期。
③ 梅仲协：《民法要义》，中国政法大学出版社 1998 年版，第 35 页。

成员权基于团体组织而发生，产生于成员与团体之间，所以为相对权。而相对性的绝对权说认为成员权对内为相对权，理由也基于此。

绝对权说认为，社员权自身即包含对团体中其他社员以及不特定第三人的权利义务关系，类似于物权，社员身份（资格）也要进行登记，登记后的社员关系具有公示性。

笔者认为，成员权是一种以法律行为为基础的权利，但不是相对权；它是一种绝对权且为一种支配权，具体阐释如下：

第一，成员权是一种以法律行为为基础的权利。传统的民法权利体系中不乏以法律行为为产生与存续基础的权利。例如，配偶权建立在结婚行为的基础之上；限制物权（用益物权、担保物权）均是基于所有权人与限制物权人的约定。成员权是一种以法律行为（通常为章程）为基础的权利。成员权产生于团体自治，团体自治通过团体章程实现。产生成员权的法律行为，无论是社团章程还是合伙合同，性质均为决议行为，属多方法律行为，其特点是一旦生效，对不参与决议的人也具有约束力。

法律行为是成员权产生与存续的基础，这也是成员权与所有权及知识产权的区别所在。后两种权利不一定基于法律行为产生，且不以法律行为为存续基础。所有权可基于法律行为或非法律行为（如事实行为、公法行为、法律规定）等而产生，即使基于法律行为而产生，权利取得后法律行为已终止。知识产权中以著作权为例，著作权也可以基于诸如作品的完成等事实行为而取得，非基于法律行为。著作财产权可基于法律行为取得，但不以法律行为为存续基础。成员权基于团体章程或合伙合同产生之后，也会随着团体或合伙的终止而终止。

成员权与债权通常都基于法律行为而产生并存续，具有一定的相似性，即都有一定的存续期间。但是，债权通常是实现一次性的确定的给付义务，而成员权则是成员之间以及成员与团体之间长期的协作关系。此外，债权是典型的相对权，而成员权法律关系也存在于成员与团体之间，成员与成员之间基于合同或章程而产生的债权债务关系。因此，在团体内部，存在相对性的法律关系，而这种相对性的法律关系正是成员权产生的基础。类似于抵押权、质权以抵押合同或质押合同的存在为前提。

第二，成员权是一种绝对权且为支配权。

传统民事权利依效力的不同，将权利分为绝对权与相对权。绝对权是对一切的人产生效力，相对权只对特定的人产生效力。这两种权利类型划分的意义主要在于保护权利。若任意第三人妨害了绝对权人的权利行使，他可以请求排除妨碍或侵犯，若其权利持续受到侵犯，他可以要求他人停止侵害。也就是说，绝对权受到侵害，可以行使侵权请求权，受侵权法的保护。而相对权受到侵害，通常是行使债权请求权，约定之债的实现通过违约责任。如果法律对成员权的保护采取了绝对权的保护方式，则可以判定成员权具有绝对权的性质。在国外立法例上，已有相关规定，例如《德国民法典》第823条第1款关于"其他权利"的一般侵权责任的规定可适用于成员权；我国《侵权责任法》及有关司法解释也确认了对股权采取侵权法保护的方式。

成员权作为绝对权受法律保护，主要是因为其具有支配

权的性质。如何判断一种权利为支配权，标准是什么？传统
民法认为，支配权的本质特征是，权利人享有某个自由活动
的领域，任何第三人不能侵犯其自由的领域，权利人可以独
立做决定而不需要他人的协作；这种支配权的权能主要表现
为权利人无需他人的积极协助，可通过自己单方面权利行使
实现法律效力。① 所以，可以得出判断支配权的标准如下图
所示，那么，成员权是否符合作为支配权的标准呢？

	支配权的标准
标准一	可支配的自由领域
标准二	无需他人协作
标准三	一般具有可转让性（财产权）

其一，成员权所支配的自由领域具有特殊性。不同于所
有权与知识产权所支配的客体是有体或无体的客体，成员权
支配的客体是一种特殊的标的，即"团体"。成员对团体的支
配权表现为成员对团体的参与权。每个成员在加入团体后即
丧失了原有的财产所有权和对原有财产的物权，与此同时，
在付出这种自由支配财产权的同时获得了对团体参与管理的
权利。

当然，成员权的这种支配权也具有一定的特点，由于团

---

① Karl Larenz, Manfred Wolf, Allgemeiner Teil des buergerlichen
Rechts, achte, neubearbeitete und erweiterte Auflage, C. H. Beck'sche
Verlagsbuchhandlung, Muenchen 1997, S. 284; Neunte, nerubearbeitete
und erweiterte Auflage, Muenchen 2004, S. 284. 转引自金可可：《论支
配权概念——以德国民法学为中心》，《中国法学》2006 年第 2 期。

体内享有成员权的成员为多数人，所以成员权实际上是一个"支配权"的群。①

其二，成员的参与权无需其他成员的意思协作。正如拉伦茨所言，参与管理权与形成权很相近，但二者也存在区别，图示如下：

	参与权	形成权
性质	组织性权利	个体性权利
权利形成	权利人的共同影响 形成一种共同意志	单独形成某种 法律关系

其三，成员权具有可转让性和可继承性。对于成员权的转让和继承，虽然在社团法人中多有限制，但在公司法领域中股权具有转让性已无争议。

综上所述，成员权可以被认定为一种支配权，从侵权保护的角度，适用绝对权保护的方式，可成为侵权请求权的基础。

四、内容辨正：财产权抑或非财产权

关于成员权的内容，学界存在一种主流的观点，认为成员权兼具非财产性（人身性）与财产性双重性质。② 据此，认为成员权包括非经济性权利与经济性权利，也有学者称为共

---

① Habersack Mathias, Die Mitgliedschaft-subjecktives und „sontiges" Recht, Tuebingen: Mohr Siebeck, 1996, S. 144.

② 梁慧星:《民法总论》，法律出版社 2011 年版。

益权与自益权。①

　　有学者列举成员权的权能有表决权、召集总会权、请求法院撤销总会之权、利益分配权、剩余财产分配权、社团设备利用权。② 此外，还包含为董事、监察人或其他代表权人之被选举人，享受社团优待或请求为章程赋予社员的特定服务(如法律顾问咨询)、社团杂志的受赠权等。

　　还有学者重点列举了营利社团法人中的股东权，图示如下：

非经济性的权利	经济性的权利
股东会召集请求权	股息分配请求权
会议参加权	剩余财产分配请求权
决议权	股份收购请求权
选举权与被选举权	新股认购权
股东会决议撤销或无效诉权	股份转让权
董事会决议撤销或无效诉权	股票交付请求权

　　就上述学界对成员权各种权能的认识来看，大致存在以下几方面的认识不足：

　　其一，注重经济性团体中的成员权而轻视非经济性团体中的成员权，忽视了参与权才是成员权核心的权能，财产权

---

　　① 参见黄立：《民法总则》，中国政法大学出版社 2002 年版，第 154~155 页。谢怀栻则认为共益权与自益权这种提法不妥，不符合实际。笔者赞同这种观点。参见谢怀栻：《论民事权利体系》，《法学研究》1996 年第 2 期。

　　② 王泽鉴：《民法总则》，中国政法大学出版社 2001 年版，第 187~188 页。

能并非成员权的必然权能。成员权作为一种支配权，具有统一的内容。无论经济性的团体还是非经济性的团体中的成员权，均具有最核心的权能，即参与权。参与权与成员个人的人身无关，所以不能因此认为成员权为传统意义上的人身权或身份权。① 笔者认为，参与权是一种不同于人身权、财产权的独立的权利内容。参与权（die Rechte auf Mitwirkung），又称为"组织关系权"（Organschaftsrechte），该权利的行使不仅是为了自己获得好处，也是同时为了社团的利益。换言之，成员行使这些权利，如参加成员大会或担任社团职务，也是在尽自己的义务。本质上讲，该种权利不是权利人请求一定给付的债权，而是另一种类型的权利。无论在经济性社团还是非经济社团中成员均享有参与权这一核心权能，该权能是成员通过放弃个人财产与自由，而享有参与团体组织意志形成的一种权利。通常具体表现为参与成员大会的权利、表决权、发言权、依法决议权等。由此可见，财产权并不是成员权必要的权能。

其二，成员的财产权利应分为基本财产权与独立的财产权，而我国学界未予以区分。基于成员与团体的法律关系，成员的财产权利可区分为基本财产权与独立财产权。基本财产权本质上为成员的参与权的一部分，区别于独立财产权，所以，该权利不是成员的利润请求权、剩余财产请求权，而是参与利润以及剩余财产分配的权利、参与决定成员享受社

---

① 若采广义的身份权，或许可将基于团体而产生的这种权利称为身份权，但为避免与传统民法意义上的身份权混淆，笔者并不倾向于这种表达。

团其他服务利益的权利(例如，参与决定成员使用社团设施、参加社团活动及其他服务)。参与分配盈利的权利是经济性社团中成员的权利，非经济社团的成员一般不享有此项权能。独立财产权是指由成员权分离出来的、独立的可转让的财产权利，性质为债权。例如，合伙企业中合伙人的利润分配请求权以及剩余财产分配请求权，公司中股东的利润分配请求权，均为独立的权利。

其三，学界较忽视对于信息权的关注。成员享有的团体的信息权，① 也可以主张侵权法保护。信息权也是参与权实现的辅助性权能，信息权的实现与否会影响到参与权这一重要权能的实现。我国公司法学界目前对于信息权的研究已有较突出的成果，② 但是作为成员权的一项权能内容，还未被充分关注。

综上所述，成员权的内容，即具体权能，不是人身权，也不是财产权，而是主要表现为参与权，这是一种不同于人身权与财产权的特殊的权利。参与财产分配的权利是参与权体现的一种权利，但不是传统意义上的财产权；信息权是参与权实现的重要辅助性权利。

五、权利保护：团体法抑或侵权法

权利保护是任何民事权利的核心问题。前文已探讨成员权的性质为绝对权还是相对权，成员权的性质与成员权的保

---

① 我国学界与实务界一般将其称为知情权，如股东知情权。
② 李建伟：《股东知情权诉讼研究》，《中国法学》2013 年第 2 期。

护密切相关。若认为成员权是相对权，则对成员权的保护主要来自团体内部，即类似于对合同债权的保护。若认定其为绝对权，则对成员权的保护可借助于侵权法的保护。成员权作为一种团体中的权利，对该权利的保护具有特殊性。成员权保护的特殊性首先是基于侵犯成员权主体的特殊性。从实践来看，来自团体组织外部对成员权的侵犯较少，对成员权的侵犯大多数情形是来自团体组织内部。然而，由于团体通常有内部协议或章程，对成员权的保护往往存在团体内部的救济。因此，在存在内部救济的前提下，对成员权的保护是否还有适用侵权法的必要，值得探讨。笔者主要从以下几方面论述。

第一，合同责任与侵权责任可以竞合。如前所述，成员权为一种支配权，若团体内其他主体侵犯该权利，成员可主张侵权责任。但同时，成员与团体由于章程或合同关系形成权利义务关系，这种权利义务也是一种合同关系。当团体、团体机关或其他成员违反章程或合同的规定，侵害其他成员的权利时，是否有主张侵权责任的必要。在德国的司法实践中，允许请求权竞合，也就是说，承认合同法律关系与侵权法律关系可以并存。正如德国帝国法院指出，判例法中大量存在确认合同责任和侵权责任可以并存的观点，受害人和被告之间存在不侵犯他人人身的法定义务客观存在，而不取决于二者之间是否存在合同(或章程)约定，合同当事人与任何受害人同样受到德国民法典侵权法保护条款(第823条)的保护。① 我

---

① 王利明：《违约责任论》，中国政法大学出版社2000年版，第311页。

国立法亦肯定合同责任与侵权责任的竞合。① 因此，从理论上讲，成员权受到来自团体内部的侵犯，成员既可主张依合同或章程的合同责任，也可依侵权法主张责任。两种责任可以竞合。

第二，侵权法对团体法规范可起到漏洞补充的功能。团体法作为特别法，对成员权保护的范围与限度已作出较明确和具体的规定，侵权法是否有适用的必要和可能？事实上，侵权法对于团体法的责任规范起一般法的作用，且具有漏洞补充功能。《中华人民共和国公司法》（以下简称《公司法》）第 153 条规定，董事、高级管理人员违反法律、行政法规或者公司章程的规定，损害股东利益的，股东可以向人民法院提起诉讼。该条为《公司法》的规范，股东请求权的一般法规范是什么？应当是《侵权责任法》关于侵权责任的一般条款。在我国民商合一的立法体例下，《公司法》的规定应当是以民法的一般规定为依据。此外，若团体法对成员权受侵犯的规定存在漏洞与不足，成员可依侵权法主张侵权责任。2017 年实施的《最高人民法院关于适用〈中华人民共和国公司法〉若干问题的规定（四）》（以下简称公司法司法解释四）第 12 条规定，"股东无法查询的赔偿责任的情形，公司董事、高级管理人员等未依法履行职责，导致公司未依法制作和保存公司法第三十三条、第九十七条规定的公司文件材料，给股东造成损失，股东依法请求负有相应责任的公司董事、高级管理人员承担民事赔偿责任的，人民法院应当予以支持"。该条所规定的"赔偿责任"在《公司法》中并未规定。笔者认为，

① 《中华人民共和国合同法》第 122 条。

该条司法解释是依据《侵权责任法》第 2 条、第 6 条对《公司法》所作的漏洞补充。此外，《公司法司法解释四》没有规定瑕疵决议被撤销后，若此瑕疵决议的实施已经给股东造成损害，股东是否可请求损害赔偿的问题。对于这个问题，仍存有漏洞有待补充。而补充的依据仍需根据《侵权责任法》关于侵权责任的一般条款。

六、结语

党的十九大报告中提出"打造共建共治共享的社会治理格局"。实现这一目标，需要转变我国政府管理职能，大力发展社会组织，而实现团体自治离不开团体中成员权利的行使与实现。由提取公因式立法技术决定的民法典，在民商合一的立法体例的思路下，应当为民商事制度提供"一般性"的规范供给。《民法总则》对于成员权制度已有的立法缺陷在后续的民法典编纂中应当尽可能纠正和弥补。学界应当认真对待成员权制度，澄清成员权基本理论问题，为民事权利与民商事团体组织制度完善奠定理论基石。

（本文发表于《社会科学家》2019 年第 2 期）

参 考 文 献

一、中文文献

（一）专著

[1]柳经纬：《当代中国私法进程》，中国法制出版社 2011 年版。

[2]邓正来：《国家与社会：中国市民社会研究》，北京大学出版社 2008 年版。

[3]刘俊海：《现代公司法》(第三版)，法律出版社 2015 年版。

[4]林少伟：《英国现代公司法》，中国法制出版社 2015 年版。

[5]谭津龙：《公司法体系中的异议股东评估权制度》，法律出版社 2015 年版。

[6]朱大明：《香港公司法研究》，法律出版社 2015 年版。

[7]赵德勇：《基于法律行为的股东资格变动研究》，中国政法大学出版社 2014 年版。

[8]王旭光主编：《有限责任公司股权纠纷司法实务精解》，中国法制出版社 2013 年版。

[9]胡田野：《公司法任意性与强行性规范研究》，法律出版

社 2012 年版。

［10］黄辉：《现代公司法比较研究——国际经验及对中国的启示》，清华大学出版社 2011 年版。

［11］冷铁勋：《澳门公司法论》，社会科学文献出版社 2012 年版。

［12］白慧林：《控股公司控制权法律问题研究》，北京大学出版社 2010 年版。

［13］李小宁：《公司法视角下的股东代表诉讼》，法律出版社 2009 年版。

［14］李建伟：《公司诉讼专题研究》，中国政法大学出版社 2008 年版。

［15］李彤：《近代中国公司法中股东权制度研究——以法律与社会的互动为中心》，法律出版社 2010 年版。

［16］苗壮：《美国公司法：制度与判例》，法律出版社 2007 年版。

［17］薄守省主编：《美国公司法判例译评》，对外经济贸易大学出版社 2007 年版。

［18］刘俊海：《股份有限公司股东权的保护》，法律出版社 2004 年版

［19］毛亚敏：《公司法比较研究》，中国法制出版社 2001 年版。

［20］张民安：《公司法的利益平衡》，北京大学出版社 2003 年版。

［21］王名、李勇、黄浩明编著：《英国非营利组织》，社会科学文献出版社 2009 年版。

［22］王名、李勇、黄浩明编著：《德国非营利组织》，清华

大学出版社 2006 年版。

[23] 王名、李勇、黄浩明编著:《美国非营利组织》,社会
科学文献出版社 2012 年版。

[24] 盖威:《中国社团立法研究——以市民社会为视角》,
中国书籍出版社 2015 年版。

[25] 税兵:《非营利法人解释——民事主体理论的视角》,
法律出版社 2010 年版。

[26] 肖海军:《商会法律制度研究》,中国人民大学出版社
2010 年版。

(二)译著

[1] [德]哈贝马斯:《在事实与规范之间:关于法律和民主
法治国的商谈理论》,童世骏译,生活·读书·新知三
联书店 2003 年版。

[2] [古希腊]亚里士多德:《政治学》,吴寿彭译,商务印书
馆 1965 年版。

[3] [德]黑格尔:《法哲学原理》,范扬、张企泰译,商务印
书馆 1961 年版。

[4] [德]K. 茨威格特、H. 克茨:《比较法总论》,潘汉典等
译,法律出版社 2003 年版。

[5] [比]马克·范·胡克主编:《比较法的认识论与方法
论》,法律出版社 2012 年版。

[6] [德]伯尔尼哈德·格罗斯菲尔德:《比较法的力量与弱
点》,孙世彦、姚建宗译,清华大学出版社 2002 年版。

[7] [德]格茨·怀克、克里斯蒂娜·温德比西勒:《德国公
司法》,殷盛译,法律出版社 2010 年版。

[8] [荷]阿德里安·德瑞斯丹等:《欧洲公司法》,费煊译,

法律出版社 2013 年版。

[9][英]保罗·戴维斯:《英国公司法精要》,樊云慧译,法律出版社 2007 年版。

[10]美国法律研究院:《公司治理原则:分析与建议(上、下卷)》,楼建波等译,法律出版社 2006 年版。

[11][美]弗兰克·伊斯特布鲁克、丹尼尔·费希尔:《公司法的经济结构》,罗培新、张建伟译,北京大学出版社 2014 年版。

[12][美]莱纳·克拉克曼、亨利·汉斯曼等:《公司法剖析:比较与功能的视角》,罗培新译,法律出版社 2014 年版。

[13][英]彼得·斯坦、约翰·香德:《西方社会的法律价值》,中国法制出版社 2004 年版。

[14][美]詹姆斯·戈德雷:《现代合同理论的哲学起源》,法律出版社 2006 年版。

(三)论文

[1]谢怀栻:《论民事权利体系》,《法学研究》1996 年第 2 期。

[2]柳经纬:《民法典编纂中的法人制度重构——以法人责任为核心》,《法学》2015 年第 5 期。

[3]柳经纬:《其他组织及其主体地位问题——以民法总则的制定为视角》,《法制与社会发展》2016 年第 4 期。

[4]柳经纬:《当代中国私法进程中的商事立法》,《暨南学报(哲学社会科学版)》2012 年第 11 期。

[5]柳经纬:《董事还是董事会?——关于〈公司法〉第 60 条第 3 款之"董事"的解读》,《山西大学学报(哲学社会科

学版)》2004 年第 5 期。

[6]柳经纬:《股权转让与一人公司问题探讨》,《法学论坛》2005 年第 1 期。

[7]叶林:《私法权利的转型——一个团体法视角的观察》,《法学家》2010 年第 4 期。

[8][日]星野英一:《非营利团体和非营利法人在日本的立法——日本的前车之鉴》,渠涛译,载渠涛主编:《中日民商法研究(第二卷)》,法律出版社 2004 年版,第 12~52 页。

[9]渠涛:《中国社会团体法律环境与民法法人制度立法——法人制度论序说》,载渠涛主编:《中日民商法研究(第二卷)》,法律出版社 2004 年版,第 53~105 页。

[10]李建伟:《论英国股东知情权制度》,《社会科学》2009 年第 2 期。

[11]李建伟:《股东知情权诉讼研究》,《中国法学》2013 年第 2 期。

[12]黄泰岩:《美国企业制度的类型与结构》,《中外企业家》1996 年第 4 期。

[13]章光圆:《论社员权的概念、性质与立法》,《宁德师专学报(哲学社会科学版)》2005 年第 4 期。

[14]章光圆:《论社员权的演变与意义》,《社会科学论坛》2007 年 10 月(下)。

[15]章光圆:《再论社员权——以其演变、意义与保护为视角》,《宁德师专学报(哲学社会科学版)》2007 年第 3 期。

[16]张国平、汪亚菲:《论我国股东直接诉讼规则的不足与

完善》,《政治与法律》2012 年第 9 期。

[17]曾涛:《股东直接诉讼的类型化研究》,《重庆大学学报》2009 年第 4 期。

[18]蒋亚金:《股东直接诉讼制度研究》,复旦大学 2011 年硕士学位论文。

[19]张仁德、段文斌:《公司起源和发展的历史分析与现实结论》,《南开经济研究》1999 年第 4 期。

[20]林晓镍:《股东利益的冲突与衡平——探寻股东关系的基本原则》,《法学评论》2001 年第 1 期。

[21]张忠民:《近代中国的"公司法"与公司制度》,《上海社会科学院学术季刊》1997 年第 4 期。

[22]王雪梅:《近代中国第一次"公司热"》,《四川师范大学学报(社会科学版)》1998 年第 2 期。

[23]解正山:《美国公司法的联邦主义:历史成因与现代变革》,《学海》2014 年第 3 期。

[24]王志华:《中国商法百年(1904—2004)》,《比较法研究》2005 年第 2 期。

[25]姚远:《近代早期英国皇家学会社团法人的兴起(1660—1669)》,吉林大学 2008 年硕士学位论文。

二、外文文献

(一)德文文献

[1] Franz Jürgen Säcker/Roland Rixecker, Münchener Kommentar zum Bürgerlichen Gesetzbuch, Bd. 1(§§1-240), 6. Aufl., München:C. H. Beck, 2012.

[2] Habersack Mathias, Die Mitgliedschaft-subjecktives und

„sontiges" Recht, Tübingen: Mohr Siebeck, 1996.

[3] Hadding Walter, *Die Mitgliedschaft in handelrechtlichen Personalgesellschaften-Ein subjectives Recht?* Festschrift für Rudolf Reinhardt, S. 249(1972).

[4] Hadding Walter, *Verfügungen über Mitgliedschaftsrechte*, Festschrift für Steindorff, S. 31(1990).

[5] Flume Werner, *Die Nachlaßzugehörigkeit der Beteiligung an einer Personengesellschaft in ihrer Bedeutung für Testamentsvollstreckung, Nachlaßverwaltung und Nachlaßkonkurs und Surogtserwerb*, 155 ZHR, 501(1991).

[6] Lutter Marcus, *Theorie der Mitgliedschaft*, 180 AcP, 84 (1980).

[7] Lutter Marcus, *Zur Persönlichen Haftung des Geschäftsführers aus deliktischen Schäden im Unternehmen*, 157 ZHR, 464(1993).

(二) 日文文献

新津和典:《19 世紀ドイツにおける社員権論の生成と展開——社員権論の歴史性と現代的意義》,《法と政治》(59 巻 1 号)2008 年 4 月。

(三) 英文文献

[1] Rorbort W. Hamilton, The Law of Corporation, West Group 2000.

[2] William. Lucy, Philosophy of Private Law, Oxford University Press, 2007.

[3] Willian Lazonick and Mary O'Sullivan, Maximizing Shareholder Value, A New Ideology for Corporate Govenance,

Economy and Society, Volume 29 Number 1 Febrary 2000.

[4] The American Law Institute, Principles of the Law of Nonprofit Organizations(Discussion Draft), April6, 2006.

[5] The American Law Institute, Principles of Corporate Governance: Analysis and Recomendations, Volume I, American Law Institute Publishers, 1994.

[6] The American Law Institute, Principles of Corporate Governance: Analysis and Recomendations, Volume II, American Law Institute Publishers, 1994.

[7] Alan R. Palmiter, Corporations, Wolters Kluwer Law & Business, 2012.

[8] Julian Velasco, *The Fundamental Rights of the Shareholder*, *University of California*, Davis, Vol. 40: 407, 2006.

[9] Julian Velasco, *Taking Shareholder Rights Seriously*, *University of California*, Davis, Vol. 41: 605, 2007.

[10] Bernard S. Sharfinan, *Shareholder Wealth Maximization and Its Implementation under Corporate Law*, Florida Lawreview, Vol. 66, 2014.

[11] Reinier Kraakman, Hyun Park, *Steven Shavell*, *When Are Shareholder Suits in Shareholder Interests?* Vol. 82: 1733, The Georgetown Law Journal, 1994.

[12] Lisa M. Fairfax, *The Future of Shareholder Democracy*, Vol. 84: 1259, Indiana Law Journal, 2009.

[13] Bernard S. Black, *Shareholder Passivity Reexamined*, Michigan Law Review, Vol. 89: 520, 1990.

[14] Lucian Arye Bebchuk, *The Case for Increasing Share-*

*holder Powe*r, Vol. I, 18: 833, Harward Law Review, 2005.

[15] Paul Rose, Bernard S. Sharfman, *Shareholder Activism as a Corrective Mechanism in Corporate Governance*, Brigham Young University, Law Review, 2014.

[16] M. Thomas Arnold, *Shareholder Duties Under State Law*, Tulsa Law Journal, Vol. 28: 213, 1992.

[17] Paula J. Dalley, *Shareholder (and Director) Fiduciary Duties and Shareholder Activism*, Houston Business and Tax Journal, Vol. Ⅷ, 2008.

[18] Zohar Goshen, *Shareholder Dividend Options*, Vol. 104: 881, The Yale Law Journal, 1995.

[19] Andres Vutt, Marfit Vutt, *Shareholders' Individual Information Right: Prerequisites and Boundaries*, Juridica International 23/2015.

[20] Jingyi Wang, Peng Wang, *Discussion about Shareholders' Right to Information*, Journal of Politics and Law, June 2009.

[21] Brett H. McDonnell, *Shareholder Bylaws, Shareholder Nominations, and Poison Pills*, Berkeley Business Law Journal, Vol. 3. 1, 2005.

[22] Qing Cao, *Shareholder Proposal Right in Public Corporations in China's Transitional Economy: from the Perspective of Shareholder Activism*, Tsinghua China Law Review, Vol. 3: 96, 2010.

[23] Robert Charles Clark, *Vote Buying and Corporate Law*,

Case Western Reserve Law Review, Vol. 29: 776, 1979.

[24] Joe Pavelich, *The Shareholder Judgment Rule: Delaware's Permissive Response to Corporate Vote-Buying*, The Journal of Corporation Law, Fall, 2005.

[25] Jayne W. Barnard, *Shareholder Access to the Proxy Revisited*, Catholic University Law Review, Vol. 40: 37, 1990.

[26] Richard L. Hasen, *Vote Buying*, Vol. 88: 1323, California Law Review, 2000.

[27] Michael S. Kang, *Shareholder Voting as Veto*, Vol. 88: 1299, Indiana Law Journal, 2013.

[28] Lucian A. Bebchuk, *The Myth of the Shareholder Franchise*, Virginia LawReview, Vol. 93: 675, 2007.

[29] Marco Ventoruzzo, Freeze-Outs: *Transcontinental Analysis and Reform Proposals*, Virginia Journal of International Law, Vol. 50: 4, 2010.

[30] Lawrence A. Hamermesh, *Twenty Years After Smith v. Van Gorkom: An Essay on the Limits of Civil Liability of Corporate Directors and the Role of Shareholder Inspection Rights*, Washburn Law Journal, Vol. 45, 2006.

[31] Matthew A. Kitchen, *The Right of a Parent's Shareholders TO Inspect The Books and Records of Subsidiaries: None of Their Business?*, University of Cincinnati Law Review, Vol. 74, 1090, 2006.

[32] Jason C. Jowers, *Investigate or Suffer the Consequences: The Presumption Against Shareholder Plaintiffs Who Fail to Inspect Books and Records*, Business Law Today, Oc-

tober 2012.

[33]William T. Blackburn, *Shareholder Inspection Rights*, Southwestern Law Journal, Vol. 12, 1958.

三、法典

[1]杨立新主编:《中国百年民法典汇编》,中国法制出版社 2011 年版。

[2]金锦萍、葛云松主编:《外国非营利组织法译汇》,北京大学出版社 2006 年版。

[3]《德国民法典》(第 4 版),陈卫佐译注,法律出版社 2015 年版。

[4]《德国商法典》,杜景林、卢谌译,法律出版社 2010 年版。

[5]《德国商事公司法》,胡晓静、杨代雄译,法律出版社 2014 年版。

[6]《法国民法典》,罗结珍译,中国法制出版社 1999 年版。

[7]《法国商法典(上、下)》,罗结珍译,北京大学出版社 2015 年版。

[8]《日本民法典》,王书江译,中国法制出版社 2000 年版。

[9]《日本最新商法典译注》,刘成杰译注,柳经纬校,中国政法大学出版社 2012 年版。

[10]《瑞士民法典》,于海涌译,法律出版社 2016 年版。

[11]《意大利民法典》,陈国柱译,中国人民大学出版社 2010 年版。

[12]《埃塞俄比亚民法典》,薛军译,厦门大学出版社 2013 年版。

[13]《葡萄牙民法典》，唐晓晴等译，北京大学出版社 2009 年版。

[14]《西班牙民法典》，潘灯、马琴译，中国政法大学出版社 2013 年版。

[15]《西班牙商法典》，潘灯、高远译，中国政法大学出版社 2009 年版。

[16]《智利民法典》，徐涤宇译，北京大学出版社 2014 年版。

[17]《韩国民法典》，崔吉子译，北京大学出版社 2010 年版。

[18]《韩国商法典》，吴日焕译，中国政法大学出版社 1999 年版。

[19]《韩国公司法》，崔文玉译，上海大学出版社 2011 年版。

[20]《最新美国标准公司法》，沈四宝编译，法律出版社 2006 年版。

四、案例

(一)美国

[1] Elster v. American Airlines, Inc. , 34 Del. Ch. 94, 100 A. 2d 219, 222(1953).

[2]Bokat v. Getty Oil Company, 262 A. 2d 246, 249 (Del. 1970).

[3] Condec Corp. 2d v. Lunkenheimer Co. , 43 Del. Ch. 353, 230 A. 2d 769(1967).

[4] Donahue v. Rodd Electrotype Company of New England,

367 Mass. 578, 328 N. E. 2d505(1975).

[5]Maki v. Estate of Ziehm, 55 A. D. 2d 454, 391 N. Y. S. 2d 705, 707(3d Dep't 1977).

[6]Knapp v. Bankers Sec. Corp. , 230 F. 2d 717 (3d Cir. 1956).

[7] Doherty v. Mutual Warehouse Co. , 245 F. 2d 609 (5th Cir. 1957) ; 441(N. D. I11. 1978).

[8] Kahn v. American Cone & Pretzel Co. , 365 Pa. 161, 74 A. 2d 160(1950).

[9]Reifsnyder v. Pittsburgh Outdoor Advertising Co. , 405 Pa. 142, 173 A. 2d 319(1961).

[10]Lazar v. Knolls Cooperative Section No. 2, Inc. , 205 Misc. 748, 130 N. Y. S. 2d 407(Sup. Ct. 1954).

[11]Horwitz v. Balaban, 112 F. Supp. 99(S. D. N. Y. 1949).

[12]Eisenberg v. Flying Tiger Line, Inc. , 451 F. 2d 267(2d Cir. 1971).

[13]Benett v. Breuil Petroleum Corp. , 34 Del. Ch. 6, 99 A. 2d 236(1953).

[14]Sheppard v. Wilcox, 210 Cal. App. 2d 53, 26 Cal. Rptr. 412(1962).

[15]Crane Co. v. Harsco Corp. , 511 F. Supp. 294, 304 (D. Del. 1981).

[16]Ames v. Voit, 97 F. Supp. 89, 92(S. D. N. Y. 1951).

[17]Avacus Partners, L. P. v. Brain, Fed Sec. Sec. L. Rep. (CCH)96, (October 24, 1990).

[18]Williams v. Geier, Del. Ch. , C. A. No. 84, 56(May 20,

1987).

[19] Crouse-Hinds Co. v. lnterrnorth, Inc. , 518 F. Supp. 390, 401-04(N. P. NY. 1980).

[20] Davis v. Sheerin, 754 S. W. 2d 375(Tex. App. 1988).

[21] Masinter v. WEBCO Company, 164 W. Va. 241, 262 S. E. 2d 433(1980).

[22] Southern Pacific Co. v. Bogert, 250 U. S. 483, 39 S. Ct. 533, 63 L. Ed. 1099(1919).

[23] Eisenberg v. Central Zone Property Corp. , 306 N. Y. 58, 115N. E. 2d 652(1953).

[24] Revlon, Inc. v. MacAndrews & Foorbes Holdings, Inc. , 506 A. 2d 173(Del. 1985).

[25] Lipton v. News International, Plc, 514 A. 2d 1075 (Del. 1986).

[26] Yanow v. Teal Industries, Inc. , 178 Conn. 262, 422 A. 2d 311(1979).

[27] Crain v. Electronic Memories & Magnetics Corp. , 50 Cal. App. 3d 509, 123 Cal. Rptr. 419(1975).

[28] Ritchie v. McMullen, 79 Fed. 522(6th Cir.)

[29] Miyerson v. Franklin Knitting Mills, 185 App. Div. 458, 172 N. Y. S. 773(1st Deo't. 1918).

[30] Hikita v. Niciro Gyogyo Kaisha, Ltd. , 713 P. 2d 1197 (Alaska 1986).

[31] Moran v. Household Internaitonal, Inc. (490 A. 2d 1059).

[32] Duman v. Crown Zellerbach Corporation[107 F. R. D. 761 (N. D. Ill. 1985)]

（二）英国

［1］Edwards v Halliwell［1950］2 All ER 1064, 1067f.

［2］Handerson v Bank of Australasia［1890］45Ch D 330.

［3］Musselwhite v C H Musselwhite & Son Ltd［1916］2 CH 57.

［4］Wood v Odessa Waterworks Co［1889］42 Ch D636.

［5］Scottish Co-op Wholesale Society v，Meyer（1959）AC 324.

（三）澳大利亚

［1］Hichman v. Kent or Romney Marsh Sheep-Breeders' Association（1915）1 Ch 881 Chancery Division.

［2］Pender v. Lushington（1877）6 Ch D 70.

［3］Grant v. John Grant & Sons Pty Ltd.（1950）82 CLR 1.

［4］Residues Treatment and Trading Co. Ltd. v. Southern Resources Ltd.（1988）51 SASR 177 Supreme Court of South Australia（Full Court）.

［5］Wayde v. New South Wales Rugby League Ltd.（1985）59 ALJR 798 High Court of Australia.

［6］Re G Jeffrey（Mens Store）Pty Ltd.（1984）9 ACLR 193 Supreme Court of Victoria.

［7］Re Spargos Mining NL（1990）3 ACSR 1 Supreme Court of Western Australia.